U0569883

# 跨越围墙的学习

## ——“小小钱塘探索者”课程的项目活动案例

杭州市钱塘区星河幼儿园 编

浙江工商大学出版社 ZHEJIANG GONGSHANG UNIVERSITY PRESS | 杭州

**图书在版编目(CIP)数据**

跨越围墙的学习 ：“小小钱塘探索者”课程的项目活动案例 / 杭州市钱塘区星河幼儿园编. -- 杭州 ：浙江工商大学出版社，2025. 6. -- ISBN 978-7-5178-6411-0

Ⅰ. G612

中国国家版本馆CIP数据核字第2025EQ0530号

**跨越围墙的学习**

——“小小钱塘探索者”课程的项目活动案例

**KUAYUE WEIQIANG DE XUEXI**

**——“XIAOXIAO QIANTANG TANSUOZHE” KECHENG DE XIANGMU HUODONG ANLI**

杭州市钱塘区星河幼儿园 编

**策划编辑** 周敏燕
**责任编辑** 周敏燕
**责任校对** 杨 戈
**封面设计** 朱嘉怡
**责任印制** 屈 皓
**出版发行** 浙江工商大学出版社
(杭州市教工路198号 邮政编码310012)
(E-mail:zjgsupress@163.com)
(网址:http://www.zjgsupress.com)
电话:0571-88904980,88831806(传真)
**排 版** 杭州朝曦图文设计有限公司
**印 刷** 浙江海虹彩色印务有限公司
**开 本** 787mm×1092mm 1/16
**印 张** 19.25
**字 数** 353千
**版 印 次** 2025年6月第1版 2025年6月第1次印刷
**书 号** ISBN 978-7-5178-6411-0
**定 价** 60.00元

## 《跨越围墙的学习》编委会

**主　　编**：王超逸　姚明敏

**副 主 编**：张丽丽　周玲美　李小宝

**编写人员**（按姓氏笔画排序）：

王立佳　王立锋　王超逸　朱丽斌

汤凤霞　许梦瑜　李小宝　李梦琪

杨　岫　沈玲嫣　宋圆圆　张　策

张则琳　张丽丽　陈云雅　庞晓静

官舒婷　赵文玉　施代佳　徐　倩

徐秀君　徐若楠　徐湘依　蒋芳华

# 序

2017年底，浙江省开始了幼儿园课程改革的征程，园本课程建设成为幼儿园发展的重要任务。星河幼儿园作为浙江师范大学幼教集团的分园，也开始探索建设自己的园本课程。时任园长姚明敏和副园长王超逸以“在传承中创新”为指导思想，把握总园课程的“情感教育”这一关键要素，理性分析园区所在地域的特点和园内幼儿的需求，确定了星河园本课程的发展方向——以探索钱塘为主要目标，让幼儿去发现钱塘的与众不同和美好，从而爱上钱塘，成为“爱探究、善表达、亲社会”的小小钱塘人。

园本课程的建设不只是文本蓝图，更重要的是要落实在教师的教学实践和幼儿的真实学习之中。2018年，星河团队上下一心开始了园本课程建设最重要也是最困难的一环——利用钱塘本土资源策划具体的课程活动。怎样用好钱塘的资源策划出高质量的课程活动呢？星河团队邀请我指导他们开展教学实践。之后的每一年，我都会以合作小组的形式带着星河的老师们做一个课程活动案例，如走进大学、丝巾创想曲、小小蛋糕师、面条小星探……我们边做边研，一起感受创新的压力，一起体验专业的成长，一起见证幼儿和自己的成长。星河团队在实践层面不断创新的同时，也在不断完善课程文本的梳理提炼。2022年，“‘小小钱塘探索者’课程”被评为浙江省幼儿园精品课程。这一成果的获得是对星河团队过去五年努力的肯定，也是专家同行对这一课程质量的认可。

“小小钱塘探索者”课程最亮眼的是一个个充满钱塘味道的项目活动。在这些项目活动中，老师们努力站在孩子的立场，用孩子的视角看钱塘，支持孩子跨出幼儿园的围墙去探索大钱塘。例如，孩子们探访大学的人、事、物，发现钱塘区的14所大学美丽大气又各有所长，让人心生向往；孩子们走进工厂，向专业人员学习设计丝巾、制作蛋糕、制作面条等，增长见识和提升动手能力；孩子们探游钱塘的自然景色和人文景观，了解钱塘的发展历史，在四季的美丽风景中享受生活的美好；孩子们走进农场，尝试农作物的种植、采摘，享用劳动的果实，体验劳动的快乐。孩子们围绕自己提出的问题探究，快乐而又积极主动地完成了一次次激动人心的探索之旅。在每一段旅程中，我们可以看到一个个会发现、会观察、会提问、会合作、会解决问题、会表达表现、会反思并调整自己想法的孩子。星河团队把这些生动有趣的活动汇编成《跨越围墙的学习——“小小钱塘探索者”课程的项目活动案例》一书，不仅可以为园内教师提供文本支持，还为后续的课程再发展奠定坚实的基础，更为其他园开展类似的活动提供借鉴。

作为星河课程建设的实践导师，我亲历了星河建设园本课程的全过程，从最初的一个设想变成现在相对完善的课程，星河教师队伍在课程建设的磨炼中茁壮成长。幼儿园的课程需要随着社会的变化和幼儿的需求进行不断的完善、更新和发展，希望星河团队以精品课程的获奖和本案例集的出版为起点，再次踏上课程高质量发展的新征程。

# 目录

# 绪论 『小小钱塘探索者』课程

杭州市钱塘区星河幼儿园的“小小钱塘探索者”课程，基于“把幼儿园还给孩子，把孩子还给他自己”的办园理念，遵循幼儿好奇、爱问、喜探究的天性，以钱塘区特有的自然、社会、人文特色资源，用项目化和游戏化的方式支持幼儿与自己生活环境互动，在互动中发现问题、解决问题。引起幼儿们对钱塘区文化、环境、生活的关注和思考，积累对钱塘区的体验与认识，萌发对周围生活的兴趣，从而产生对家乡的热爱和归属感，成为“爱探究、善表达、亲社会”的小小钱塘人。



## 一、课程背景与条件

### （一）了解钱塘区是钱塘小主人的使命

《3～6岁儿童学习与发展指南》（以下简称《指南》）社会适应目标3具有初步的归属感中“能说出自己家所在街道、小区（乡镇、村）的名称”“能说出自己家所在地的省、市、县（区）名称，知道当地有代表性的物产或景观”“能感受到家乡的发展变化并为此感到高兴”，就是要求幼儿要了解自己的居住地，有归属感，爱家乡。星河幼儿园地处浙江省杭州市钱塘区的高教园区，随着“钱塘江时代”的到来，钱塘区的产业、环境、人口等方面都发生了巨大的变化，但是来自五湖四海的新居民对当下生活的这片土地了解甚少。幼儿园有必要开展相关的课程活动，培养幼儿对钱塘的认同感和归属感。

**1. 钱塘小主人需要归属感。**

我们调查了2016—2018年入园幼儿的家庭背景，发现在星河幼儿园就读的幼儿中“新钱塘人”的占比越来越大。他们知道自己当前的居住地名称吗？认为自己是这里的人吗？调查结果显示，有62%的幼儿认为自己不是钱塘区的人。“你知道你家附近有哪些好玩的地方吗？”这一问题的调查结果显示，能说出3个及以上地方的幼儿占比11%左右，能说出2个地方的幼儿占24%，能说出1个地方的幼儿占51%，1个都说不出来的幼儿占14%左右。可见，园内幼儿对自己生活的这块区域很陌生。

**2. 钱塘小主人需要爱钱塘。**

我们对居住地的认同感进行了调查。调查中发现，对“你觉得钱塘好吗？”这一问题，有22%的幼儿表示否定，有41%的幼儿表示不确定，有37%的幼儿表示肯定。我们追问表示肯定的幼儿“钱塘好在哪里”，大多数幼儿表示自己不知道好在哪里。可见，大多数幼儿对自己生活的区域缺乏情感，自然不会产生“家乡的自豪感”。

从以上的调查结果可以看出，幼儿对自己生活的这块土地缺乏应有的了解和认同。

作为钱塘区的居民，幼儿与钱塘之间形成了一种相互依存、相互影响的关系。幼儿们探索了解钱塘，热爱钱塘，用自己的行动爱护和建设钱塘是一种责任和使命。





### （二）探索钱塘区园内外资源的优势

园内外的资源是课程开发与建设的重要基础。星河幼儿园既有独特的园外资源，也具备丰富的园内资源。

**1. 园外资源的优势。**

《指南》明确指出，环境是重要的教育资源，应通过环境的利用和创设，有效地促进幼儿的发展。我们对幼儿园周围的环境进行实地走访调查，发现幼儿园周边的资源具有丰富性、便捷性和适宜性。

（1）资源的丰富性。农垦是钱塘区的传统产业，有传化大地、乔司农场等规模化、现代化农场，生产下沙奶油草莓、有机蔬菜等知名农副产品。钱塘区是杭州东部工业园，汇聚可口可乐、中策橡胶、康师傅、味全、九阳、万事利丝绸等国内外知名企业3000多家。钱塘还是大学城，14所高校聚集在这里，每所大学的学科专业、建筑风格、校园景致等各有特点。钱塘区生态环境优美，钱塘潮水、沿江湿地、生态公园、金沙湖等风景独具一格，美不胜收。

（2）资源的便捷性。幼儿园坐落于钱塘区下沙片的中心，丰富多样的课程资源就在身边。打开幼儿园的后门就是高沙渠公园，幼儿能感受到公园一年四季的更替变化；浙江传媒学院、杭州电子科技大学等大学在幼儿园东边500米左右；金沙湖公园、消防公园、生态公园等都在10分钟车程之内；康师傅、万事利等企业距离幼儿园3000米之内，便于幼儿“走出去”。同时，园内有高校教师、企业高管和土著居民等家长资源，便于把资源“请进来”。

（3）资源的适宜性。钱塘的资源不仅丰富，而且都与幼儿的生活息息相关，具备多方面的教育价值。工厂企业为幼儿提供了解现代化制造和科技生产的机会，公园美景为幼儿提供了解大自然的空间，各类高校可以激发幼儿的求学理想，农场可以成为幼儿劳动教育的基地。我们根据幼儿的学习和发展需要对周边的资源进行分析和筛选。图0-1-1是筛选后的星河幼儿园四周的课程资源分布图，图中红色字体是钱塘区知名的工厂企业，蓝色字体是高教园区里的部分大学，黑色字体是社区配套的公建项目，绿色字体是公园景点。

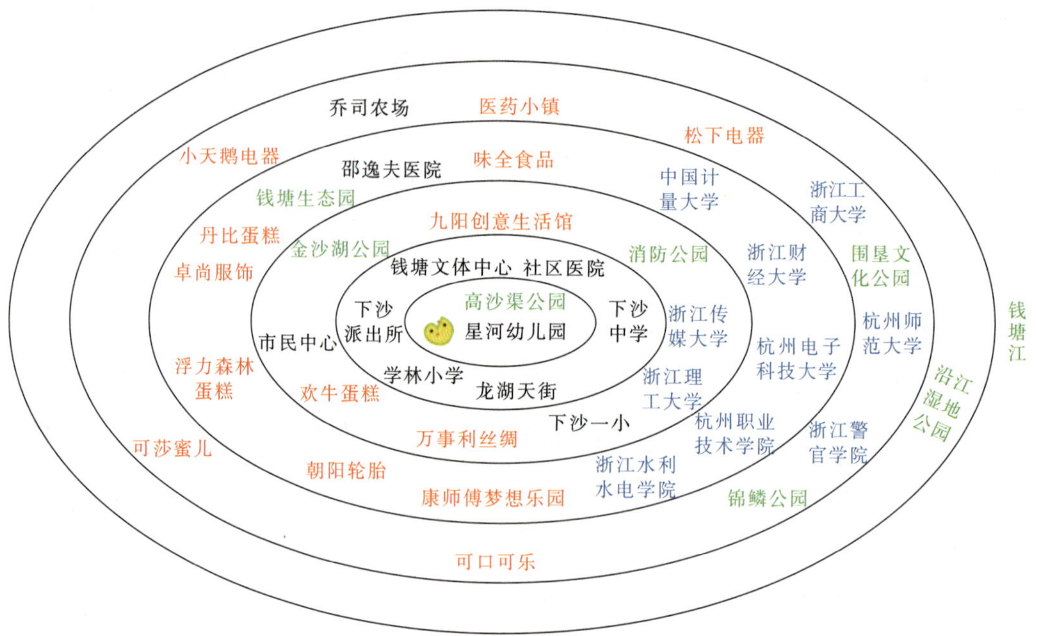


图 0-1-1 筛选后的星河幼儿园四周的课程资源分布图

2. **园内条件的优势**。

(1)园舍条件优越。星河幼儿园占地面积8161平方米,总建筑面积5906平方米,室内空间宽敞,专业活动室的配备和其他用房等都达到省一级幼儿园的建设标准。户外活动场地开阔,类型多样:东面的山坡树林、南面的塑胶操场、西面的沙水泥石、北面的硬化地面,它们环绕着幼儿园教学楼,有利于园内开展各类户外游戏活动。

(2)教师队伍成熟。随着办园时间的增长,幼儿园教师队伍成熟,结构合理:截至目前,100%教师为学前教育专业毕业,其中本科学历占比85%;市教坛新秀2名,区教坛新秀10名;一级教师10名,占比30%。成熟型教师比较熟悉母体课程的模式,具备一定的课程实施、课程资源利用和课程创生等课程建设能力。

(3)附幼文化积淀。星河幼儿园是浙江师范大学幼教集团的分园。幼教集团经历七十年沉淀下来的"爱与尊重"的文化理念被一代代传承,并已融入星河幼教人的心中。踏实内敛的工作作风,执着专注的职业精神,勇于创新的专业追求是星河幼儿园进行课程开发与建设的重要支撑。

(4)专家资源丰富。作为浙江师范大学幼教集团的分园,可以得到众多省特级教师和学前教育专业教授们的引领和指导。他们全程持续跟进,指导课程方向的规划、课程理念的确定、课程内容的设计、课程活动的实施以及课程的评价等。专家们能够帮助夯实课程建设过程,确保课程质量。

## 二、课程理念



本课程以陈鹤琴活教育理论、布朗芬布伦纳的生态系统理论、项目活动理论和具身认知理论为基础，尊重幼儿兴趣需要和幼儿好奇、好问、好探究的天性。注重课程内容选择和课程实施与幼儿生活紧密融合，并且在课程实施的过程中，以小组、家庭、集体等探究形式引导幼儿积极地与身边的人互动，让幼儿成为主动探究的"发现者""策划者"和"执行者"，努力在课程实践中加深对钱塘区的归属和热爱。

1. **儿童视角**。

儿童视角反对传统教育研究中以成人为研究者所建构起来的话语体系，倡导新的儿童观，主张儿童作为自身生活的专家，彰显其作为研究主体的生活体验和意义建构。本课程以《指南》为基本活动导向，尊重幼儿的兴趣爱好，用各种形式和方式倾听儿童的心声。例如，在"探秘工业园"板块，幼儿从"我家门口的蛋糕店"出发，化身"小小蛋糕师"来探索蛋糕的秘密、设计个性蛋糕、学习制作蛋糕以及分享甜蜜蛋糕。在这个项目活动中，教师从幼儿对蛋糕的兴趣需求出发，站在儿童的角度引导幼儿进行探索、学习与体验。

2. **融入生活**。

融入生活不仅是指课程内容源于幼儿生活，更是指在课程实施过程中注重幼儿与周围生活环境的互动。"小小钱塘探索者"课程的"探访大学城""探秘工业园""探游自然景""探索大农场"四个板块的内容设计，都基于幼儿生活中的大学城、工业园、公园和钱塘农场。课程的实施也紧密结合幼儿的生活来进行，例如班级"生日"月里，幼儿在专业人士的帮助下学习制作长寿面和蛋糕，为小寿星过生日；又如幼儿与家长在节假日到钱塘的公园去休闲娱乐，发现钱塘区优美的自然环境。课程只有与生活相融，才能真正走进幼儿的心灵。

3. **主动探究**。

幼儿的兴趣是学习的催化剂。针对不同年龄段的幼儿与不同的探索对象，本课程为幼儿的主动探究提供多种途径，充分满足幼儿的探索欲望。本课程不再是一个个零散的社会实践活动，也不是说教式、传授式的教学，而是由一个个从幼儿视角和问题出发的项目活动组成的系列化课程。在不同的项目活动中，幼儿在兴趣的牵引和问题的推动下，通过实地调查、讨论及听取报告等途径积极寻找问题的答案，在主动探究中了解事物的真相，促进自身的整体发展。

**4. 归属热爱**。

“小小钱塘探索者”课程是以幼儿发现周围的生活为导向，利用钱塘区本土的自然、社会、人文特色资源，用项目活动支持三个年龄段幼儿探究社会的课程。幼儿在与周围环境互动过程中发现问题，在提出问题和解决问题中关注钱塘区的文化、环境和生活，了解钱塘区的人文自然和真实生活，萌发对周围生活的兴趣，感受家乡的美好与繁荣，从而产生对钱塘区的归属感和自豪感。



## 三、课程框架和课程目标

### （一）课程框架

潮起钱塘始于心，智赢天下践于行。“小小钱塘探索者”课程传承勇于实践探索的钱塘精神，借鉴生活教育理论和生态系统理论，秉持“儿童视角、融入生活、主动探究、归属热爱”的课程理念，依托钱塘区的特色资源，打破幼儿园和社区的围墙界限，让幼儿走向真实的大社会，形成“在真环境中学习、在全实践中成长”的课程框架（见图0-1-2）。

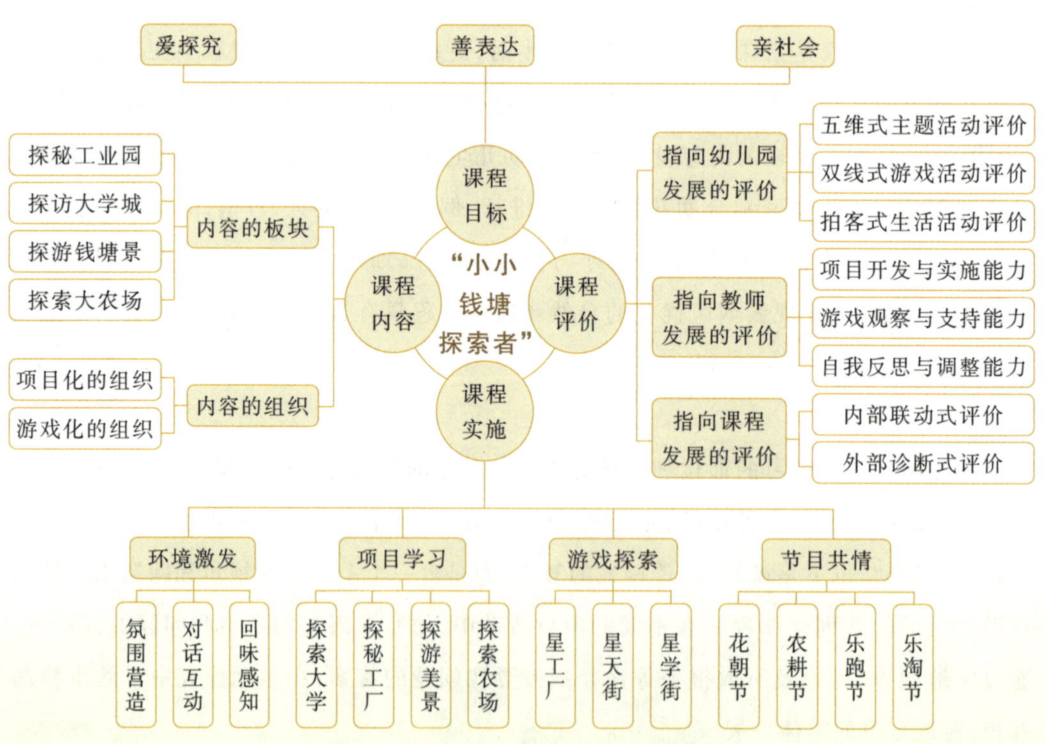

图0-1-2 “小小钱塘探索者”课程框架

## (二)课程目标

"小小钱塘探索者"课程的目标是培养爱探究、善表达、亲社会的钱塘人。

爱探究:幼儿对周围的事物充满好奇心,有强烈的探究欲望,会发现问题、提出问题,并能用各种方法来解决问题或寻求问题的答案,具有科学的思维方法和探究能力。

善表达:幼儿具有良好的倾听习惯,喜欢参与各类活动,拥有敏锐的感受力,能综合运用所掌握的经验和方法,使用多种多样的方式表达丰富的想象和情感。在探究钱塘区的过程中能积极主动地与同伴、教师、家长、研究对象等人交流互动,能用各种方式表达自己的见闻和思考。

亲社会:在探究钱塘区的过程中情绪愉快,态度乐观,理解自己与周围人或环境的关系,能与他人友好合作,有礼貌、能分享,会遵守基本的行为规范。了解钱塘区的人文自然和真实的生活,感受家乡的美好与繁荣,有作为本地居民的归属感和自豪感。

课程根据小班、中班、大班三个年龄段幼儿的心理、能力发展水平设定相应的目标(如表0-1-1所示)。

表0-1-1 "小小钱塘探索者"课程分年段培养目标

| 年段 | 小班 | 中班 | 大班 |
| --- | --- | --- | --- |
| 爱探究 | 对周围的环境感兴趣,能在成人的引导下去观察了解,并提出自己的问题。能用多种感官或动作去探索事物,关注动作所产生的结果 | 对自己居住区域中的人、事、物感兴趣,能提出问题,并用观察、访问、调查等方法获取自己想要的信息。能对事物或现象进行观察比较,发现其相同点与不同点。能用图画或其他符号进行记录 | 能明确自己的探究目标,有计划、有方法地探究周围事物。能专注于自己的探究,敢于尝试和挑战。能用数字、图画、图表或其他符号记录。探究中能与他人合作与交流 |
| 善表达 | 在探究钱塘区的过程中愿意用讲述、绘画、动作等方式表达自己的发现和想法 | 在探究钱塘区的过程中积极主动地与周围人交流互动,运用儿歌、手工、绘画、图表、律动、歌唱等方式表达自己的见闻,以及对钱塘的热爱 | 在探究钱塘区的过程中能够借助图片图示等资料围绕某个问题进行讨论交流,通过交流与他人交换意见和想法,丰富自己认知。能用儿歌、手工、图表、绘画、舞台剧等方式表达自己的见闻,以及对钱塘区的热爱 |
| 亲社会 | 知道自己是钱塘区××街道××小区的人,喜欢社区周围的事物。能用语言表达对钱塘区具体事物的喜爱 | 愿意和同伴、家人一起参加社区的群体活动。知道钱塘区一些代表性的景观与事物,喜欢这些事物。在探索钱塘区的过程中激发热爱钱塘的情感 | 了解钱塘区的人文自然和真实生活,感受家乡的美好与繁荣,有作为本地居民的归属感和自豪感。在探究过程中理解自己与周围人或环境的关系,产生热爱钱塘的情感 |

## 四、课程内容与组织

### （一）内容的载体



通过分析星河幼儿园周边的资源特点，我们把课程内容的载体归纳为工业园、大学城、自然景和大农场四大类，形成“探秘工业园”“探访大学城”“探游钱塘景”“探索大农场”四大板块内容。本课程内容从“幼儿生活”中来，通过幼儿园的项目学习和游戏探索获得新的经验后，又导入“幼儿生活”中去，形成幼儿发展螺旋式上升的载体。

1. **“探秘工业园”板块**。

“探秘工业园”板块利用钱塘工业园区的“工厂旅游项目”，支持幼儿去了解与自己生活紧密相连的衣、食、住、行的产品生产过程，体验现代化制造业的神奇，感知科学技术和大国工匠的力量，知道美好的生活离不开各行各业人们不断的创新发明和辛勤劳动。蛋糕、饼干、衣服、玩具等与幼儿生活密切相关的物品是怎样生产出来的？它们的生产环境、制作过程、制造工艺、工具材料是怎样的？我们自己能不能做出这些东西呢？这一板块内容，根据幼儿实际生活需求和兴趣，在企业专业人员的支持下去体验和探索。

2. **“探访大学城”板块**。

“探访大学城”板块依托钱塘区的大学资源，开展相应的探索活动。根据不同年段幼儿的兴趣和能力，安排他们走访各所大学，参观大学里的教室、实验楼、图书馆、博物馆和运动馆等场馆，游览校园里的花园、湖泊、休闲区，品尝校园美食等，体验各种大学特有的事物，在探访之旅中感受大学的独特与美好，为身边有这么多好大学而感到骄傲。每所大学都有自己的专业特色，幼儿探访大学能收获社会、语言、健康、艺术、科学等多方面的经验，还会了解一些与各大学专业相关的信息。

3. **“探游钱塘景”板块**。

“探游钱塘景”板块聚焦钱塘区知名的江、河、湖、园等自然景色，幼儿与父母、朋友、老师一起游玩探索，发现这块区域内丰富多样的自然生态，感知钱塘区独特的江南文化，再基于游玩探索的经验，用自己的方式宣传钱塘美景，表达自己热爱钱塘的同时也让更多人知道钱塘区的美好生活。这一板块以体验美景为主线，内容涉及对动植物、水土、地域、气候的感知和了解，是融自然环境探索与情感表达于一体的活动。

4. **“探索大农场”板块**。

“探索大农场”板块以钱塘区的农场为主要活动资源，支持幼儿探究每天吃的瓜果蔬菜、米面鱼肉的来历，亲历农场一年四季的劳作场景，动手参与劳作，体验劳动的乐趣，感受采摘、品尝、分享的丰收喜悦。幼儿走进田间地头，观察辨认各种农作物、家禽家畜的外形样貌，了解它们的生长条件、生活习性，学习育种、播种、采摘、养护、养殖等方法，了解钱塘传统加工蔬菜瓜果的技艺，用自己种养出来的产品丰富自己的餐桌。通过这一板块的活动，将钱塘“农耕文化”融入幼儿真实生活中进行传承，具体如表0-1-2所示。



**表0-1-2 “小小钱塘探索者”课程四大板块的内容**

| 板块 | 年段 | | |
|---|---|---|---|
| | 小班<br>（探究一个点） | 中班<br>（探究一个类） | 大班<br>（探究一个面） |
| 探秘工业园 | 根据幼儿的兴趣，在参观企业的基础上，模仿制作简单的生活物品，如饰品、奶昔、饮品、饼干等 | 根据幼儿的兴趣，探索不同类别的企业，在专业人士的指导下，学习制作各种生活物品，如制作面食、蛋糕、服装、玩具汽车等 | 根据幼儿的兴趣，调查钱塘区的企业，从多角度了解企业与自己生活的关系，能在专业人士的指导下，设计制作能够服务他人的物品，如节日礼物、园所文化伴手礼、环境装饰物等 |
| 探访大学城 | 根据幼儿的兴趣，聚焦大学的某个点展开探索，如食堂、操场、湖、花园等 | 根据幼儿的兴趣，聚焦探究大学的某个类，如场馆（体育馆、图书馆等）、校园雕塑、校园建筑、校园社团等 | 根据幼儿的兴趣，着眼探访钱塘区所有的大学，发现各大学具有的特色，如大学生活、大学专业等 |
| 探游钱塘景 | 根据幼儿的兴趣，探索春季钱塘区各公园的景色，如高沙渠、消防公园、生态公园、沿江湿地等 | 根据幼儿的兴趣，探索钱塘区的四季景色，发现每个季节景色的独特之处，如四季金沙、钱塘秋色、钱塘潮涌等 | 根据幼儿的兴趣，探索钱塘区的历史、地理方位、美景美食等，全方位感知了解家乡的美 |
| 探索大农场 | 根据幼儿的兴趣，参与农场四季的采摘活动，采草莓、挖番薯、掰玉米、摘黄瓜、拔萝卜等 | 根据幼儿的兴趣，参与农民（或者家长）的劳作过程，协助做一些力所能及的事情，如放种、培土、搭架、松土、施肥等 | 根据幼儿的兴趣，在农民的指导下，独立进行种植、养殖活动，如养鸡、鹅、兔子，种自己喜欢的蔬菜水果等 |

### （二）内容的组织

基于钱塘区四大特色资源的“小小钱塘探索者”课程内容多元丰富，其课程内容的组织方式主要是项目活动和游戏活动。

**1. 项目活动。**

项目活动以幼儿的兴趣和问题为选择主题的依据，由教师与幼儿协商建构活动目标，幼儿通过寻求答案或研究的过程获得经验，同时参与决定学习活动的内容、实践方式及寻找答案的途径。它的主要特征是针对某一主题进行深入探究,焦点在于寻找相关问题的解答。所以,"小小钱塘探索者"课程内容是动态的,存在探索性和拓展性,比如同一个班的孩子们去参观大学后,有些对图书馆特别好奇,有些对体育馆特别好奇,有些对雕塑特别好奇,我们就把孩子们分成若干个项目组探索自己感兴趣的点,最后大家一起展示交流探究成果。星河幼儿园已开展过的项目活动如表0-1-3所示。



**表0-1-3　星河幼儿园已开展过的项目活动**

| 板块 | 年段 | | |
|---|---|---|---|
| | 小班 | 中班 | 大班 |
| 探访大学城 | 寻味大学 | 大学的场馆 | 走进大学 |
| 探秘工业园 | 面条小星探 | 小小蛋糕师 | 丝巾创想曲<br>哇！汽车 |
| 探游钱塘景 | 春到高沙渠 | 钱塘公园美如画<br>醉美金沙湖 | 美丽的钱塘我的家 |
| 探索大农场 | 采摘小能手 | 桃树的四季故事<br>鹅 鹅 鹅 | 钱塘小农人 |

2. **游戏活动**。

游戏活动是指在幼儿探索钱塘时获得经验的基础上形成的个性化的、自由自主的、形式多样的活动。幼儿根据自己的经验在园内创设游戏空间,收集和操作游戏材料,在活动中延续并拓展探索钱塘的经验。比如幼儿探索了金沙天街,对里面的各种商业活动感兴趣,就在幼儿园里开设"星天街"游戏馆。在"星天街"里,幼儿自行决定开什么店、做什么事、怎么做。"星天街"里的店铺随着幼儿兴趣点的变化而不断变化,关旧店开新店是常态。园内的游戏跟随园外探索的进程,星工厂、星天街和星学馆是已经创设的三大类游戏馆(如表0-1-4所示)。

**表0-1-4　星河幼儿园的游戏馆总汇**

| 游戏馆 | 星工厂 | 星天街 | 星学馆 |
|---|---|---|---|
| 游戏区的名称 | 万事利丝巾馆<br>康师傅面馆<br>森林蛋糕馆<br>星尚服饰馆<br>奇瑞汽车馆 | 1234蛋糕店、七彩花店<br>艾莎首饰店、点点美甲店<br>开心餐厅、小星星丝巾店<br>快速汽车店、星河剧场<br>冰雪奇缘饮料店 | 计量数游馆<br>杭电编程馆<br>杭职建筑馆<br>理工棋游馆<br>水电实验馆 |

## 五、课程实施

“小小钱塘探索者”课程的实施原则是注重“双平衡”，渗透“双关注”，凸显“四追求”。通过环境激发、项目学习、游戏探索和节日共情等多种途径去实施，幼儿在真实或模拟的场景中感受体验、操作探究、交往合作，积累丰富的经验，不断成长。

### （一）环境激发

环境是课程的外显系统。基于课程目标和理念，我们努力营造一个支持性、体验性、互动性的环境氛围，在园内创设探索地图、故事走廊、作品墙面、特色游戏空间等公共环境，充分激发幼儿的探究欲望和探究潜能。除此之外，我们的教室环境伴随着项目活动的开展而不断地变化和丰富，持续激发幼儿学习的主动性，引导幼儿在与环境的对话互动中获得更多的学习经验，通过环境来回味感知自己的成长历程。下面以“丝巾创想曲”项目的学习环境创设为例，阐述如何通过环境激发幼儿学习。

1. **氛围营造，激发探究的欲望**。

“丝巾创想曲”活动初期，我们在班级墙面上展示各种类型的丝巾让幼儿进行探索。“丝巾摸起来滑滑的”“丝巾上有金色的图案，戴上就像皇帝陛下一样”“丝巾有大有小，花样真多”……幼儿在欣赏中了解丝巾的材质、尺寸与图案等，进而激发其探究丝巾的好奇心。在班级区域中呈现丝巾的各种系法，如平结、花苞结、牛仔结等，幼儿自由学习系丝巾。在图书区投放丝巾的图书画册，幼儿在翻看中感知丝巾的多样变化，欣赏丝巾的美。

2. **对话互动，积累收获的经验**。

班级环境记录和反映着幼儿的学习过程。每一次活动后制作呈现幼儿探索发现的展板，幼儿通过与展板的“对话”积累和强化在不同活动阶段所获得的新经验。例如，幼儿在欣赏丝巾的过程中有意无意地对图案进行解读，教师记录下幼儿的表达，并呈现在“我的发现”展板上（如图0-1-3所示），从而引发幼儿之间对

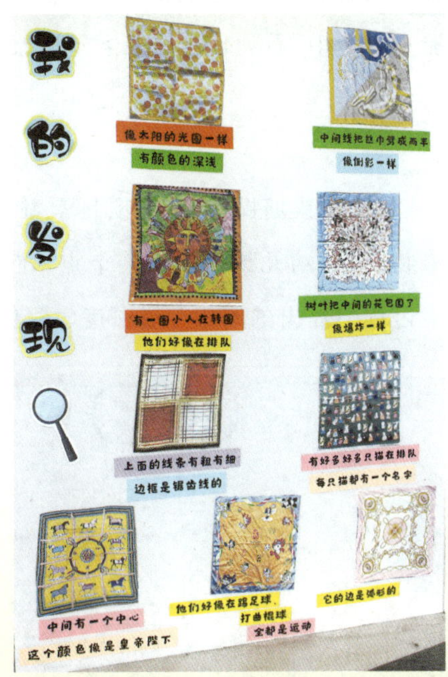

图0-1-3　幼儿对丝巾图案的欣赏与解读

丝巾图案的探讨，在探讨中加深对丝巾图案的个人思考。“中间线把丝巾劈成两半，像倒影一样”“像太阳的光圈一样，有颜色的深浅”等等，幼儿个性化的解读与想象为后续的创作积累了经验。又如，在设计师介绍“G20丝巾”的设计内涵后，梳理设计丝巾的六要素——寓意、颜色、材料、布局、纹样、图案，做成“设计丝巾的要素”展板（如图0-1-4所示）呈现在班级内，为后期幼儿设计丝巾图案提供参考。

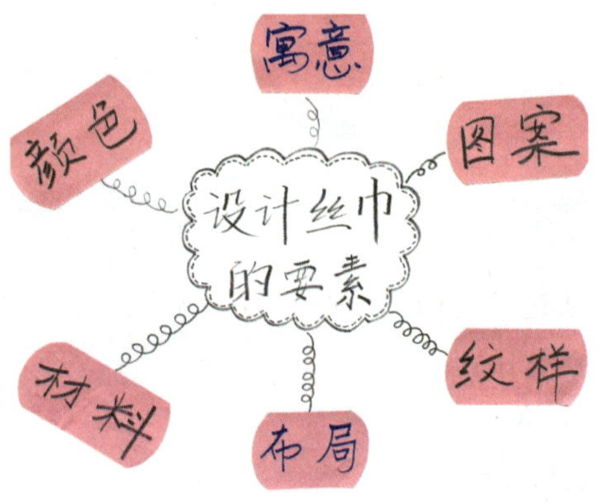

图0-1-4 设计丝巾的六要素

3. **回味感知，看见成长的过程。**

探索后期，我们创设相应的环境支持幼儿展示学习成果。“丝巾创想曲”成果展示区创设了“美丽体验区”“手作丝巾购买区”和“设计作品展示区”。“美丽体验区”是幼儿展现自己系丝巾技能的区域，他们手把手教前来观展的客人系丝巾，还为弟弟妹妹系上美美的丝巾拍照留念。“手作丝巾购买区”展示幼儿手作的水拓丝巾和扎染丝巾，以及制作的工艺和方法，方便幼儿向客人推荐自己的作品。“设计作品展示区”展示幼儿设计的“星河丝巾”手稿，设计者结合手稿从颜色、边框、布局、图案寓意等方面向客人介绍自己设计的作品。成果展示环境的创设呈现幼儿“趣玩丝巾—探秘丝巾—设计丝巾—制作丝巾”的探索历程，幼儿介绍自己的设计稿、展示自己制作的丝巾、评价自己的学习，在充分的体验和表达中，看到自己在探索丝巾旅途上的成长。

## （二）项目学习

“小小钱塘探索者”的项目学习是基于幼儿生活的学习活动，教师发现幼儿感兴趣的事物，引导幼儿聚焦探索某个点，在明确探索方向后，制订相应的计划，并围绕幼儿在探索过程中提出的问题开展深度学习（如图0-1-5所示）。

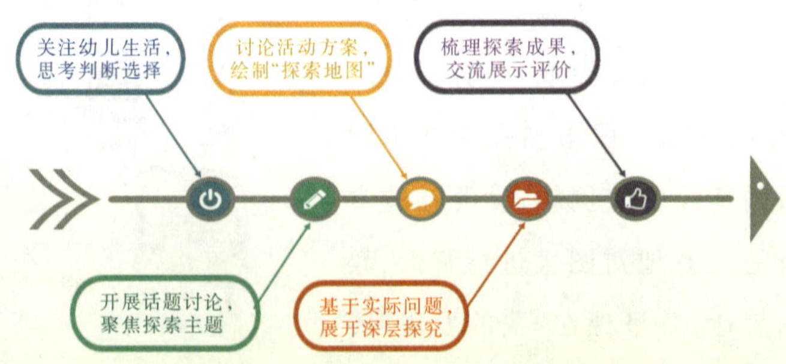

图0-1-5 项目学习的实施流程

**1. 关注幼儿生活，思考判断选择。**

项目学习的起点是教师对幼儿当下关注点（兴趣点）的判断。教师在日常生活中发现幼儿的关注点，并去判断这一关注点有没有教育价值，幼儿能不能发现问题，发现的问题有没有探索的空间。比如：教师在听到个别幼儿谈论去大学玩的事情时，要思考“这个话题需要到班集体上去交流吗”“幼儿探索大学有怎样的教育价值”“幼儿可以探索大学的什么”等。

**2. 开展话题讨论，聚焦探索主题。**

在确认幼儿的兴趣点具有教育价值和探索空间后，教师和幼儿一起对即将要探索的对象进行讨论，通过谈论了解幼儿的原有经验和幼儿的好奇点，明确探索的方向。比如大班教师以某两个小朋友谈论去浙江传媒学院喂鱼的事情为契机，组织“你去大学玩过吗”的谈话，通过谈话了解幼儿“对大学了解多少”“想探究大学的什么”，进而引导幼儿聚焦即将探索的主题。

**3. 讨论活动方案，绘制“探索地图”。**

明确即将要探索的主题后，师幼一起讨论绘制“探索地图”，预设探索活动方案，为后续的探索做好各种准备。比如，大四班在确定探索大学后，教师根据幼儿提出的“下沙有哪些大学”“每个大学学的内容一样吗”“它们都在哪里”“大学里都有什么”等问题绘制“探索地图”，然后设计具体的活动方案，联系相关大学，争取他们的支持配合。

**4. 基于实际问题，开展深层探究。**

幼儿围绕自己提出的问题寻找答案。探究过程包括成立探究小组，制订探究计划，计划中包含探究方法、想要进行的活动以及探究的相关准备，并进行预测和假设。之后，便进入探索调查阶段，幼儿通过实验、体验、调查等不同的活动方式亲身体验、实践操作寻求问题答案。教师鼓励幼儿仔细观察，通过拍照、写生、实物收集等方式记录自己的见闻，分享探究结果，提出新的问题。幼儿探究的问题多次循环进行，教师通过倾听—观察—反思—回应，不断给予幼儿学习上的支持。

**5. 梳理探索成果，交流展示评价。**

当探索活动进入尾声时，班级召开课程展示会，一同回顾走过的探索历程，讨论策划展示会的具体形式。例如，大班幼儿完成了探究大学的既定目标后，教师与幼儿一起结合“探索地图”回顾探究大学的发现、感受、经验、遗憾等；并且在幼儿园里建一所“微型大学城”，邀请弟弟妹妹参观，介绍自己探索大学获得的信息。从建构图纸绘制、建构材料选择、建构过程的调整到邀请函的制作、讲解词的确定、展示活动的分工等，幼儿进行充分的讨论和详细的分工。项目成果展示会的价值不仅在于回顾课程、梳理经验，还收获了在展示过程中习得的经验，感受到作为一个主动学习者的自信与成就。

项目学习以问题驱动，学习过程基本涵盖了“发现问题—设计问题—解决问题—反思问题”四个环节，反映了在项目探究过程中幼儿主动学习与探究、教师观察与支持的行动路径。本书主要介绍“小小钱塘探索者”在探访大学、探秘工厂、探游美景、探索农场四个板块的12个项目活动案例，详细介绍幼儿探索学习的过程。



## （三）游戏探索

园外的探索带给幼儿新经验，这些新经验需要得到延续与巩固。因此，星河幼儿园利用公共空间创设了星工厂、星天街和星学馆支持幼儿继续探索学习。星工厂、星天街和星学馆在活动内容和组织运行上截然不同，给幼儿带来丰富的体验，是“小小钱塘探索者”课程的重要实施途径。表0-1-5是本课程的特色游戏实施总表。

**表0-1-5 “小小钱塘探索者”游戏活动的实施**

| | 星工厂 | 星天街 | 星学馆 |
|---|---|---|---|
| 区域名称 | 万事利丝巾馆<br>康师傅面馆<br>森林蛋糕馆<br>星尚服饰馆<br>奇瑞汽车馆 | 1234蛋糕店、七彩花店<br>艾莎首饰店、点点美甲店<br>开心餐厅、小星星丝巾店<br>快速汽车店<br>星河剧场<br>冰雪奇缘饮料店 | 计量数游馆<br>杭电编程馆<br>杭职建筑馆<br>理工棋游馆<br>水电实验馆 |
| 运行方式 | 同班小组制 | 混龄联动制 | 同龄社团制 |
| 游戏时长 | 连续一周，共5次，每次1小时左右 | 连续两周，共10次，每次1小时左右 | 连续八周，每周2次，共16次，每次1小时左右 |
| 园外人力支持 | 各个企业的专业人士 | 无 | 各个大学生志愿者 |
| 组织流程 | 探→商→想→玩→展 | 创→联→玩→评 | 选→学→探→晒 |

1. **星工厂**。

星工厂是幼儿在探索钱塘区知名工厂的基础上，创建形成的实践学习空间。目前，星工厂包含康师傅面馆、奇瑞汽车馆、森林蛋糕馆、星尚服饰馆、万事利丝巾馆。每个馆的活动内容与工厂生产的产品相似，为幼儿提供亲手设计并制作“产品”的机会，是一款激发幼儿劳动兴趣、培养实践创新能力的游戏。

（1）运行方式：同班小组制。

同班小组制是指同个班级的幼儿自主选择进入星工厂的各个场馆中，以小组的方式组织参与学习活动。如图0-1-6所示，这样的组织形式可以保证幼儿在场馆内进行深入、长期的体验与实践，且小组制避免了较大的能力差异，为幼儿营造了更好的共同学习氛围。每个小组固定的指导教师也更能保障每一个幼儿都能得到专门的指导，从而提升活动质量。

图0-1-6　同班小组制示意图

(2)组织流程与操作要点。

星工厂游戏沿着“探→商→想→玩→展”的路径进行深度学习。

**第一步　探：探索钱塘找游戏。**有计划、有目的地安排幼儿去探索钱塘区的企业，是开展星工厂游戏的第一步。幼儿通过实地探索企业，了解工厂生产产品的过程，学习相关经验，为游戏的开展做好铺垫。

**第二步　商：三方共商备游戏。**星工厂游戏的开展从游戏内容的确定到游戏环境的创设及相关的技术支持由幼儿、教师、企业三方商讨协作。游戏内容由幼儿来讨论决定，游戏环境的搭建由教师和幼儿共同完成，同时诚邀企业为我们提供专业的技术支持和基础指导。三方参与让幼儿成为游戏主体的同时，也让游戏更加贴近幼儿的真实生活情景，以此实现生活能力的培养。

**第三步　想：两步计划想游戏。**有计划的游戏能明确幼儿的学习目标，可以提高学习的质量。因此，幼儿在参与游戏前，要做好个人的游戏计划，明确自己“要去哪里玩，要玩什么，怎么玩”。为了让幼儿的游戏计划有效可行，采用“两步走”的计划方式，即先在班级内确定“去哪里玩”，再到游戏区内计划“玩什么”“怎么玩”。“两步走”让幼儿的游戏目标从模糊到具体，有助于更好地游戏学习。同时，也让班级教师和游戏区指导教师能了解幼儿的游戏意愿，以便更好地提供帮助。

**第四步　玩：双师指导玩游戏。**星工厂游戏既看重幼儿自由自主地探索，也看重成人有效的支持与指导。“双师指导”是指在幼儿游戏过程中，园内老师和企业专家一起参与指导支持幼儿的游戏。当园内教师无法满足幼儿游戏发展需要时，我们就邀请企业专家介入幼儿的游戏。企业专家作为幼儿游戏的第二位导师，需要明确幼儿的需求、所需的准备和具体活动过程等。所以，园内教师在企业专家来园之前要做一个详细的方案，让专家明确自己需要做什么。表0-1-6是森林蛋糕坊的指导教师为欢牛蛋糕师助教制作的活动安排情况。

表 0-1-6　欢牛蛋糕师助教活动安排表

| 助教时间 | 助教内容 | 助教准备 | 对助教人员的要求 | 助教的目的 |
| --- | --- | --- | --- | --- |
| 11月23日<br>9:30—10:30 | 1. 3—5分钟左右的视频，介绍展示欢牛企业概况。<br>2. 现场制作蛋糕。<br>3. 回答小朋友提出的与做蛋糕有关的问题 | 1. 欢牛公司宣传视频。<br>2. 现场制作蛋糕需要准备的相关材料 | 1. 蛋糕裱花手艺精湛娴熟。<br>2. 介绍讲述的语言生动形象，便于幼儿理解 | 激发幼儿制作蛋糕的兴趣，了解一些做蛋糕的基本方法与流程以及相关的问题 |



**第五步　展：三评展示思游戏。**星工厂游戏的评价主要指向幼儿实践创新力的发展，分别围绕灵活性、求异性、发散性这三要素进行描述式评价、点赞式评价和推销式评价。

◆**描述式评价。**它是幼儿的自我评价。幼儿运用"游戏记录单"，评价自己的学习态度、感受和成果。幼儿用图画的方式记录自己在创作过程中遇到的困难或趣事，再用言语来描述解决方法。例如，灿灿在记录单上记录着自己制作出一辆复杂的工程抢修车的感受："它有点难，我一天拼一层，花了三天才把它拼完。"他对自己的耐心细致很满意，觉得自己的表现非常棒，画了八颗爱心。

◆**点赞式评价。**它是同一区域内的游戏伙伴相互评价。同一区域内的游戏伙伴通过观察和对比，发现同伴作品的亮点和不足，说说自己的作品和别人的有什么不一样的地方，并给自己认为满意的作品送上大拇指贴。评价者与被评价者需要关注到作品之间的差异，看到他人的亮点以此来引发幼儿相互学习，拓宽幼儿的创新思维。比如：汽车馆游戏的后期，同组的每一个幼儿展示出自己造的汽车，互相欣赏交流，选出心目中最好的作品，送上拇指贴并说明理由。

◆**推销式评价。**它是"星工厂"里所有的游戏成员跨区流动相互评价。幼儿展示出自己最满意的作品，提前构思作品内涵，表达创作过程感受。相互聆听他人对自己作品的介绍，为满意的作品送上相应的贴纸，表达肯定与认同。在推销式评价中，教师需鼓励和引导作者清晰地说明自己的设计想法与作品内涵，而评价者要充分欣赏每个场馆的作品，在聆听解说中萌发参与其他区域游戏的欲望。图 0-1-7～0-1-9 是"星工厂"里汽车馆游戏的三种评价。

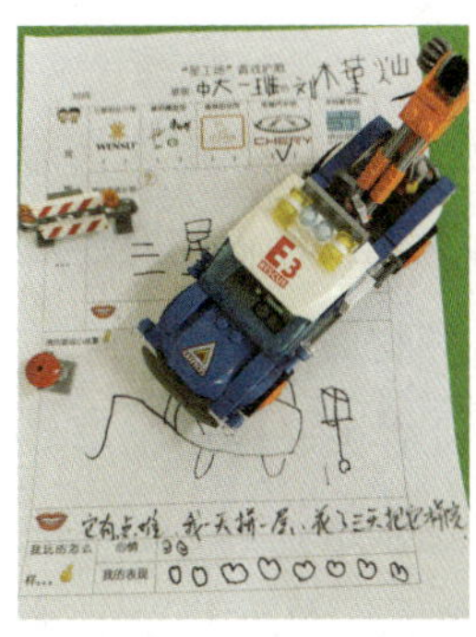

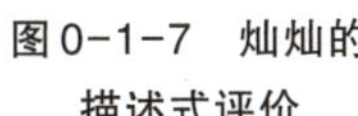

图0-1-7　灿灿的描述式评价

图0-1-8　小组成员相互点赞评价

图0-1-9　班级幼儿推销式评价



2. **星天街**。

星天街是指基于幼儿探索周边的商业综合体、商业街、美食街等的经验，在园内自行开设各类店铺，通过扮演店员（老板）、顾客、快递员、保安、演员、售票员、服务员等角色，来模拟体验各种社会职业的工作。星天街采用混龄联动的方式开展实践学习，幼儿自主选择扮演角色，在游戏中体验各角色的劳动，学习社会行为规则。

（1）运行方式：混龄联动制。

混龄联动制（见图0-1-10）是指不同年龄段的幼儿自主选择角色，以“大带小”的方式进入星天街中进行联动的游戏。星天街中每一个店铺的场景和角色是联动的，即幼儿作为顾客流动出现在不同的天街店铺中，幼儿的角色并非一成不变。星天街中的角色两周更换一次，星天街的指导教师随班流动。

图0-1-10　混龄联动制的示意图

（2）组织流程与操作要点。

星天街游戏沿着“创→联→玩→评”的路径展开，每一个环节都有相应的支持策略帮助幼儿在游戏中学习。

**第一步　创：创设天街。** 在创设天街的过程中，幼儿需要经历分组创想、实地探访、制定计划、准备材料、布置店面等环节，其间幼儿需要不断地与他人进行沟通合作。教师充分尊重幼儿的自主性，将创设游戏的权利还给幼儿并成为幼儿身后的得力助手，鼓励幼儿实地探访，制定计划，在开店铺的过程中提供方法，帮助解决过程中的问题。

**第二步　联：全园联动。** 全园联动主要是指幼儿运用自主应聘和定向邀请的方式，让全园幼儿都有机会参与到星天街的游戏当中。自主应聘是指发布美甲师、蛋糕师相关岗位后，感兴趣的幼儿来进行自我介绍，阐述选择相关岗位的理由；定向邀请则是向某些班级发出邀请函，请他们来当小顾客。

**第三步　玩：交互流动。**星天街和星工厂游戏的最大区别在于流动性，主要指人员的流动、商品的流动，也正是因为这样的流动性给幼儿创造了大量互动的机会，让他们在游戏的轻松氛围中，积极主动地与他人沟通。我们采用三个策略来实现人和物的交互流动。

◆ **以“币”联结。**幼儿使用钱币在各个店铺中进行游戏，将原本没有关联的店铺串联为一个整体。操作上，一方面要注意先投放简单的1元硬币，后期再逐步增加到2元、5元硬币；另一方面，价格的标注采取直观硬币标注与数字标注相结合的方式，让不同能力的幼儿都能清楚了解商品价格。

◆ **用“表”导玩。**教师针对星天街中的顾客和工作人员分别设计了相应的表格作为游戏支架辅助幼儿游戏。店铺工作人员在游戏结束后一起记录当日营业额，有趣事分享的话可以请老师帮忙记录；小顾客们在购物前填写购物计划书（见图0-1-11），帮助幼儿有意识地分配自己拥有的钱币。操作上需注意表格并不是一成不变的，教师可以根据幼儿的游戏情况进行及时的调整，如幼儿想看到营业额的变化，教师可以制作折线图来直观呈现。

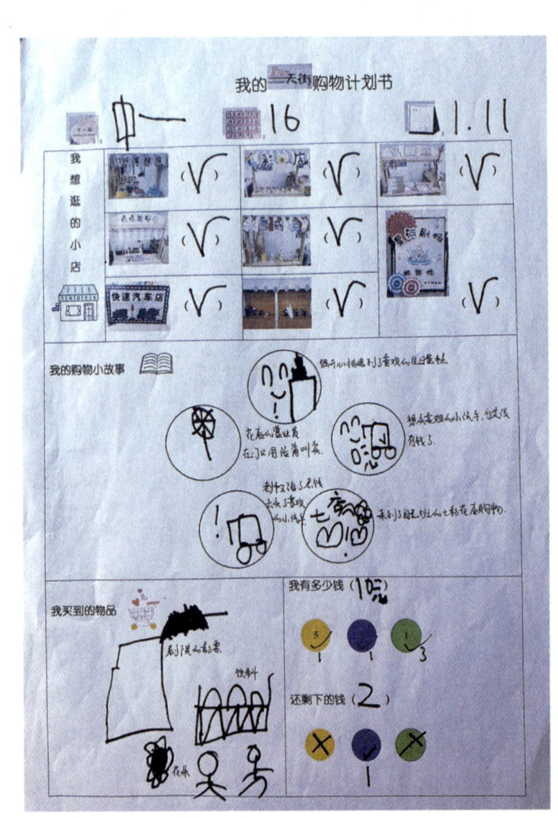


图0-1-11　星天街顾客使用的购物计划书

◆ **以“货”增趣。**用琳琅满目的商品来吸引幼儿，增加游戏的体验感。各个店铺需定期讨论商品的更新与添置事宜，引导幼儿主动去收集、制作或者采购。

**第四步　评：精彩回顾。**星天街游戏的评价主要指向幼儿“亲社会”的发展，围绕礼貌行为、规则意识、分工合作三个要素，运用礼貌勋章、规则勋章和合作勋章进行师幼、幼幼互评。

◆ **礼貌“哇”时刻。**主要是教师有针对性地记录幼儿的礼貌行为，以视频的形式投屏到电视机上和同伴一起观看，并请同伴说一说发现了哪些礼貌行为，最后颁发礼貌勋章，进一步帮助幼儿正向强化良好的礼貌行为，从而培养良好的行为习惯。

◆规则"耶"瞬间。教师记录下幼儿遵守规则的瞬间，帮助幼儿一起回顾游戏中的各种规则，虽然幼儿对于游戏的规则并不陌生，但是真正游戏时总会出现一些不自觉的不遵守规则的行为。采用颁发规则勋章的方式，正向激励幼儿学习自我控制，自主遵守规则进行游戏。

◆合作"嗨"片段。教师记录并播放幼儿在游戏中出现的精彩合作片段，组织幼儿讨论并梳理与同伴合作的经验，颁发合作勋章。

3. **星学馆**。

星学馆是指利用大学城的资源创设的游戏馆。它以同龄社团主题式学习的方式组织运行，幼儿在大学生志愿者的陪伴下，在探索数学科学活动中发现问题、解决问题，从而获得探究能力。星学馆中的游戏材料和内容有一定的结构化和序列化，例如，杭电编程馆的游戏材料是钱塘区某科技公司研发的电子元件"编程魔方"，它的电子元件有一定的使用方法，研发公司有推荐的课程内容。

(1)运行方式：同龄社团制。

同龄社团制(见图0-1-12)是指同一个年龄段的幼儿，根据自己的兴趣爱好选择一个活动内容，然后和相同兴趣爱好的人一起探索学习。同龄社团成员是两月一换，幼儿园发布招募信息后幼儿自由选择并参与。社团指导老师由一位园内教师+N名大学生志愿者组成。目前，星学馆有杭电编程社团、计量数游社团、杭职建筑社团、传媒直播社团、理工棋游社团等社团。

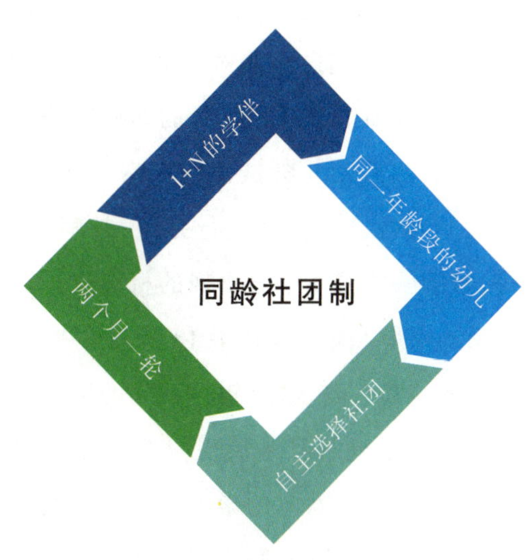

图0-1-12 同龄社团制的内涵示意图

(2)组织流程与操作要点。

星学馆的游戏沿着"选→学→探→晒"的路径展开活动，教师在每个环节给予幼儿必要的支持与帮助。

第一步 选：依循兴趣，选择社团。星学馆以社团的形式组织开展。活动前，幼儿依循自己的兴趣选择想参与的社团。每月初的第一个星期，社团负责教师邀请幼儿参与"尝鲜"活动，让幼儿自主选择想加入的社团。在幼儿自选社团过程中，给予他们支持。

◆一书两牌，有准备。师幼双方要为社团"尝鲜"活动做"一书两牌"的准备。"一书"是指社团负责教师写给幼儿的邀请书，要告知幼儿"尝鲜"活动的时间地点、活动准备(幼儿个性化的名牌)和活动顺序(先看后选)。"两牌"分别由幼儿和教师准备，一张是幼儿自制的个性化名牌，一张是教师制作的社团成员签到牌。签到牌用于幼儿选定社团后挂个性名牌来确定成员名单，方便后续社团活动的管理。

◆三段行进，有思考。为了让幼儿了解各个社团活动内容，有思考选择的时间，首次的社团“尝鲜”活动分为三个时段：先是“逛”，幼儿到各个社团所在点看看听听老师的介绍；接着是“谈”，幼儿回到班级和同伴、老师一起说说自己逛后的想法，做一个选择方案（第一想去哪里，第二想去哪里……）；最后是“定”，幼儿在规定时间去社团把自己的名牌挂到签到牌上，确定自己所参加的社团。

◆先到先得，有规则。每个社团的人员是有限额的，一般在25—30人。当出现某个社团人特别多的情况时，就以谁先挂上社团签到牌为准，限额之外的幼儿可选择下一个社团。

第二步　学：一环五步，初学奠基。星学馆的活动内容和操作材料是程序化的，幼儿要在教师带领下了解材料的功能和操作要求，再进行有目的的探索。具体的过程，首先，教师将游戏视频导入活动，幼儿对游戏材料进行观察提问与思考，教师讲解所用材料的名称和功能，示范使用方法，然后幼儿尝试操作探索。在之后的环节中幼儿对自己的作品进行介绍，教师进行复盘总结，对下一次游戏中会出现的材料进行简单介绍，做活动铺垫。详见图0-1-13。

图0-1-13　“一环五步”内涵示意图

◆视频引路，激兴趣。活动的第一环节，教师可以借助游戏视频来展现游戏的趣味性，吸引幼儿的注意，激发幼儿的学习兴趣。除此之外，幼儿可以通过游戏视频直观了解该类游戏材料的特性、使用方法、游戏规则等。

◆明确要点，抓关键。社团的每一次集体活动都有明确的学习目标。教师要围绕学习目标，借助图示、动作等讲清楚本次活动所需的材料、材料的功能、不同材料之间的组合方法，指导幼儿围绕探索目标，规范操作材料，减少因操作不当而影响探索进程的行为。

◆少讲多看，见问题。星学馆游戏是培养幼儿思维能力的活动，它的关键在于幼儿借助特定的材料进行有目的的探索和有方法的思考。所以，活动中教师要少讲多看，让幼儿有充分的操作、探索时间。教师要去观察幼儿探索中的行为，分析幼儿思考问题的特点，发现存在的问题并记录，不要急于介入帮助幼儿完成目标。

第三步　探：学伴支持，深度探索。在集体探索后，幼儿有了基本经验和探索目标，这时候就可以分小组探索。社团成员自己组成若干个小组，一个小组至少加入一名大学生成为学习伙伴，支持幼儿进行拓展性的深度探索。小组探索可以是几个人共同挑战同一目标，也可以是个人独自的探索。大学生的作用是倾听并及时回应幼儿在探索过程中的疑问，协助幼儿记录探索过程，让幼儿获得更多的个别指导。

◆探索内容，有拓展。这一阶段的活动是社团集体活动后的延伸和拓展，幼儿根据前面获得的经验进行多种方式的演绎。比如：集体活动时探索编程魔方"会前进的火车"，小组活动就探索"自动朝不同方向前进的火车"。通过这样的拓展，幼儿可以更好地形成编程思维，激发思维的灵活性。

◆探索过程，有记录。小组的探索是为了让幼儿有更多自由思考探索的空间，幼儿往往都有自己想要达成的目标，所以我们要鼓励幼儿运用探索记录表，来记录一次次探索的目标、过程和结果。有了记录，幼儿就能回溯自己的探索过程，可以分析探索行为是否合适，教师也能够了解幼儿的思维过程。大学生可以在记录过程中发挥一对一指导的作用，让幼儿的记录表征清晰有条理。

◆探索结果，有交流。每一个小组至少有一名大学生，为幼儿充分地表达和被倾听提供帮助。在小组探索中，不论是个人自由探索，还是共同挑战探索，幼儿可以充分表达自己探索中的所思所想，大学生就是很好的倾听者和对话者。在对话中，大学生可以提出更高要求，可以质疑，可以操作演示，可以解答幼儿的疑问。

第四步　晒：自晒成果，乐享收获。"晒"是指星学馆各社团成员的学习成果展示评价活动。星学馆主要指向"会探究"的培养，所以，突出探究态度、能力和方法的评价。在这一环节中，星学馆各社团成员不仅要晒自己的操作演示，还要晒自己在探索过程中用图符表征的问题记录单、实验记录单等。通过"晒"，幼儿复盘自己发现问题和解决问题的过程，梳理获得的新经验，获得思维发展。

◆自定流程，有准备。晒成果前，幼儿要做一张学习成果展示流程图，明确展示流程，以及每个流程要用的材料物品等。流程图的形式可以多样化，只要幼儿自己看得明白就行。另外，教师要给予一定的支持，确保每一个幼儿都能展示出自己学到的本领。比如：要让幼儿试讲要晒的试验记录表中的内容，听听他是否能够讲清楚里面的内容；如果讲不清楚，教师帮助梳理和练习。此外，要看幼儿操作演示的动作是否流畅，鼓励幼儿边演示边讲解。

◆边晒边聊，有对话。社团晒学习成果时，可以用多种方式邀请交流评价的对象，比如海报、小广播、邀请信等。社团负责教师给足空间和时间，让展示者和受邀者自由对话，受邀者不只是看和听，还可以提问和尝试操作体验。

◆**点赞智慧，重思维**。教师引导幼儿从讲解是否清晰、演示是否熟练、图符表征是否合理等方面去自评和他评。点赞不同年段有不同形式。比如：大班幼儿自己决定点赞的内容（希望别人从哪些方面给自己点赞），自己准备用于点赞的物品器具；中小班幼儿一起讨论点赞的内容，然后大家各自准备用于点赞的物品。

### （四）节日共情

在探索钱塘区的过程中，幼儿和家长自然而然会产生共享快乐美好生活的情感需求，我们就顺应需求开展属于星河幼儿园的节日活动。节日活动的实施遵循"依托项目、融情融境、共商共享"的原则，让幼儿、家长、教师、社区邻里等人员一起感受钱塘区的四季之美，体验亲子同游的生活之美，共享幼儿成长的教育之旅。

"依托项目"原则是指节日活动与探索钱塘的项目活动紧密关联，节日活动的内容往往会与项目活动成果展示相结合。"融情融境"原则意味着节日活动重视参加活动人员之间的情感联结，活动会在钱塘区优美的自然场景中进行。"共商共享"原则让幼儿园和社区各层面的人员都成为节日活动的主体，大家共同努力营造欢乐美好的节日氛围，享受节日的快乐。表0-1-7是"小小钱塘探索者"课程的四个特色节日活动安排表。

**表0-1-7 "小小钱塘探索者"节日活动安排表**

| 特色节日 | 举办时间 | 举办地点 | 活动内容 | 参加对象 |
|---|---|---|---|---|
| 星河花朝节 | 3月底，4月初 | 幼儿园边上的高沙渠公园 | 赏花红、品花味、猜花谜、吟春诗等 | 小班幼儿与家长、社区居民 |
| 星河农耕节 | 5月份 | 钱塘农场 | 种植或采收蔬菜瓜果 | 全园幼儿与家长 |
| 星河乐跑节 | 11月中旬 | 钱塘江堤、金沙湖、消防公园 | 马拉松、定向跑、花式跑等 | 全园幼儿与家长 |
| 星河乐淘节 | 12月底 | 幼儿园内 | 义卖星工厂里制作出来的各种产品 | 全园幼儿 |

下面以"星河乐跑节"的"金沙湖亲子马拉松"为例，介绍星河幼儿园节日活动的实施情况，"星河乐跑节"依托"钱塘公园美如画"项目活动，是幼儿展示该项目活动成果，与家人、朋友和社区人员一起共享钱塘公园美景的节日。

**1. 踩点评估。**

每次的乐跑节会在不同的地点进行，因此，我们要对活动场地进行细致的了解，评估在该地点开展活动的可行性，为合理安排活动做准备。金沙湖公园最大的优势是沿湖一圈的游步道有一定的宽度，一圈的距离4千米左右，非常适合幼儿和家长一起慢跑。图

0-1-14是金沙湖亲子马拉松的跑步路线图。

**图0-1-14　金沙湖亲子马拉松的跑步路线图**

2. **共商计划**。

在“亲子马拉松”活动前,教师和幼儿一起制订周密的对外和对内计划。对外,幼儿参与制作邀请家长和社区邻居参加乐跑节的视频,通过微信公众号和班级群进行宣传,并且设计乐跑节的路线图,帮助参与者了解活动要求和具体地点。教师向相关公共事务管理部门报备活动,征得管理部门的许可和协助。对内,教研室拟定节日活动策划书,准备奖品、广告牌等,班级设计制作班旗,园内教职工明确节日活动的工作安排,做各项准备,确保活动有序开展。

3. **共享快乐**。

节日当天,幼儿在家长陪同下到指定场地集合,领取乐跑节的标志,做热身运动。在园长宣布开跑后,大家自由奔跑。到达终点后,领取奖牌和奖品。图0-1-15是星河乐跑节——金沙湖亲子马拉松的活动场景。

**图0-1-15　星河幼儿园第三届乐跑节的场景**

4. **回味反思**。

活动结束后，老师和幼儿一起回顾乐跑节的感受，结合活动照片说一说在马拉松过程中最开心的事情，把自己的见闻画下来，延续幼儿心中的美好感情。另外，园内教师反思活动的亮点与不足，记录保存相关资料，为优化下一届乐跑节做准备。



## 六、课程评价

"小小钱塘探索者"课程评价以"注重过程、多元主体、量质结合、重视自我"为原则，对幼儿、教师、课程的发展进行全面评价。

### （一）指向幼儿发展的评价

指向幼儿发展的评价围绕"爱探究、善表达、亲社会"的课程目标，从项目活动、游戏活动和生活活动三个方面，采用五维式、双线式和拍客式等方式评价幼儿在课程中的发展情况。

1. **项目活动中的"五维式"评价**。

项目活动主要采用"五维式"评价，它遵循"学评一致、过程评价、多元主体"的原则，根据项目活动的具体内容来设计评价内容，把评价嵌入项目活动的整个过程，让幼儿边学边评，让教师及时了解幼儿学习的状态，及时调整教学方式，进而支持幼儿更好地学习。它的评价主体有教师、家长、幼儿、同伴等，评价类型有回顾式归因类、作品式记录类、日记式跟踪类、分段式调查类等。本书中的12个项目活动案例会呈现部分的幼儿评价、家长评价和教师评价。

2. **游戏活动中的"双线式"评价**。

游戏活动中的评价以幼儿和教师为评价主体，展开双线式评价。幼儿用"游戏护照""游戏成果展示会"来评价在游戏中的收获，教师用"蛛网图"观察、记录、分析幼儿的游戏行为，结合幼儿自评的信息，分析幼儿的发展水平与发展需求，形成相应的支持策略。图0-1-16是游戏活动"双线式"评价操作示意图，图0-1-17是教师分析游戏中幼儿发展水平的"蛛网图"。

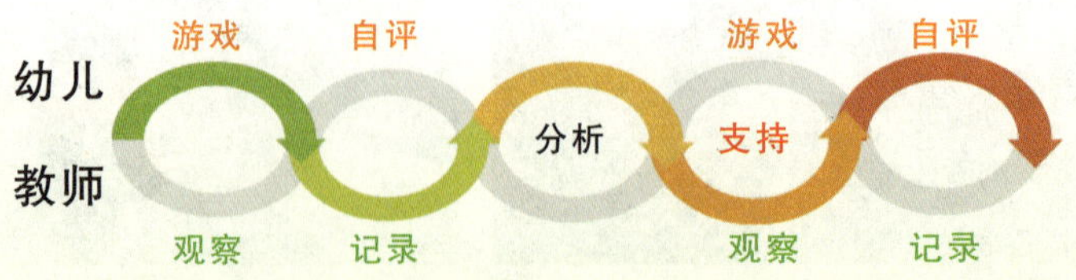


图0-1-16 游戏活动"双线式"评价操作示意图

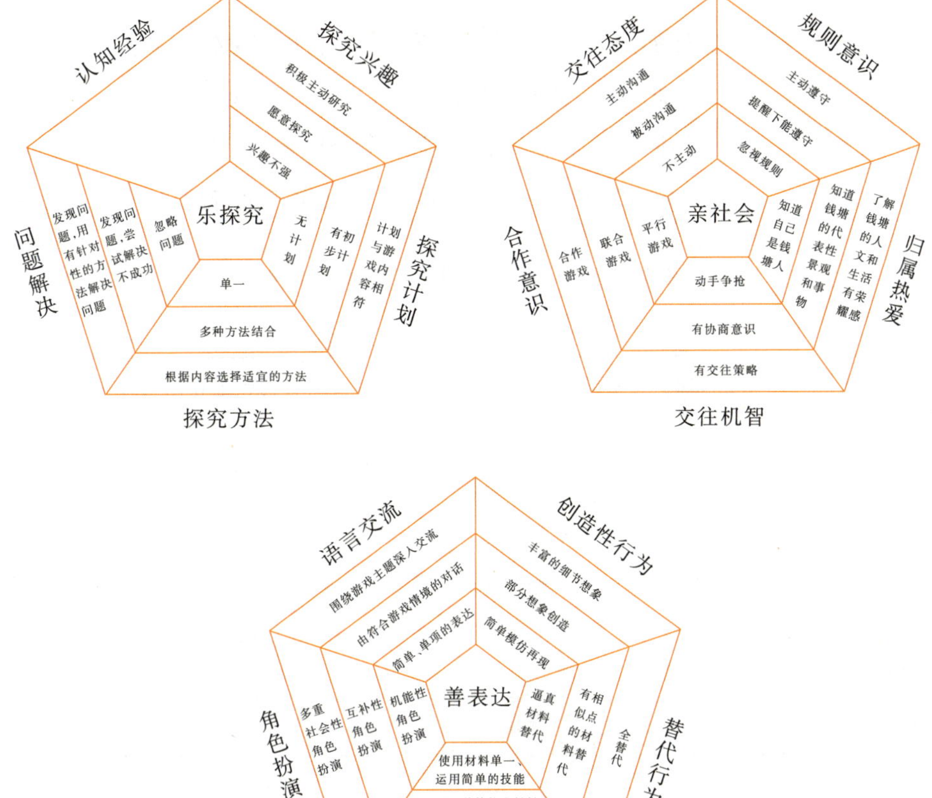


**图0-1-17 教师分析游戏中幼儿发展水平的"蛛网图"**

3. **生活活动中的"拍客式"评价。**

生活活动中的评价围绕"爱探究、善表达、亲社会"的课程目标,发现、记录、分析幼儿在日常生活和活动中的表现,进而评估幼儿在课程中的发展情况。我们依托某APP,采用"拍客式"评价,即家长和教师用拍照、视频、录音等方式记录幼儿在日常生活和活动中的典型性表现并上传到APP,学期末利用APP进行数据处理,形成幼儿在生活活动中的综合评估报告。

## (二)指向教师发展的评价

指向教师发展的评价聚焦"项目设计与实施能力""游戏观察与支持能力"和"自我反思与内省能力"三个维度。

1.“**项目设计与实施能力**”**的评价**。

教师“项目设计与实施能力”体现在活动内容、资源利用、环境支持、师幼互动、家园协作、过程调适等方面。因此，我们设计了项目活动设计与实施评价表，从六个维度分析教师如何在项目活动中支持回应幼儿的学习与发展，质性评价教师的项目设计与实施能力。该评价表一项目一评价，教师和教学管理者在项目活动结束后进行评价（见表0-1-8）。




**表0-1-8 “项目活动设计与实施”评价表**

项目名称： 实施时间： 实施者：

| 评价项目 | 有效支持回应学习的做法与策略 | 有待改进和优化的方面 |
|---|---|---|
| 活动内容 | | |
| 资源利用 | | |
| 环境支持 | | |
| 师幼互动 | | |
| 家园协作 | | |
| 过程调适 | | |

2.“**游戏观察与支持能力**”**的评价**。

为了客观评价教师在课程实施过程中是否提升了“观察与支持能力”，幼儿园采用“文本＋现场”的评价方式。“文本”是指教师在日常生活中填写“游戏观察与支持记录表”，管理层定期阅读教师的游戏记录表，从文本中了解教师观察、记录、分析、支持幼儿游戏的能力水平。“现场”是指伙伴教师和管理层在游戏现场观察教师组织和开展游戏的情况，分析教师与游戏中的幼儿互动行为，评估其支持游戏的能力，反馈其优势与改进建议。

3.“**自我反思与内省能力**”**的评价**。

教师的“自我反思与内省能力”是一种内驱力，促使教师不断地追求“更好的自己”。因此，幼儿园对教师自我反思与内省能力的评价是以教师为主体的，吸纳了“以优促优”的理念，通过记录保教过程中的特别事件来引导教师“自我发现—自我剖析—自我修正”，撰写“保教手账”。

“保教手账”包含“评估指标、事件背景、看、思、续”五部分，教师观察幼儿的学习行为，分析幼儿的学习发展需要，跟进支持引导，然后评价自己的支持策略是否有效。它是教师的自我评估及园长或他人评估教师专业发展状况的工具（见表0-1-9）。

表 0-1-9 星河幼儿园教师“保教手账”

| 评估指标 | 《幼儿园保育教育质量评估指南》中的指标，如：A3—B8—25，教师保持积极乐观愉快的情绪状态，以亲切和蔼、支持性的态度和行为与幼儿互动，平等对待每一名幼儿。幼儿在一日活动中是自信、从容的，能放心大胆地表达真实情绪和不同观点 |
|---|---|
| 保教行为发生的时段和背景 | |
| 看 | 看到自己与幼儿的互动及其他的支持行为<br>（白描＋照片；视频二维码＋简单文字） |
| 思 | 自己如何尊重、认同儿童？如何倾听、发现儿童？如何回应、支持儿童？如何达成评估指标？ |
| 续 | 调整自己的教育教学内容、行为、策略的计划 |



### （三）课程发展评价

**1. 内部联动式评价。**

内部联动式评价主要通过幼儿、教师、家长三方面进行，包括幼儿兴趣调查、家长意见反馈、教师经验访谈。教师通过兴趣调查，了解幼儿对课程的喜爱程度；通过家长意见反馈，了解家长对课程的评价和建议，为优化课程收集信息；通过经验访谈，了解教师对课程内容、实施过程、资源支持等的真实想法，以此来调整优化课程。

**2. 外部诊断式评价。**

外部诊断式评价主要包括学术视导、行政督导、社区交流，是指借助园外力量开展诊断、指导和评定的过程。学术视导是指借助幼儿园幼教集团的特级教师、浙师大教授等实践和理论专家，走进幼儿园课程实施的现场，参与课程设计与实施过程，并对课程进行诊断与完善；行政督导是指主动邀请或接受区教育局、教师教育学院入园检查课程的实施情况；社区交流是指幼儿带着课程学习成果（美术作品、儿歌、歌曲等）走进社区进行展示，以此收获社区人员对幼儿、幼儿园的肯定，接受社区人员的建议和意见。

（王超逸　汤凤霞）

# 活动案例

## 『小小钱塘探索者』项目

板块1

# 工业园探秘

该板块的项目活动来自幼儿对园所附近工厂的探索。幼儿通过“参观—实践—游戏”探秘与自己生活密切相关的衣、食、住、行等产品的制造过程。他们带着问题揭秘现代化制造业的神奇，感知科学技术和大国工匠的力量，体验动手动脑制作生活物品的乐趣，知道美好的生活来自各行各业人们不断的创造发明和辛勤劳动。

# 项目1



## 面条小星探（小班）

### 项目缘起

一天，班里的王老师过生日，园长妈妈给王老师送来了一碗爱心生日面。孩子们好奇地问："为什么园长妈妈要给王老师送面条呢？"在得知送面的缘由后，幼儿们纷纷表示，希望在自己生日时也能吃上一碗美味的生日面。于是，我们开始思考：面条能否成为幼儿学习的载体呢？

经过调查，我们发现面条不仅种类丰富，吃法和做法更是层出不穷。它有着几千年的发展史，不同的地方有不同的特色面条，不同的面条在外形、口感、制作工艺、配料、烹饪方式上有着不同的特点。面条文化博大精深，幼儿不仅能借此感受中华传统美食的魅力，还能在动手动脑制作美食的过程中发现问题、解决问题，提升各方面的能力。此外，我们周边拥有丰富的面条相关资源，如康师傅工厂、次坞打面店、兰州拉面馆等。于是，我们决定开启一段探究面条的奇妙旅程。

### 项目导图

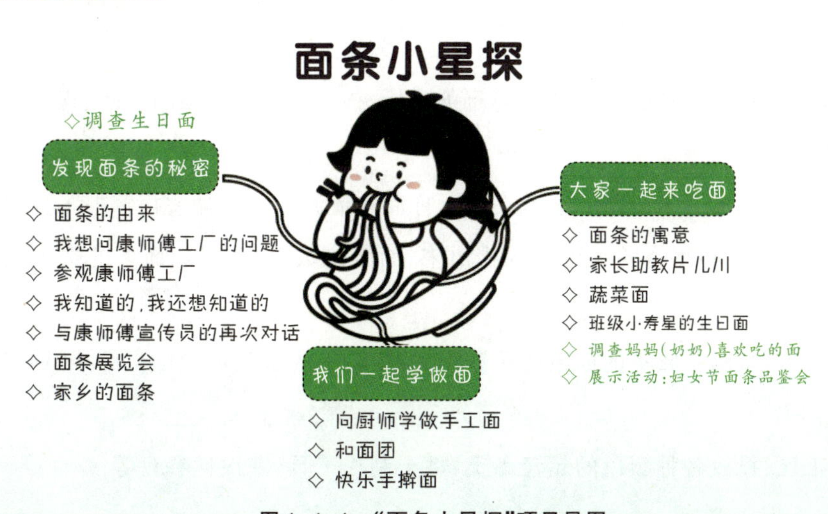


图1-1-1 "面条小星探"项目导图

## 项目目标

1. 通过系列活动，关注生活中的面条，了解面条的由来、种类、颜色、制作工艺等，丰富真实的生活经验。

2. 运用调查、采访、记录、操作、品尝等方法探究面条，尝试制作面条，积累制作食物的经验，提升表达、表征及动手操作的能力。

3. 积极参与探索面条的活动，体验探索的乐趣，并在探索中热爱与传承中华传统美食的文化，萌发爱祖国、爱家乡的情感。



## 项目启动

### 一、谈话聚焦

“上次，王老师过生日收到园长妈妈送来的长寿面，你们都很羡慕。你们生日的时候想吃什么面呢?”薇薇说:“我最喜欢吃海鲜，我过生日的时候想要一碗海鲜汤面，里面要有花蛤和虾。”小艺说:“我喜欢吃蔬菜。我要一碗时蔬炒面，要炒的那种。”……“原来面条的种类好多啊！我们可以研究一下面条。周末我们和爸爸妈妈一起去超市或者菜场看看，超市里有哪些种类的面条呢？大家可以挑一挑、选一选，看看我们能收集哪些不同种类的面条。”教师为幼儿布置了调查任务，将幼儿引入探究面条的活动中。

### 二、亲子大调查

在谈话后，家长带幼儿去周边的超市或菜场逛一逛，收集不同种类的实物面条，拍摄面条的照片；并且上网找找有关面条的绘本和图片，收集有关面条的信息。幼儿在家长的帮助下，使用“生日面调查表”访问3个家人或朋友，并用图文的形式记录下来。

### 三、环境激发

1. 主题墙：将收集到的各种各样的面条照片、孩子们关于面条的问题、探究进展思维导图等呈现在墙上。

2. 阅读区：投放关于面条的绘本。如：《哧溜哧溜游泳池》《揉一揉啊捏一捏》《面条飞起来》《害羞的面条和兴奋的鸡蛋》《万物由来 面条》《数学真奇妙 面条的选美比赛》《我们都爱吃面条》等。

3. 科学区：将幼儿收集的面条按照分类展览出来；投放石磨、麦子、筛子、刷子等材料工具。

4. 美工区：投放各种颜色的超轻黏土、黏土制作工具、一次性餐盘等。

## 四、资源利用

1. 康师傅工厂:参访康师傅工厂,并邀请工作人员入园与孩子们进行交流。

2. 周边面店:在家长的陪伴下拜访面店做面的师傅,交流有关面条的问题。

3. 希尔顿酒店的面点师傅:邀请面点师入园来演示手工面的制作方法。

## 五、问题驱动

在亲子调查后,幼儿对面条的兴趣更浓了,也对面条产生了不少的问题:

1. 面条有多少种类呢?

2. 面条是怎么来的?

3. 我们自己能做面条吗?

4. 面条怎么烹饪才好吃?



# 项目推进

## 一、发现面条的秘密

面对这种类丰富的面条,幼儿们不禁产生了许多疑问:面条有多少种类呢?它们是怎么来的?又是如何制作的呢?带着这些疑问,我们正式开启第一阶段的探索之旅。

## 活动1　面条的由来

### ■ 活动目标

1. 知道不同种类的面条的名称,了解面条的由来。

2. 能够在集体面前大胆讲述自己的调查结果与发现。

3. 对生活中的面条感兴趣。

### ■ 活动准备

1. 经验准备:有过吃面的经历,调查收集面条的信息。

2. 材料准备:关于面条由来的故事图片。

### ■ 活动过程

**(一)说一说生活中的面条**

自由分享吃面条的经历。

关键提问:你吃过什么面条?它是什么样子的?

教师记录幼儿讲述的关键信息。

教师小结：原来我们生活中的面条种类这么丰富，有细细长长的龙须面，也有弯弯扭扭的方便面，还有宽而扁的裤带面……

**（二）结合图片，讲述面条的发展史**

师：你们知道面条是怎么来的吗？面条在中国已经很久很久了，我们一起来了解一下吧。

1. 教师讲述面条的故事。

2. 幼师交流听到的信息。

关键提问：面条是怎么来的？你听到了什么？

**（三）说一说自己的疑问**

关键提问：听了这个故事，你有什么问题想问吗？

教师记录幼儿提出的问题。





活动延伸与环境支持

1. 创设问题墙，把幼儿的问题呈现出来。

2. 把“面条的发展史”图片呈现到主题墙上。

3. 请幼儿回家后和家人交流与面条有关的问题，记录在“问题记录表”中（幼儿绘画表征，家长记录内容）。

## 活动2　我想问康师傅工厂的问题

### ■ 活动目标

1. 能够结合问题记录表，较完整地表达自己的问题内容。

2. 对即将要去参观康师傅面条工厂感到向往和开心。

### ■ 活动准备

康师傅工厂的简介视频、大卡纸、记录表、水彩笔。

### ■ 活动过程

**（一）交流“问题记录表”的内容**

师：昨天晚上你们回家收集与面条有关的问题，谁来说说都收集到了什么问题。

先请个别幼儿在集体面前说，再幼儿两两互说。

**（二）播放康师傅工厂的视频**

师：你们都想知道自己问题的答案，对吗？我们钱塘区有一家非常有名的面条工厂，他们可能会回答大家的问题。我们先来了解一下这家工厂吧。

**（三）交代任务，继续想探究的问题**

关键提问：明天我们要去参观康师傅工厂，你还有什么想要了解和询问的问题？

**（四）幼儿继续用问题记录表表征问题**

幼儿画好问题后，教师倾听并记录问题的内容。

活动延伸与环境支持

1. 与幼儿一起筛选有意义、有深度的问题。
2. 进行参观前的安全、礼貌教育，引导幼儿练习如何有礼貌地提问。
3. 主题墙开辟参观康师傅工厂的版面，为后面呈现参观的过程做准备。



## 活动3　参观康师傅工厂

### ■ 活动目标

1. 认真倾听工作人员的介绍，了解方便面的相关内容。
2. 能够遵守参观规则，大胆、有礼貌地提出有关面条的问题并做好记录。
3. 对康师傅工厂的生产线感兴趣，感受现场参观带来的乐趣。

### ■ 活动准备

准备参观访问的问题，提前预约康师傅工厂的参观时间，发参观通知。

### ■ 活动过程

**（一）介绍康师傅工厂的参观流程**

提参观要求：要跟紧队伍，不乱摸；参观时耳朵要注意听讲解，有疑问可以大胆举手询问。

**（二）参观康师傅工厂的生产线**

康师傅讲解人员带着小朋友们一边参观一边介绍方便面生产线。（见图 1-1-2）

**（三）康师傅工厂的工作人员解答小朋友们的问题**

1. 幼儿自由举手提问。
2. 康师傅工作人员对幼儿的问题进行解答。
3. 幼儿图文记录，教师摄像记录。

图 1-1-2 幼儿正在康师傅工厂里参观制作面条





**(四)品尝泡面**

提问:泡面是什么样的?吃起来是什么口感?

**活动延伸与环境支持**

1. 回顾参观过程,师幼共同梳理呈现方便面生产流程思维导图。

2. 主题墙呈现幼儿参观康师傅工厂的照片。

## 活动4 我知道的,我还想知道的

### ■ 活动目标

1. 通过图片、视频等方式回忆参观过程。

2. 积极梳理参观访问的信息,提出还想了解的问题。(见图 1-1-3)

### ■ 活动准备

1. 经验准备:有参观康师傅工厂的经历。

2. 材料准备:问题汇总表及对应的解答图示,康师傅工厂的照片及视频。

### ■ 活动过程

**(一)播放参观视频,回顾参观经历,唤醒相关经验**

关键提问①:你在参观康师傅工厂的时候发现了什么?

关键提问②:你有没有向

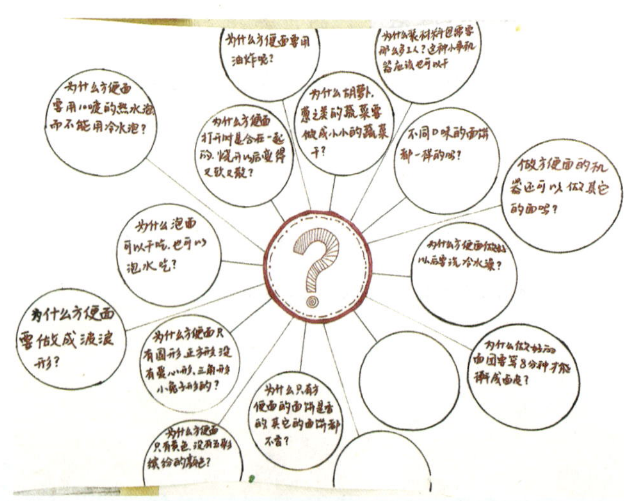


图 1-1-3 “我还想知道的问题”思维导图

工作人员提自己想问的问题？他是怎么回答你的？

教师出示问题汇总表，根据幼儿的表达，将问题与答案进行梳理呈现。

**（二）提出新问题**

关键提问：参观工厂之后，你有没有产生新的疑问或者想要了解的问题？

幼儿自由表达，教师进行简单记录。大家一起筛选出有价值的提问，并用图示表征。

**（三）讨论解决问题的方法**

关键提问：这些新问题怎样可以找到答案？

活动预告：回家可以试一试查找这些问题的答案，明天我们将康师傅工厂的宣传员请进班级，小朋友可以再次面对面进行提问。



**活动延伸与环境支持**

1. 幼儿根据图示表征，练习流畅地、有礼貌地提问。
2. 将幼儿的新问题展示在主题墙上。

## 活动5 与康师傅宣传员的再次对话

### ■ 活动目标

1. 通过与康师傅宣传员的再次对话，了解更多面条的相关知识。
2. 能在对话中大胆、有礼貌地提出自己有关面条的问题。
3. 能积极参与对话，体验访谈的乐趣。

### ■ 活动准备

将新问题提前罗列在纸张上，把问题事先发给康师傅宣传员。

### ■ 活动过程

**（一）欢迎康师傅宣传员**

教师介绍康师傅宣传员叔叔。

康师傅宣传员结合PPT讲解方便面的相关内容。

**（二）幼儿自由提问，宣传员进行解答**

提问要求：要轮流有礼貌地提问，别人提问和宣传员叔叔讲解时也要认真倾听。（见图1-1-4）

教师在问题后面记录宣传员回答的内容。

图1-1-4 与康师傅宣传员交流面条的问题

**(三)送走宣传员后,梳理回顾交流的内容**

关键提问:你们的疑问得到解答了吗?没有得到解答的问题怎么办呢?

幼儿提出了上网查阅、问厨师叔叔、问家里人等方法。

活动延伸与环境支持

1. 将新问题及答案补充到"面条小星探"的问题墙上。

2. 回家和家人讨论问题解决情况,尝试用更多方式解决问题。



## 活动6 面条展览会

### ■ 活动目标

1. 通过看一看、摸一摸、闻一闻、比一比感知面条的多样性。

2. 尝试从颜色、形状、干湿、软硬等多个维度来描述面条的特征,并且用图符表征。

3. 能够积极大胆地表达自己的所见所想,喜欢与同伴交流。

### ■ 活动准备

1. 经验准备:与爸爸妈妈一起收集各种面条,交流吃面的经验。

2. 材料准备:教具(音乐、白纸、彩笔若干、选面单一张),学具(不同种类的面条捆成小捆、小篮子、选面单人手一份、彩笔)。

### ■ 活动过程

**(一)逛一逛,看一看**

1. 介绍面条展览会,引发兴趣。

关键提问:你们知道面条展览会是做什么的吗?

2. 提要求,抛问题。

关键提问:面条展览会上都有一些什么样的面条?请你用眼睛仔细地看一看,用鼻子用心地闻一闻,也可以轻轻地摸一摸,了解展览会上的各类面条。

3. 播放音乐,幼儿逛面条展览会。

教师与幼儿一起逛一逛面条展览会,进行互动交流。

4. 讨论梳理面条特征,教师记录。

关键提问:刚才你看到什么样的面条了?

教师小结:面条的品种真多呀!有各种颜色,有长有短,有粗有细,有圆有扁,有干有湿,有硬有软。

**(二)想一想,选一选**

1. 教师出示选面单,布置选面任务。

交代要求：选一款你最喜欢的面，把它的特点画在圆圈里。

2. 教师示范用选面单来挑选自己喜欢的面条。

3. 幼儿做选择计划，教师个别化指导交流。

4. 幼儿选择面条后，对照选面单进行对比查验。

5. 修改选面单，说一说自己喜欢的面条。

**（三）比一比，说一说**

1. 说一说两个好朋友喜欢的面有什么相同与不同的地方。

2. 小结与畅想：今天每个人都选了一款自己喜欢的面，你们猜这些不同的面味道会一样吗？我们中午煮面条，一起来尝尝吧。

活动延伸与环境支持

1. 中午选几款面条煮一煮、尝一尝。

2. 创设面条展示区，各种面条收回班里继续进行展示。

3. 将选面单投放在科学区，请小朋友画一画、说一说。

## 活动7　家乡的面条

### ■ 活动目标

1. 了解自己家乡的面条，从各个地方的特色面条中感知面条的配料、烹饪方法的多样性。

2. 能够根据图片和视频内容，清楚地表达自己的观点。

3. 萌发品尝各色面条和学做面条的欲望。

### ■ 活动准备

1. 经验准备：知道自己家乡面条的名称，能简单介绍。

2. 材料准备：家乡面条的图片、家长介绍家乡面条的视频、十大名面PPT。

### ■ 活动过程

**（一）结合昨天活动的思维导图，回顾唤醒经验**

**（二）图片视频欣赏，感知面条配料和烹饪方法的多样性**

1. 看十大名面的图片，了解面条配料的多种多样性。

关键提问：面条里有什么？看了这么多面条，你们有什么发现吗？

教师小结：面条的配料是多种多样的，它们荤素搭配，有酸有辣，口味多多。

2. 看杭州片儿川和武汉热干面的做面视频，发现烹饪方法的不同。

关键提问：视频看完了，你有什么想说的吗？

教师小结:原来面条的烹饪方法也是多样的,有煮的、有炒的、有凉拌的,每种烹饪方法都有它独特的味道。

**(三)说说自己家乡的面条**

师:“杭州片儿川”这个名字里有个地名叫杭州,武汉热干面里也有个地名叫武汉,为什么要在面的名字前面加一个地名呢?杭州片儿川是杭州人喜欢的味道,武汉热干面是武汉人喜欢的味道,每个地方的人都有自己喜欢的面条。你的老家有特色的面条吗?

1. 小组介绍自己家乡的面条。

2. 观看爸爸妈妈介绍家乡面条的视频。

**(四)交代后续的活动**

师:听了他们的介绍,小朋友们是不是很想吃面条了呢?今天晚上回家和爸爸妈妈一起做家乡的特色面条,好好品尝一下家乡面的味道吧。

**活动延伸与环境支持**

1. 晚上回家观摩家人做家乡特色面的过程,然后品尝家乡面。

2. 主题墙呈现中国十大名面的图片和幼儿家乡特色面的照片。

3. 角色区的小餐厅里增加幼儿可以模拟“做面条”的材料,支持幼儿玩做面条的游戏。

4. 幼儿运用自评表1(见表1-1-1)进行自我评价。

**表1-1-1 “面条小星探”幼儿自评表1**

<table>
<tr><td rowspan="3">我发现的面条秘密</td><td>形状</td><td></td><td>颜色</td><td></td></tr>
<tr><td>触感</td><td></td><td>配料</td><td></td></tr>
<tr><td>烹饪方法</td><td colspan="3"></td></tr>
</table>

续表

| | | | | |
|---|---|---|---|---|
| 我喜欢的中国名面 |  兰州牛肉面 |  延吉冷面 |  咸阳biangbiang面 |  杭州片儿川 |
| |  广东云吞面 |  北京炸酱面 |  四川担担面 |  山东炝锅面 |
| |  河南烩面 |  山西刀削面 |  武汉热干面 | |
|  我会主动问 | ☆☆☆☆☆ | | | |
|  我会认真听 | ☆☆☆☆☆ | | | |
|  我会仔细看 | ☆☆☆☆☆ | | | |
|  我能说得好 | ☆☆☆☆☆ | | | |

## 二、一起学做面

在探索和认识各种各样的面条的过程中，幼儿发现面条不仅可以用机器制作，还可以手工制作。他们迫切地想要学做手工面。于是，我们开始探索“怎么制作手工面”的旅程。这段旅程非常有趣又充满挑战，幼儿在专业厨师和保教人员的支持下动手制作面条，体验其中的苦与乐。




### 活动8　向厨师学做手工面

#### ■ 活动目标

1. 认真观看厨师制作手擀面和拉面，初步了解其做法。

2. 能够大胆与厨师交流互动，提出自己想了解的问题。

3. 尝试制作拉面，体验手工制面的乐趣。

#### ■ 活动准备

1. 人员准备：活动前与希尔顿饭店的厨师做好沟通，明确活动要求。

2. 材料准备：厨师自带拉面面团、面粉、盐、案板、切面刀、厨房秤等；制作拉面音乐；拉面、手擀面流程图PPT；白纸、彩笔。

#### ■ 活动过程

**（一）回顾经验，激发兴趣**

师：这几天我们都在研究面条，知道了面条的形状、颜色、触感、配料、烹饪方法是多种多样的，还知道有些面条是机器生产的，有些是手工制作的。你们想不想学做面条呢？今天老师请来了希尔顿酒店的面点师来教我们怎么制作手工面。

**（二）欣赏厨师做手工面，教师提问引导幼儿边看边想**

1. 厨师表演手擀面。

教师启发：厨师叔叔和面的动作是怎样的？一起学一学。为什么要醒面？厨师叔叔是怎么擀面的？

请教厨师：擀面有什么窍门吗？切面时面条要切多宽？

2. 厨师表演拉面。

教师提问：厨师叔叔是怎么拉面的？面要折叠几次？拉几次？

**（三）幼儿与厨师对话交流**

幼儿向厨师提出做面有关的问题，教师记录幼儿的问题和厨师回答的内容。

**（四）幼儿体验制作拉面**

厨师手把手教幼儿拉面，让幼儿感受拉面的趣味。

**（五）感谢大厨，律动延续快乐**

1. 集体感谢厨师，与厨师再见。

2. 音乐律动“拉面真快乐”，跟着音乐回忆一下怎样做拉面，引导幼儿说出做拉面的具体步骤。

活动延伸与环境支持

1. 将和面步骤及擀面诀窍用图文的方式展现在主题墙上。

2. 师幼共同梳理与厨师交流的问题与答案。

3. 在表演区投放跳“面条舞”的音乐和道具，供幼儿自由舞蹈。

图1-1-5　面点师来园展示制作手工面



## 活动9　和面团

### ■ 活动目标

1. 能自主探索，细心操作，尝试把面粉与水和成干湿合适的面团。

2. 在和面团的过程中愿意自己解决问题，对自己的努力探索感到满意。

### ■ 活动准备

1. 经验准备：知道和面团的步骤。

2. 材料准备：“面条的秘密”的思维导图，面粉、水、量杯、垫子、盘子等。

### ■ 活动过程

**（一）出示“面条的秘密”思维导图，回顾前期的经验，明确今天的学习任务**

师：前几天我们研究了面条的种类、颜色、口味、形状、配料、烹饪方法、制作方法，昨天还请厨师来教我们做面。你们还记得做手工面的第一步是要干什么吗？（和面团）

**（二）讨论和面团的材料**

关键提问：和面团需要准备什么东西呢？

大家讨论和面团的步骤和动作，教师根据幼儿的回答用图片帮助梳理和面步骤和动作。

**（三）讨论面和水的比例**

关键提问：把面粉变成面团是需要加水的，你们还记得厨师叔叔讲的配方吗？面粉

和水要怎样配比才能和出面团呢?(2∶1)

**(四)尝试和面**

1. 尝试第一次和面。

在幼儿尝试和面的过程中,教师观察他们遇到的问题和困难。(见图1-1-6)

2. 交流讨论和面过程中的问题。

关键提问:刚才我看到有人成功了,有人没成功。×××没成功,你觉得是哪里出问题了?谁来帮他解决这个问题?

教师记录幼儿自己探索出来的和面好经验。

3. 尝试第二次和面。

师:第一次没有成功的人继续去把它做成面团,成功的小朋友可以做更大的面团。

教师重点关注第一次没有和面成功的幼儿,遇到困难就提醒幼儿借鉴别人的经验。

4. 相互参观交流评价。

师:谁和的面团光滑圆润、软硬合适呢?我们去摸一摸,看一看,找一找谁是和面小能手。

**(五)律动"和面真快乐"**

师:和面团是一件不容易的事情,我们每个小朋友都很努力地学习了!来,我们一起跳个和面舞,庆祝一下我们学会了一个新本领!

**活动延伸与环境支持**

1. 将做好的面团展示在科学区的小台子上,供小朋友看一看、摸一摸。

2. 将面粉、垫子、水、擀面杖、小盘子等材料投放在生活区供小朋友自由探索。

3. 将和面团的步骤和动作要领图示贴在主题墙上。

图1-1-6　幼儿尝试和面团

## 活动10 快乐手擀面

■ 活动目标

1. 欣赏乐曲，感受A、B两段乐曲的差异，感知乐曲活泼、欢快的节奏和情绪。

2. 随乐曲表现做面、煮面的动作，结合自身经验大胆创想动作与情节。

3. 体验随乐表现与面条相关体验的快乐。

■ 活动准备

1. 经验准备：听过这段音乐，看过或做过手擀面。

2. 材料准备：快乐手擀面音乐，A、B分段音乐，大卡纸两张，黑笔。

■ 活动过程

**（一）谈话回顾经验，交代任务**

1. 谈话导入，唤起已有经验。

关键提问：制作手擀面需要做哪些动作呢？

2. 交代任务：听音乐，用自己的肢体动作来表示做面、煮面。

**（二）欣赏感知乐曲，游戏创想“做面”“煮面”动作**

1. 完整欣赏音乐第一遍，感知乐曲。

关键提问：这是一首怎么样的乐曲？（播放音乐A完整版）

2. 完整欣赏音乐第二遍，出示图谱辨认A、B两段音乐情境。

关键提问：你觉得哪段表现做面，哪段表现煮面更合适，为什么？（播放音乐B完整版）

3. 欣赏A段乐曲，创想“做面”动作。

关键提问：制作手擀面需要和面、擀面、叠面、切面，那这些动作应该怎么做呢？请你跟着音乐做做看。（播放A段音乐）

4. 欣赏B段乐曲，创想“煮面”动作。

关键提问：面条做好啦！我们一起来煮面吧！你想放哪些配料呢？

**（三）律动游戏“快乐手擀面”**

活动延伸与环境支持

1. 将“快乐手擀面”律动的动作图谱呈现在班级的主题墙上。

2. 在过渡环节可以播放音乐带孩子们跳一跳“快乐手擀面”的律动。

3. 幼儿运用自评表2（见表1-1-2）进行自我评价。

4. 回家和家长一起制作一次面条，尝一尝自己做的面条。

表 1-1-2 “面条小星探”幼儿自评表 2

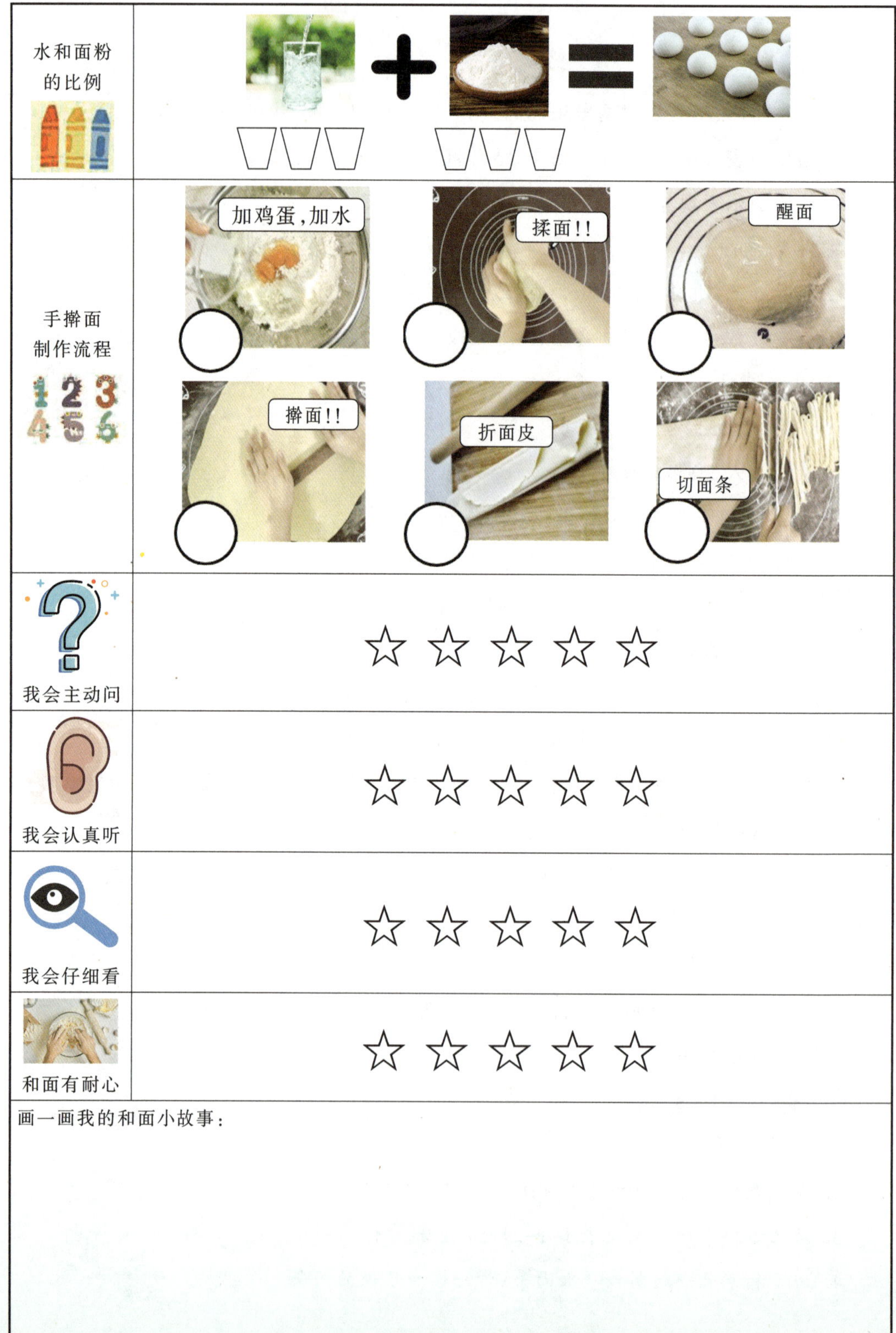

## 活动11　面条的寓意



### ■ 活动目标

1. 了解面条在特殊场合所蕴含的不同的美好寓意，知道面条的形状与寓意间的联系。

2. 萌发为喜欢的人做面条的愿望，产生向他人表达美好祝福的情感。

### ■ 活动准备

1. 经验准备：在特殊节日或场合吃过面条。

2. 材料准备：特殊节日、场合吃面条的图片。

### ■ 活动过程

**（一）结合图片，回顾吃面条的特殊场合和节日**

关键提问：你生日的时候吃过长寿面吗？你还在哪些节日里吃过面条？

小结：在过生日、结婚等特殊场合会吃面条，有些地方正月初七、夏至等节日也会吃面条。

**（二）讨论面条的寓意**

关键提问：为什么要在这些节日、特殊场合吃面条？

教师以长寿面为例讲解面条的形状与寓意之间的关系，并且利用思维导图帮助幼儿梳理面条中蕴含的美好寓意。（生日吃面祝愿健康长寿；结婚吃面祝愿长长久久；夏至吃面祝愿顺风顺水；过年吃面祝愿生活顺顺利利……）

**（三）美好畅想**

除了习俗节日和特定场合用吃面条表达美好的祝愿，你还想要在什么时候吃面条，为什么？你想为谁做面？

幼儿①：哥哥开学的时候吃鸡蛋面，里面有两个鸡蛋，希望他考一百分。

幼儿②：爸爸出差的时候吃面，他的工作就会很顺利。

幼儿③：妈妈去参加比赛的时候吃面，比赛会很顺利。

幼儿④：奶奶身体不好的时候我想给她做面吃，祝她身体快快好起来。

……

### 活动延伸与环境支持

1. 将有关面的寓意的绘本《一碗生日面》《夏至要吃面》《国王的长寿面》投放到班级的图书区。

2. 主题墙上呈现特殊节日和不同场合吃面的图片及面条蕴含美好寓意的思维导图。

3. 为身边的亲人朋友设计一款蕴含美好寓意的面条，在自主游戏时间用绘画或者黏土立体表征出来。

4. 回家继续和家人收集关于面条的寓意信息。

## 活动12 家长助教片儿川



■ 活动目标

1. 观看家长制作片儿川，认真倾听家长的讲解，能够主动大胆提问，找出片儿川和其他面条有什么不同之处。

2. 品尝片儿川，感受杭州特色面条的美味。

■ 活动准备

1. 人员准备：与班级里会烧片儿川的家长提前沟通活动的要求。

2. 材料准备：锅、铲子、小碗等烹饪工具；雪菜、笋、面等制作材料；油、盐等调味料。

■ 活动过程

**（一）介绍家长，提出观看要求**

师：片儿川是杭州的特色面，很多小朋友都想知道怎么做片儿川。今天我们请了××奶奶来教我们做片儿川，大家要仔细看哦！

**（二）幼儿观看家长制作片儿川，教师记录操作流程**

1. 家长介绍做片儿川的材料，教师用气泡图记录材料名称。

2. 展示片儿川的现场制作过程（见图1-1-7），教师用流程图（见图1-1-8）记录制作片儿川的过程。

**（三）幼儿品尝片儿川**

**（四）幼儿与家长交流互动**

关键提问：奶奶做的片儿川味道怎样？你们有什么问题想问××奶奶吗？

幼儿自由与××奶奶交流。

**（五）用前面记录的思维导图回顾片儿川的制作方法和流程**

师：你们能把今天学做片儿川的本领带回家，和妈妈一起做做看吗？

活动延伸与环境支持

1. 将制作片儿川的思维导图呈现在主题墙上。

2. 回家向爸爸妈妈讲一讲片儿川的制作材料与制作步骤，并与家长一起尝试做一碗片儿川。

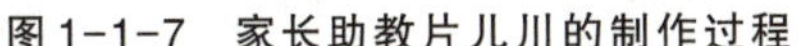

图 1-1-7　家长助教片儿川的制作过程

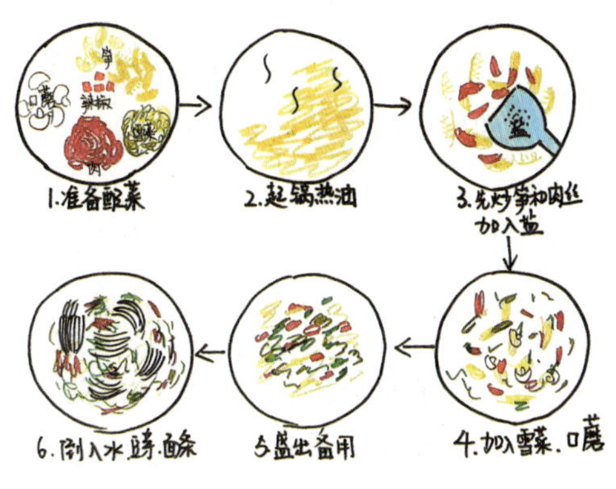



图 1-1-8　片儿川制作流程图



## 活动13　蔬菜面

### ■ 活动目标

1. 知道某些蔬菜榨成汁可以制作蔬菜面，尝试利用榨汁机将蔬菜榨成汁，并用蔬菜汁制作蔬菜面。

2. 继续探索和面、揉面、擀面和切面，体验做手工面的快乐。

### ■ 活动准备

1. 经验准备：调查哪些蔬菜可以做蔬菜面，以及制作蔬菜面的方法、流程。

2. 材料准备：榨汁机、菠菜、胡萝卜、面粉、擀面垫、擀面杖等。

### ■ 活动过程

**（一）幼儿汇报调查蔬菜面做法的结果**

关键提问：昨天晚上你们调查了蔬菜面的做法，谁来分享一下？

教师记录幼儿的分享内容，其他幼儿有不同意见可以补充。

**（二）制作蔬菜汁**

1. 了解简易榨汁机的使用方法。

2. 选择自己带来的蔬菜，分组尝试将蔬菜榨成蔬菜汁备用。

小结：有些蔬菜榨汁不需要加水，如菠菜，有些蔬菜榨汁需要加水，如胡萝卜。

**（三）制作蔬菜面**

1. 幼儿用蔬菜汁和面。

关键提问：蔬菜汁和面与自来水和面有什么不同吗？

2. 幼儿制作蔬菜面。

**（四）夸一夸，比一比**

1. 介绍自己制作的蔬菜面，夸一夸自己的耐心和坚持。

2. 和同伴的蔬菜面比一比，颜色、形状等有没有什么不一样的地方？

## 活动14　班级小寿星的生日面





### ■ 活动目标

1. 能大胆地向班级小寿星了解其喜欢的口味，并用自己的方式进行记录。

2. 认真按照小寿星的要求去准备做面的材料，为小寿星制作生日面。

### ■ 活动准备

“小寿星喜欢的生日面”调查表，做面条需要的各种材料。

### ■ 活动过程

**（一）交代任务**

师：这个月×××、×××和×××要过生日了，我们做生日面庆祝吧！他们三个人喜欢什么样的面呢？我们分头去问一问。想想你该向小寿星提什么问题。

**（二）分组采访小寿星的喜好**

每个小组跟进一位保教人员，记录幼儿提出的问题和小寿星回答的内容。

**（三）小组推选1人汇报采访结果**

关键提问：×××喜欢什么种类的面？需要用什么配料？什么口味？

**（四）小组分头准备烹饪生日面的配料，在保教人员的协助下烹饪生日面**

**（五）大家为小寿星庆祝生日**

### 活动延伸与环境支持

1. 调查其他小朋友的生日，按照他们描述的定制要求将生日面画下来，呈现在班级生日墙上。

2. 在美工区投放黏土、面条机、盘子等材料，供小朋友制作黏土生日面。

3. 采访家中成员，了解其喜好，在家长的帮助下为自己的家人制作一碗面。

4. 幼儿运用自评表3(见表1-1-3)进行自我评价。

表 1-1-3 “面条小星探”幼儿自评表 3

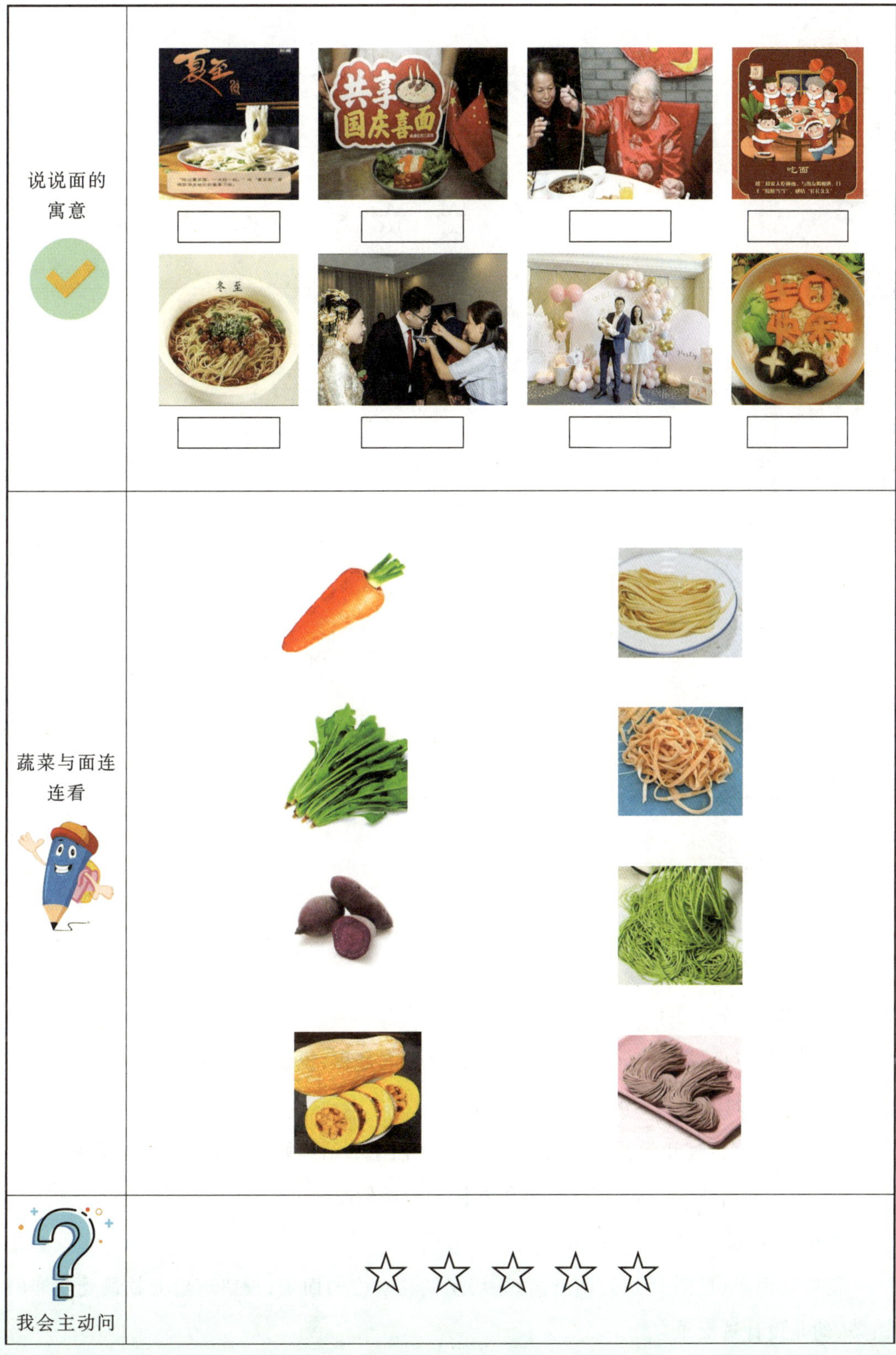

续表

| 我会认真听 | ☆☆☆☆☆ |
| --- | --- |
| 我会仔细看 | ☆☆☆☆☆ |
| 和面有耐心 | ☆☆☆☆☆ |
| 我的做面小故事： | |



## 项目成果

### 妇女节面条品鉴会

**(一)展示前准备**

1. 回顾“面条小星探”探究过程。

借助思维导图、视频、图片等资料回顾整个探究过程，说说自己关于面条的收获。

2. 师幼共同讨论展示活动的内容和流程。

(1)关键提问：过几天就是三八妇女节了，我们怎么给妈妈、奶奶庆祝节日呢？

(2)幼儿提出请她们来幼儿园，小朋友做面给她们吃。

3. 调查自家长辈喜欢吃的面条。

借助选面单(见图1-1-9)调查妈妈、奶奶们喜欢吃的面条，投票选出五款最受欢迎的面条，幼儿设计选面单。

图 1-1-9　选面单

图 1-1-10　邀请函

4. 分组准备面条品鉴会的各种材料。

(1)师幼共同罗列展示会需要的食材种类和数量,进行采买。

(2)幼儿根据自己的组别,分组准备和排练,教师巡回观察并适当指导。

(3)师幼共同设计邀请信(见图 1-1-10),幼儿拿着邀请信礼貌邀请家人妇女节当天来园参加展示会。

**(二)妈妈奶奶们来园过妇女节**

1. 听,幼儿介绍面条的秘密。

(1)幼儿分组介绍、展示项目成果,妈妈、奶奶们等按照规划的路线及流程参与活动。

(2)面条展览会:介绍小麦是如何变成面粉或面条的。

(3)家乡特色面:详细介绍三款家乡的特色面条。

(4)小小引导员:介绍并邀请家长欣赏小朋友们在项目活动中的记录与发现。

2. 看,幼儿跳面条舞。

3. 品,幼儿做的面条。

(1)家长根据“选面单”选择自己想吃的面条。

(2)现场观看幼儿制作手擀面。

(3)家长品尝幼儿做的面条。

**(三)同伴交流反思**

1. 说一说感受。

(1)关键提问:你觉得我们的面条品鉴会开得怎么样。

(2)用照片、视频的形式回顾整个展示会现场情况(见图1-1-11),引导幼儿说一说自己的感受。

2. 夸一夸表现。

关键提问:你承担什么任务?觉得自己做得怎么样?你还想夸夸谁?他哪里做得好值得夸?

**图1-1-11 “面条小星探”品鉴会现场**

## 项目反思

在“面条小星探”的项目活动中,幼儿通过亲身体验、实际操作对“面条”进行了深度探究,了解面条的由来、种类、颜色、制作工艺等,调查家乡的特色面,尝试制作面条。在发现问题、记录问题和解决问题的过程中体验探索的乐趣,提升表达、表征及动手操作能力。

1. 亲身体验，主动探究。

在探究面条的过程中，幼儿参与了一系列融入生活的实践活动，如参观康师傅工厂、在超市选购面条、在面店品尝各种口味的面条以及制作手工面等。这些活动不仅激发了幼儿的主动探究精神，还帮助他们建构了具体生活的经验。

2. 资源多样，趣味学习。

在课程活动中充分利用周边资源，不仅可以丰富学习内容，还能够提升课程活动的吸引力和趣味性。在“面条小星探”项目前期，利用幼儿园周围的超市、面馆和康师傅工厂，让幼儿主动去了解面条的方方面面，通过家长助教帮助幼儿了解全国各地的特色面；在项目中期，邀请希尔顿酒店的面点师傅来园进行专业的示范，还邀请有丰富做面经验的奶奶展示、讲解煮面的步骤和方法；在项目后期，利用三八妇女节的契机让妈妈、奶奶们来园品鉴幼儿的学习成果，给予幼儿肯定和支持。多样的资源带来了多样的学习体验，多样的学习体验构成了立体的课程样态。

3. 观察倾听，适时调整。

项目活动的展开以幼儿的问题为导向，而幼儿的经验和兴趣是不断变化的。因此，新的话题和偶发事件会随时发生，这就需要教师认真观察、细心倾听幼儿在探究活动中的所行所想，收集证据来判断幼儿的学习需要，并据此进行课程决策。例如，在实地参观康师傅工厂后，幼儿提出了很多关于方便面的问题。于是，我们又邀请了康师傅的宣传员来幼儿园解答疑问。又如，在看了××奶奶做片儿川后，有幼儿表示自己妈妈会做蔬菜面，并想在幼儿园尝试制作。于是，我们就有了探索的蔬菜面的活动，这种动态调整让幼儿的探索学习更加深入和丰满。

（王立佳　宋圆圆）

# 项目2

## 小小蛋糕师(中班)

### 项目缘起

蛋糕是幼儿常见且喜爱的食物,幼儿在游戏中经常会用各种操作材料制作出不同形状、颜色、口味的蛋糕。《指南》提出,要将幼儿身边的事物和生活中常见的现象作为幼儿探究的主要对象和内容。从日常游戏和谈话中,我们发现孩子们对做蛋糕非常感兴趣,有一些经验,但又了解得不深入。刚好班里的幼儿西西要过生日了,孩子们想给西西做一个蛋糕。借着这一契机,我们深入挖掘并利用钱塘区内相关的课程资源,引导幼儿通过直接感知、实际操作和亲身体验,在观察、调查、访问、模仿、操作等实践活动中去探究、制作蛋糕。

### 项目导图

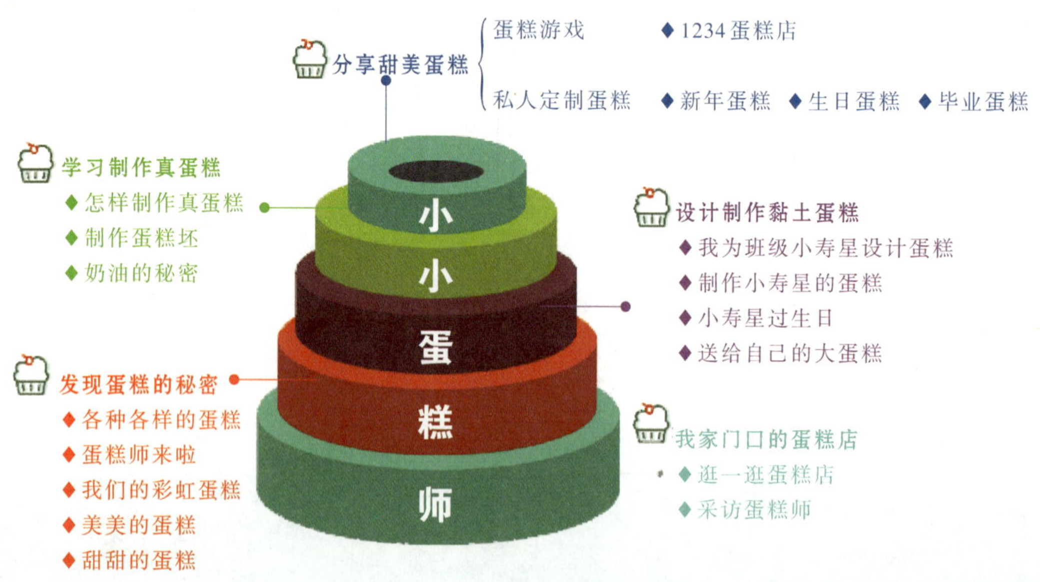


图1-2-1 “小小蛋糕师”项目导图

## 项目目标

1. 通过系列活动，发现蛋糕的多样性，了解蛋糕的制作过程，感知蛋糕的艺术美和味道棒，知道蛋糕的美好寓意。

2. 学习运用调查、观察、组装、品尝等多种方式探究蛋糕，尝试自己设计并制作蛋糕，积累制作食物的经验，提升想象、表达、表征等能力。

3. 在探索蛋糕的过程中积极动手动脑，体验大家一起制作分享蛋糕的快乐。

## 项目启动

### 一、谈话聚焦

在活动开启前，师幼一同欣赏关于蛋糕主题的游戏记录，例如在建构区搭建蛋糕、在美工区制作蛋糕、在益智区完成蛋糕组装等。随之开展讨论："你们喜欢蛋糕吗？""你们看到过的蛋糕是什么样的？""你们品尝过什么味道的蛋糕？"有人说："我最喜欢吃蛋糕了，我吃过草莓味、巧克力味的蛋糕。"有人说："我好想做一个能吃的蛋糕啊！"针对幼儿的想法和需求，教师在一日活动中不断与幼儿进行个别交流，了解他们的原有经验，以便开展接下来的实践活动。

### 二、亲子调查

顺应孩子们的兴趣，结合谈话内容及中班幼儿的能力水平，教师设计了调查表（见表1-2-1），请家长带领幼儿到蛋糕店进行实地考察，引导幼儿用图画的方式记录自己的所见所闻，鼓励幼儿向老师、同伴介绍自己的调查所获。教师可以通过调查表了解幼儿获得的信息，为接下来的活动开展提供依据。

**表1-2-1 "蛋糕店里的蛋糕"调查表**

| 我去过的蛋糕店有……<br>（在去过的蛋糕店标志下打"√"） | Casa Miel 可莎蜜兒（　） （　） Christine 克莉丝汀（　） 迦南（　） |
|---|---|
| 蛋糕的形状有…… | |
| 蛋糕的种类有…… | |
| 我最喜欢的蛋糕是……，因为…… | |
| 填表说明：家长引导孩子运用思维导图，以图文结合的方式进行表征记录 | |

## 三、环境激发

教师、幼儿和家长收集与蛋糕有关的信息、照片和物品，打造与主题相关的环境氛围，激发幼儿对蛋糕的兴趣度及探索欲望。同时在各个区域中投放与蛋糕主题相关的游戏材料，师幼共创主题环境。

1. 主题墙：呈现各式各样的蛋糕图片，及主题开展过程中幼儿学习探究的思维导图。

2. 图书区：投放蛋糕烘焙主题书籍，例如《世界上最大的蛋糕》《蛋糕总动员》《最好吃的蛋糕》《神奇的蛋糕派对》等等，让幼儿了解制作蛋糕的方法和所需的材料。

3. 美工区：提供各种材质纸张、配件、黏土、奶油胶、泡沫蛋糕坯等材料，激发幼儿创作欲望。

4. 蛋糕屋：实现美工区和角色区联动，引导幼儿将美工区制作的蛋糕运输到蛋糕屋进行游戏。

5. 公共游戏区域：丰富蛋糕店的制作材料，供幼儿设计、制作各类蛋糕作品。

## 四、资源利用

1. 利用各种品牌的蛋糕加工厂和门店等资源供幼儿实地参观、操作和体验。

2. 邀请欢牛蛋糕的专业人员进入幼儿园助教，为孩子解答疑惑、教授制作蛋糕的方法等。

3. 利用家长资源为幼儿制作蛋糕提供工具、食材等物质支持，以及为幼儿的实践活动提供劳动力支持。

4. 利用图文媒体资源丰富活动内容，提升活动质量，为幼儿提供更有意义和趣味性的体验。

## 五、问题驱动

幼儿围绕“怎么制作蛋糕”提出了很多问题，这些问题成为幼儿探究制作蛋糕的驱动力：

1. 做蛋糕需要什么工具？

2. 做蛋糕需要哪些食材？

3. 蛋糕的奶油是用什么做出来的？

4. 怎样才能做出好看的蛋糕？

## 项目推进

### 一、发现蛋糕的秘密

经过亲子调查，幼儿对蛋糕的种类、形状、口味等特征有了一定的感知，在看、尝、问、记中也知道了蛋糕的种类是多样的。结合幼儿的提问"为什么有的蛋糕是水果夹心，有的蛋糕没有夹心"以及幼儿的调查表内容，本阶段将通过分享调查表、现场观看制作蛋糕、梳理蛋糕布局、了解蛋糕寓意等活动，帮助幼儿充分感知蛋糕的多样性。

## 活动1　各种各样的蛋糕

### ■ 活动目标

1. 结合调查表，根据蛋糕的基本特征进行分类梳理，感知蛋糕的多样性。
2. 从形状、颜色、口味、层数四个维度，运用简单的符号来表征自己最喜欢的蛋糕。
3. 愿意分享自己的调查结果，萌发探究蛋糕的兴趣。

### ■ 活动准备

1. 经验准备：活动前期到家附近的蛋糕店进行亲子调查，初步感知各种各样的蛋糕。
2. 材料准备：蛋糕店标志图、纸片、蛋糕记录纸条、展板。

### ■ 活动过程

**（一）我们逛过的蛋糕店**

1. 出示幼儿周末去蛋糕店的图片，引入谈话，烘托气氛。

关键提问：周末你们去了哪些蛋糕店？

2. 教师根据幼儿的回答出示蛋糕店标志，汇总幼儿去过的蛋糕店。

**（二）各种各样的蛋糕**

1. 说说在蛋糕店里看到的蛋糕。

关键提问：你在蛋糕店里看到什么样子的蛋糕？

请幼儿拿出亲子调查表和大家分享。教师从形状、口味、颜色、层数四个维度去回应和引发幼儿分享交流。

2. 出示蛋糕四个维度的思维导图，进行小结。

原来蛋糕是各种各样的，有不同形状的蛋糕，有不同口味的蛋糕，有不同颜色的蛋糕，还有不同层数的蛋糕。

**（三）我最喜欢的蛋糕**

1. 出示“我最喜欢的蛋糕”记录条，交代任务。

关键提问：蛋糕店里有各种各样的蛋糕，你最喜欢哪一款呢？它是几层的？什么形状？什么口味？什么颜色的？请你记录到这张表格上。





2. 教师示范记录“我最喜欢的蛋糕”。

师：张老师最喜欢圆形的、巧克力味道的、白色的、两层的蛋糕。（一边说一边把蛋糕的特征画在记录纸上）

3. 幼儿进行记录表征，教师与幼儿进行一对一的交流。

4. 幼儿与同伴分享自己最喜欢的蛋糕。

**活动延伸与环境支持**

1. 把幼儿的“我最喜欢的蛋糕”记录条张贴成“我们喜欢的蛋糕”展板，呈现在教室里。

2. 教师利用自由活动时间与幼儿对话，了解他们最喜欢的蛋糕是什么样的，对蛋糕有什么疑问。

3. 在主题墙、蛋糕屋和美工区中粘贴各种各样的蛋糕实物图片，增强幼儿对蛋糕的视觉印象。

## 活动2　蛋糕师来啦

### ■ 活动目标

1. 通过提问交流、观看视频和音乐律动，初步了解蛋糕的制作过程，知道制作蛋糕坯和裱花的工序。

2. 能认真、耐心倾听欢牛蛋糕师的介绍，大胆地向蛋糕师提出自己的问题。

3. 进一步激发幼儿喜爱蛋糕的情感和亲手制作蛋糕的愿望。

### ■ 活动准备

1. 经验准备：和欢牛蛋糕师进行沟通，协商制定本次助教活动的形式。

2. 材料准备：蛋糕问题展板、蛋糕记录条展板、现场制作蛋糕的材料。

### ■ 活动过程

**（一）回顾与引发**

1. 欣赏张贴各种各样蛋糕图片的展板，再次感受蛋糕种类的多样性。

2. 出示幼儿问题展板，引出蛋糕师。

师：昨天，大家提出了很多怎样制作蛋糕的问题，今天欢牛蛋糕的师傅们就来到现场为我们解答疑惑！

3. 交代活动要求。

师：我们先认真看蛋糕师傅制作蛋糕，在看的过程中有什么问题请大胆地提出来。

图 1-2-2　欢牛蛋糕师现场制作蛋糕

**（二）观看制作蛋糕**

1. 观看蛋糕的制作过程。（见图 1-2-2）

教师用简单的词汇概括和提炼制作中的重要信息，并做记录。

图 1-2-3　彩虹蛋糕的正面图案

图 1-2-4　彩虹蛋糕的侧面图案

2. 欣赏蛋糕，幼儿与蛋糕师自由交流。（见图 1-2-3、1-2-4）

幼儿问题①：为什么要抹一层白色的奶油？不抹奶油可以吗？

幼儿问题②：彩虹是用什么画的？

幼儿问题③：五颜六色的奶油是怎么做出来的？

幼儿问题④：蛋糕一圈的白奶油为什么像花朵一样，其他的就没有？

幼儿问题⑤：蛋糕侧边为什么有小人？

幼儿问题⑥：能不能有奶油画笔，可以像画画一样画出蛋糕的图案？

教师记录幼儿与蛋糕师交流的关键信息。

3. 幼儿与蛋糕、蛋糕师合影，并品尝蛋糕。

**活动延伸与环境支持**

1. 呈现欢牛蛋糕师制作蛋糕的流程图片，进一步感受和了解制作蛋糕的原材料及制作过程。

2. 围绕“制作蛋糕”话题,展开系列讨论,教师帮助解答疑惑。

## 活动3　我们的彩虹蛋糕

### ■ 活动目标

1. 欣赏制作彩虹蛋糕的图片,进一步梳理了解制作蛋糕的流程,初步认识制作蛋糕的工具。

2. 仔细观察彩虹蛋糕图案,围绕蛋糕图案的寓意大胆表达自己的猜想。

3. 在轻松活跃的音乐律动中感受制作蛋糕的乐趣。




### ■ 活动准备

1. 经验准备:幼儿知晓制作彩虹蛋糕的流程,能够认出蛋糕原材料及部分烘焙工具。

2. 材料准备:蛋糕师制作彩虹蛋糕的视频及流程图片、《做蛋糕》音乐、纸条、画笔。

### ■ 活动过程

**(一)播放蛋糕制作环节的图片,简单回顾制作蛋糕的步骤**

关键提问:昨天蛋糕师来班里给我们做蛋糕,你还记得他们是怎么做的吗?

教师根据幼儿的表达,出示制作蛋糕的流程图,交流制作过程中的一些细节。

**(二)欣赏彩虹蛋糕,讨论彩虹蛋糕上的图案寓意**

1. 出示彩虹蛋糕正面和侧面的图片,说出自己的感受。

关键提问:你们喜欢这个蛋糕吗?你最喜欢它的哪里?为什么?

2. 猜测蛋糕图案的含义。

关键提问①:这个蛋糕正面有什么图案?你觉得蛋糕师为什么要做这些图案?

彩虹:我们最喜欢彩虹,彩虹是最美丽的。

气球:我们喜欢在操场上玩气球,还在一起做好多有趣的游戏。

文字:星河幼儿园就像我们的家。

草莓:水果有很多营养,我们吃了会健健康康地长大。

关键提问②:这个蛋糕的侧面有什么图案?(小人)有几个小人?为什么要21个小人?

蛋糕侧面图案的内涵:中二班有21个小朋友,而且每个小朋友都不一样,所以蛋糕上的小人每个造型都不一样。

3. 给蛋糕取名字。

关键提问:如果让你给这个蛋糕取个名字,你想叫它什么蛋糕?为什么?

大家一起确定蛋糕的名字:我们中二班叫彩虹班,那就叫彩虹蛋糕吧!这是专属我们中二班的蛋糕。

**(三)律动《做蛋糕》**

1. 结合蛋糕制作流程图,听第一遍音乐。

师:小朋友也很想自己做蛋糕是吗? 我们一起来做蛋糕吧。

2. 梳理制作蛋糕的流程,尝试用肢体动作表达。

关键提问:蛋糕师在做蛋糕之前拿出了什么? 是用什么做的呢? 然后需要做什么? 最后要放进哪里?

3. 再次播放音乐,尝试合拍的律动。

关键提问:你能不能听着音乐做蛋糕?

活动延伸与环境支持

1. 在主题墙上粘贴制作蛋糕的现场图片及音乐《做蛋糕》对应的简笔画流程图片,帮助幼儿熟悉歌词内容以及制作蛋糕的流程。

2. 在蛋糕屋播放《做蛋糕》音乐,营造轻松愉悦的氛围。

## 活动4　美美的蛋糕

### ■ 活动目标

1. 欣赏各种蛋糕图片,感受蛋糕的布局、色彩和造型之美。

2. 运用包围、围合、发散、棋格等排列方法,选择各种材料制作具有规律美的蛋糕。

3. 积极动手动脑,萌发设计意识,激发创作欲望。

### ■ 活动准备

1. 经验准备:幼儿通过观察能用自己的语言表述蛋糕的特点。

2. 材料准备:各种造型的蛋糕图片、布局图卡、装饰材料若干、蛋糕模型。

### ■ 活动过程

**(一)律动《做蛋糕》,欣赏彩虹蛋糕**

1. 出示音乐《做蛋糕》图谱,播放音乐一起律动。

2. 出示彩虹蛋糕图片,引发讨论。

关键提问:这是蛋糕师专门给我们中二班做的蛋糕,好好看啊! 它好看在哪里呢?

**(二)欣赏各种各样的蛋糕,感知蛋糕的美**

关键提问:它好看在哪里呢?

1. 出示第一张彩虹蛋糕图片。(蛋糕美在色彩上)

2. 出示第二张花朵蛋糕图片。(蛋糕颜色搭配得好)

3. 出示第三张雪人蛋糕图片。(蛋糕美在造型上)

4. 出示第四张方形蛋糕图片。(奶油和蓝莓整整齐齐排好队,排列很整齐)

5. 出示第五张草莓蛋糕图片。(蛋糕是按一朵奶油一颗草莓摆放的,很有规律所以美)

6. 出示第六张发散型蛋糕图片。(水果摆放的位置是向外发射出去的,像烟花一样)

教师小结:这些蛋糕都很美,有的美在颜色上,有的美在造型上。(见图 1-2-5～1-2-10)

图 1-2-5　彩虹蛋糕图

图 1-2-6　花朵蛋糕图

图 1-2-7　雪人造型蛋糕图

图 1-2-8　方形蛋糕图

图 1-2-9　草莓蛋糕图

图 1-2-10　发散型蛋糕图

**(三)分析归纳蛋糕图案的布局,发现规律美**

师:这些蛋糕好看的秘密在于,蛋糕上各种水果和奶油的布局是有规律的,不是随随便便乱放的,我们一起仔细看看,蛋糕们按照什么规律摆放的。(见图 1-2-11)

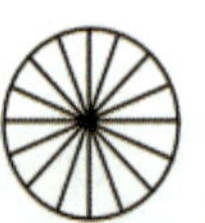

图 1-2-11　蛋糕布局图

1. 出示第一张包围蛋糕图。(中间的是火龙果,芒果把火龙果包围了一圈,猕猴桃把芒果给包围

住了,这个布局方法就叫作包围)

2. 出示第二张规律围合蛋糕图。(一朵白奶油,一朵紫奶油有规律地、慢慢地围成了一圈,最后合上,这个布局方法叫作围合)

3. 出示第三张棋格布局蛋糕图。(一颗草莓,一朵奶油,一排一排地摆放,就像棋格,很有规律)

4. 出示第四张发散蛋糕图。(就像太阳中心向四周发散它的光芒,这种布局叫发散)

**(四)制作美美的蛋糕**

1. 幼儿自主选择材料,用泡沫蛋糕坯制作"蛋糕"。

关键提问:我们已经发现让蛋糕变得美美的秘密了。你要用哪种方法,用哪些材料来做出美美的蛋糕呢?

2. 分享自己制作的"蛋糕"。

关键提问:你用了哪种方法制作蛋糕?这上面的是什么?它是什么口味的?

教师引导幼儿用完整的语言来介绍自己的作品。

**活动延伸与环境支持**

1. 将活动中欣赏过的蛋糕图片装饰在美工区及主题墙的墙面上。

2. 在美工区投放泡沫蛋糕坯和装饰材料,供幼儿继续学习和探索蛋糕的布局及造型之美。

## 活动5 甜甜的蛋糕

### ■ 活动目标

1. 通过活动,初步了解到蛋糕具有庆祝、纪念的作用,知道蛋糕的造型图案与寓意的联系。

2. 能够认真倾听他人的表达,愿意提问题,用清楚的语句表达自己的想法。

### ■ 活动准备

1. 经验准备:通过讨论、谈话的方式了解到幼儿有参加生日、聚会、婚礼的经验。

2. 材料准备:彩虹蛋糕图片、欢牛蛋糕讲解师、PPT。

### ■ 活动过程

**(一)讨论图案代表的含义**

1. 出示中二班的彩虹蛋糕侧面图片和俯视图,进行交流讨论。

关键提问:你看到了什么图案,你觉得这个图案代表了什么意思?

小结:彩虹代表了中二班的小朋友,因为每一个小朋友都是不一样的,就像彩虹的不同颜色，大家组合在一起，就有了彩虹班。

2. 出示蛋糕结合图，说明寓意。

师：我们把侧面和上面的图案合在一起，这个场景你们熟悉吗？

教师总结：中二班的小朋友在星河幼儿园里快乐地做游戏，这就是彩虹蛋糕代表的意思。原来蛋糕师做蛋糕的图案不是随便做的，是有特别意义的。





**（二）探秘不同场合蛋糕的寓意**

1. 讨论“会在什么时候吃蛋糕”。

关键提问：你还在什么时候吃过蛋糕呢？

2. 蛋糕师讲解不同场合、不同节日的蛋糕寓意。

3. 出示蛋糕图片，回顾蛋糕寓意，发现蛋糕图案的设计与用途之间的关系。

关键提问：原来过节、纪念日都可以用蛋糕来庆祝。不同节日用的蛋糕是一样的吗？

（1）祝寿蛋糕是为了祝贺老人过生日而制作的，寓意着健康长寿。

（2）满月蛋糕是庆祝宝宝出生已经一个月了的蛋糕，寓意着快乐成长。

（3）除夕是我们中国过新年的意思，除夕蛋糕寓意着新年快乐。

图 1-2-12　蛋糕师解说学术节蛋糕的寓意

（4）婚礼蛋糕是在婚宴上使用的，寓意着结婚的人快乐和幸福。

（5）店铺、公司开张也需要用蛋糕来庆祝，寓意着生意红红火火。

**（三）出示蛋糕师为客人老师做的“学术节”蛋糕，大家一起欣赏和品尝**

1. 欣赏“学术节”蛋糕，发表想法。

关键提问：你觉得这个蛋糕有什么美好的寓意呢？

2. 聆听蛋糕师介绍“学术节”蛋糕图案的寓意。（见图 1-2-12）

“学术节”蛋糕图案的寓意：蛋糕上有很多的文具，还有星河幼儿园的字样，寓意着星河幼儿园里所有的老师和小朋友们一起共同学习，共同成长！

## 活动延伸与环境支持

1. 借助下午的活动，教师收集相关场合的视频，帮助幼儿感受不同节日或场合中蛋糕造型的区别，循序渐进地让幼儿理解不同蛋糕的寓意。

2. 在问题墙上呈现不同场合的场景图及对应的蛋糕款式，采取欣赏和配对的方式帮助幼儿感知不同场合下蛋糕款式的区别。

## 二、设计制作黏土蛋糕

经过前期的探索，幼儿已经明白了蛋糕的种类是多样的，并且知道了制作蛋糕的步骤及流程，还了解到不同款式、不同图案的蛋糕都有着美好的祝愿。他们也很想和蛋糕师一样设计出一款布局美、有寓意的蛋糕。恰逢本月班级小寿星们要过生日，"我能做一个属于自己的蛋糕吗"，幼儿在这个问题的驱动下，围绕设计和制作黏土蛋糕展开系列活动。幼儿在询问同伴、咨询老师、请教蛋糕师的过程中不断调整、优化自己的黏土蛋糕作品。



### 活动6　我为班级小寿星设计蛋糕

#### ■ 活动目标

1. 采访班级小寿星，了解小寿星的需求，并在此基础上设计蛋糕图案。
2. 能用图符、图案表达自己获得的信息，并清楚地表达自己的设计思路。
3. 在采访交流中了解同伴，增进彼此的感情。

#### ■ 活动准备

1. 经验准备：幼儿能够用图画的方式进行表征。
2. 材料准备：采访表、各种颜色形状不一的卡纸若干、PPT、画笔。

#### ■ 活动过程

**(一)音乐律动《做蛋糕》，营造氛围**

**(二)介绍本月过生日的幼儿，引发任务**

师：今天我们要用这两天学到的本领来给班里11月过生日的小朋友设计蛋糕。我们先来看看是谁过生日？(PPT呈现幼儿照片)

1. 讨论采访小寿星的问题。

关键提问：每个人都会有自己喜欢的蛋糕款式，我们要先问问小寿星喜欢怎样的蛋糕。你觉得采访的时候要问什么问题呢？

2. 出示调查表，明确采访任务后，幼儿分组采访小寿星的喜好。

教师依次介绍记录表的调查内容，明确记录内容。

（三）幼儿分组设计蛋糕图案

1. 教师交代操作要求。

2. 幼儿设计绘画，组内教师指导。

3. 组内交流设计稿，教师引导组内成员将设计稿贴在展板上（见图1-2-13），然后轮流介绍自己的设计稿，说说为什么要这样设计。

4. 小寿星选出自己最满意的设计稿，并说明理由。

图1-2-13 幼儿根据寿星采访表绘制的设计图



活动延伸与环境支持

1. 将五名小寿星的调查表和幼儿的设计稿呈现在教室中，幼儿继续完善设计稿。

2. 主题墙更换成与寿星喜好相关的元素，提供设计灵感与思路。

## 活动7 制作小寿星的蛋糕

### 活动目标

1. 按照自己设计图上的布局，运用相应颜色的黏土来制作蛋糕，注重色彩搭配及还原度。

2. 分享自己制作的寿星蛋糕，感受制作蛋糕的乐趣及成就感。

### 活动准备

1. 经验准备：幼儿明晰自己绘制的设计图元素，会玩黏土、有做过黏土蛋糕的经验。

2. 材料准备：形状不一的泡沫蛋糕坯（小）、各色黏土、设计图。

### 活动过程

（一）欣赏黏土蛋糕，观看视频学习制作小技巧

1. 教师展示黏土蛋糕，激发幼儿制作欲望。

2. 引导幼儿观察设计图与黏土蛋糕之间的还原度，思考如何制作。

3. 观看黏土蛋糕制作视频，将自己的设计稿与“实体蛋糕”进行链接。

关键提问：要把你的设计稿制作成黏土蛋糕，首先做什么，然后做什么？

（二）幼儿根据设计图制作蛋糕

1. 教师根据幼儿的需要给予个别的支持，鼓励幼儿相互帮助。

2. 幼儿展示做好的“黏土蛋糕”,并相互欣赏和评价。(见图1-2-14)

图1-2-14 制作完成的黏土蛋糕





活动延伸与环境支持

1. 打造小寿星蛋糕的展台,方便小寿星与“小蛋糕师”交流讨论。

2. 美工区呈现黏土蛋糕的图片,供幼儿继续学习制作黏土“蛋糕”的技巧和方法。

## 活动8 小寿星过生日

### ■ 活动目标

1. 欣赏大家制作的寿星蛋糕,能有条理地介绍自己的制作方法。

2. 在集体为寿星庆祝生日的氛围中,感受蛋糕的美好寓意。

### ■ 活动准备

1. 经验准备:幼儿能够简单讲述自己制作黏土蛋糕的步骤与方法。

2. 材料准备:幼儿为小寿星制作的“黏土蛋糕”、生日帽、生日歌。

### ■ 活动过程

**(一)出示寿星蛋糕小展台,欣赏大家制作的蛋糕**

1. 欣赏寿星小蛋糕,发表自己的想法。

关键提问:你觉得哪一款蛋糕设计得好?为什么?

2. 请小小蛋糕师讲解制作方法。

师:他的蛋糕做得好,一定有秘诀。我们来听一听这名蛋糕师是怎么制作的,其他人也可以向他提问。

（二）为5个小寿星过生日

1. 邀请5个小寿星上台，并给他们戴上生日帽。

2. 给小寿星们送上祝福。

师：过生日除了要戴上生日帽，还要送上美好的祝福。谁能来给寿星们送上美好的祝福呢？

3. 大家一起唱生日歌，为寿星庆祝生日。

活动延伸与环境支持

1. 将幼儿的每一稿设计图都进行装订，观看第一次设计和制作蛋糕的视频及图片，以此来感受自己的进步与成长，激发下阶段的制作和创作欲望。

2. 与幼儿进行一对一交流，了解幼儿在设计制作中的疑惑和困难，鼓励他们想办法自己解决问题。



## 活动9　送给自己的大蛋糕

### ■ 活动目标

1. 为自己设计制作大蛋糕，能关注到蛋糕侧面的纹理，用具有一定规律的线条、点、图案进行装饰。

2. 能够综合运用黏土、假奶油胶、装饰物等材料，根据设计图制作大黏土蛋糕。

3. 愿意在集体面前介绍自己的大蛋糕蕴含的寓意。

### ■ 活动准备

1. 经验准备：回家和爸爸妈妈共同设计一款蛋糕，绘制设计图并带到幼儿园。

2. 材料准备：黏土、泡沫蛋糕坯、假奶油胶、装饰物。

### ■ 活动过程

（一）我的大蛋糕

1. 小组交流自己的设计稿，能够表达出设计的寓意和布局的用意。

关键提问：为什么你的蛋糕设计成这样？有什么寓意？

2. 讨论制作黏土蛋糕时遇到的问题。

关键提问：前段时间你们在制作黏土蛋糕时遇到了什么困难？

3. 观看视频，丰富黏土蛋糕的制作手法和技巧。

（二）制作我的大蛋糕

1. 根据设计图，选用自己所需要的材料进行制作。

2. 教师巡回指导，提示运用多种技法制作。

3. 展示我的大蛋糕。

爱心花朵蛋糕(见图1-2-15)寓意:我最喜欢的颜色是粉色,花朵是我最喜欢的元素。蛋糕上的花朵就像我的好朋友们,我们围成一个圈,手拉着手和平时一起做游戏一样。爱心代表的是我很喜欢我的朋友们。

大草莓蛋糕(见图1-2-16)寓意:整个蛋糕就是一个大草莓,我用了红色的奶油底,因为我最喜欢的水果是草莓。在大草莓的中心是星河幼儿园的园标,园标外面有像太阳一样发散出去的光芒,寓意着我在星河幼儿园里健康快乐地长大。

图1-2-15 爱心花朵蛋糕

图1-2-16 大草莓蛋糕

### 活动延伸与环境支持

1. 引导幼儿运用图画表征的方式为自己的蛋糕取一个名字,并制作名字牌。
2. 运用音频记录下每一款蛋糕的设计意图与寓意的解说。
3. 制作一个大展台,每一款蛋糕都有对应的设计图、设计师照片等信息。
4. 在星河天街开设蛋糕店。

## 三、学习制作真蛋糕

通过设计制作黏土蛋糕的活动,"蛋糕图案是有寓意的"这一想法已经落在幼儿心中,他们对制作蛋糕的兴趣更浓,对制作真蛋糕也更加有信心。于是,我们开始探索"怎样做出可以吃的蛋糕"。制作真蛋糕的过程需要幼儿动手实践,每个幼儿遇到的问题和困难各不相同,所以,活动的组织方式相对自由,教师的回应和支持往往是个别化的。

## 活动10　怎样制作真蛋糕

### ■ 活动目标

1. 通过调查表(见表1-2-2),了解制作蛋糕的步骤流程、制作工具以及食材配方。

2. 尝试用图文结合的方式,师幼一起梳理调查发现。

3. 愿意积极调查制作蛋糕的相关信息,激发学习制作蛋糕的欲望。

### ■ 活动准备

1. 经验准备:幼儿了解制作蛋糕的具体步骤,认识制作蛋糕的工具,并在爸爸妈妈的配合下完成调查表,明晰自己表征的内容,能用言语讲述。

2. 材料准备:调查表、制作材料统计表、制作工具调查表。

### ■ 活动过程

**(一)交流调查结果**

1. 幼儿根据自己的调查表,介绍制作蛋糕的步骤、蛋糕配方和所需食材。

2. 教师运用图文结合的方式帮助幼儿记录,并优化幼儿的调查和发现。

**(二)认识制作蛋糕的工具**

1. 幼儿根据自己的调查表,介绍制作蛋糕所需要的工具。

2. 欣赏视频,了解并认识烘焙工具。(结合视频,教师依次粘贴工具图片)

3. 幼儿说一说每样工具的使用方法。(在交流和表达中初步了解工具的用途)

**(三)梳理蛋糕制作的正确步骤**

1. 幼儿自由交谈制作蛋糕的步骤。

2. 教师播放制作蛋糕的视频,幼儿欣赏蛋糕的制作过程。

3. 结合视频以及幼儿调查的情况,梳理出制作蛋糕的步骤。

### 活动延伸与环境创设

1. 运用家长资源,收集烘焙物资,为活动的顺利开展打好基础。

2. 鼓励家长在家进行亲子制作蛋糕的活动,积累相关的制作经验。

3. 在主题墙上呈现本次活动中形成的图文资料。

**表1-2-2　蛋糕制作调查表**

<table>
<tr><td rowspan="2">制作的工具与材料</td><td>制作工具</td><td>食材配方</td></tr>
<tr><td></td><td></td></tr>
<tr><td>制作步骤与方法</td><td colspan="2"></td></tr>
<tr><td colspan="3">填表说明:运用思维导图以图文结合的方式进行表征记录,家长可用文字标注解析</td></tr>
</table>

## 活动11 制作蛋糕坯

### ■ 活动目标

1. 认识制作蛋糕坯的各种材料，知道制作蛋糕坯的配方和步骤。

2. 根据步骤，学习使用工具，尝试小组合作制作蛋糕坯。

3. 体验亲手制作的乐趣，感受和同伴一起合作制作的快乐。

### ■ 活动准备

1. 经验准备：在家和爸爸妈妈一起尝试制作蛋糕坯，学习使用烘焙工具。

2. 材料准备：鸡蛋、牛奶、低筋面粉、蛋糕模具、打蛋器、糖、盐、柠檬、碗、烤箱。

### ■ 活动过程

**（一）引出制作任务，确定制作方案**

1. 教师介绍制作蛋糕坯的各种材料。

2. 出示制作蛋糕坯的材料，介绍食材和工具名称。

3. 教师与幼儿一起解读制作蛋糕坯的方法：制作蛋黄糊＋制作蛋白霜。

**（二）幼儿分组尝试制作蛋糕坯**

全班幼儿分成5组，每一小组结合“蛋糕坯制作方法图”尝试制作蛋糕坯，保教人员根据幼儿操作情况进行一对一指导。（见图1-2-17）

图1-2-17 幼儿探索蛋糕坯制作配方比例

**（三）展示品尝各小组制作好的蛋糕坯**

关键提问①：你们小组的蛋糕坯制作成功了吗？你们遇到过什么困难？是怎么解决的？

关键提问②：你最喜欢哪个蛋糕坯的味道？请你去问问他们是怎么做的。

活动延伸与环境支持

1. 在不断尝试、品尝中找到最好的配方并记录下来。

2. 运用下午时间探索大蛋糕坯的配比与制作方式，为接下来的大蛋糕制作做准备。

3. 一对一倾听，了解幼儿在制作蛋糕坯的过程中遇到的困难或问题，记录呈现在主题墙上。





## 活动12 奶油的秘密

### ■ 活动目标

1. 了解奶油打发的方法，探索如何打出浓稠度合适的奶油。

2. 体验多样的裱花工具，学习用不同的裱花工具进行裱花。

3. 观察奶油花的多样，感受不同的奶油花对蛋糕造型的影响。

### ■ 活动准备

1. 经验准备：幼儿提前了解制作奶油的方法，欣赏奶油裱花的相关视频。

2. 材料准备：幼儿前期调查的“打发奶油”方法图，淡奶油、打蛋器、裱花袋、裱花嘴、蛋糕坯。

### ■ 活动过程

**(一)奶油的秘密**

1. 出示各种奶油花纹图片供幼儿欣赏。

关键提问：你们知道蛋糕上漂亮的花纹是怎么来的吗？

2. 出示方法图，一起了解打发奶油的方法。

关键提问：奶油是用什么做出来的？该怎么做呢？

3. 教师介绍制作奶油的材料和工具，并示范如何打发奶油。

**(二)动手尝试打奶油**

1. 保教人员在幼儿操作过程中进行一对一的帮助和指导，鼓励做成功的幼儿帮助有困难的幼儿。

2. 教师进行拍摄，记录下幼儿打发奶油的过程。

**(三)观察蛋糕的裱花，引发对裱花的讨论**

1. 教师出示裱花视频，引导幼儿仔细观察裱花的过程和手法，并介绍工具名称和使用方法。

2. 幼儿观察各类裱花嘴，说说裱花有哪些样式。(教师用气泡图帮助幼儿进行归类：直线、图案、形状、点状等)

3. 幼儿尝试用不同裱花嘴裱花，感受裱花的乐趣。

活动延伸与环境支持

1. 把裱花嘴的图片与奶油花的图片一一对应，粘贴在墙面上供幼儿欣赏及对照。

2. 幼儿绘画表征自己尝试打发奶油、裱花的故事，教师收集幼儿提出的新问题，鼓励幼儿想办法解决。

3. 美工区投放各式的裱花嘴、稀彩泥、泡沫蛋糕坯，供幼儿继续练习裱花的技能。

4. 引导幼儿设计属于班级的毕业蛋糕，庆祝我们即将告别中班，跨入下一个学期。

## 活动13　毕业蛋糕大派对

### ■ 活动目标

1. 能够大胆地表达自己小组设计的蛋糕所蕴含的寓意。

2. 综合运用前期的经验，根据设计图完成毕业蛋糕的制作。

3. 和伙伴一起分享中班毕业的喜悦，期待下学期的美好生活。

### ■ 活动准备

1. 经验准备：向家长告知活动，提前征集2—3名会制作蛋糕的家长志愿者。

2. 材料准备：鸡蛋、牛奶、低筋面粉、打蛋器、糖、盐、柠檬、碗、烤箱、8寸蛋糕模具、桌布、蜡烛。

### ■ 活动过程

**(一)我们设计的毕业蛋糕**

1. 各小组阐述毕业蛋糕的设计理念和寓意。

关键提问：你们组设计的毕业蛋糕是怎样的？它有什么寓意？

2. 教师引导幼儿进行相互评价，说说他们的设计好在哪里。

**(二)小组成员合作完成毕业蛋糕的制作**

1. 保教人员和家长志愿者根据幼儿的制作情况给予一定的支持，确保制作过程安全卫生。

2. 拍摄记录孩子们制作蛋糕的全过程。

**(三)我们的毕业大派对**

1. 小朋友佩戴派对帽，观看自己中班一学年的幼儿园生活视频与照片，并对未来展开美好的想象。

2. 互送毕业小礼物，品尝自己制作的蛋糕，体会分享的快乐。

**附：班级毕业蛋糕寓意**

1. 草莓毕业蛋糕：蛋糕整体呈围合的布局，最外圈用了规律围合，里面用蓝莓围了两圈，它们一起包裹着园标，寓意着星河幼儿园守护着我们，现在又长大一点的我们一起来守护星河幼儿园，让它变得更加漂亮美丽。

2. 蓝莓毕业蛋糕：粉色的蛋糕底色，给人一种温暖的感觉，就像是星河幼儿园给我们的感觉一样，它是快乐的，是温暖的，彩色的碎末就像我们多姿多彩的幼儿园生活，我们很喜欢这里，幼儿园就像我们的家。（见图1-2-18、1-2-19）



活动延伸与环境支持

1. 将孩子们制作蛋糕的过程剪辑成视频，让爸爸妈妈一起见证孩子们的成长。

2. 收集幼儿关于制作蛋糕的相关问题，展开阶段性探讨，引导幼儿解决问题。

图1-2-18 幼儿制作蛋糕果泥

图1-2-19 班级毕业蛋糕

## 活动14 幼儿园的新年蛋糕

### ■ 活动目标

1. 欣赏图片及视频，提炼新年元素，讨论幼儿园新年蛋糕的设计要点。

2. 根据自己的设计思路，运用相应的布局、元素绘制新年蛋糕设计图。

3. 愿意参与到评选活动中，积极地表达自己的想法。

### ■ 活动准备

1. 经验准备：幼儿知道新年的意义以及2022年是虎年。

2. 材料准备：新年相关图片及视频、设计图纸、水彩笔、投票贴纸。

## ■ 活动过程

**（一）梳理新年蛋糕设计元素**

1. 观看新年视频与图片，提炼新年元素。

关键提问：你觉得新年是什么颜色的？哪些东西让人一看就能想到新年？这几幅图片有什么共同之处？

2. 欣赏新年蛋糕，引出设计新年蛋糕任务，思考设计元素。

关键提问：小小蛋糕师们又有新的任务了。我们要为星河幼儿园的小朋友们设计一款属于自己的新年蛋糕，你们觉得新年蛋糕应该用什么颜色，可以有哪些图案？

3. 幼儿进行新年蛋糕的设计图绘制，教师巡回指导。

**（二）欣赏新年蛋糕设计图，再次总结提炼元素**

1. 对新年蛋糕设计图提出意见，点赞和提议的方式相结合。

关键提问：你们觉得哪一款新年蛋糕设计得好？也可以给他们提出好的建议。

小结：蛋糕一定要讲究布局，不能把所有的新年元素都放在一个蛋糕里，乱七八糟不美观，而且颜色也不能用得太多。

2. 接纳意见，根据自己的想法调整完善设计图。

**（三）幼儿评选最佳设计稿**

1. 设计师介绍设计稿，班级内投票选出适合小班、中班、大班幼儿的三款设计稿。

2. 集体商议完善"幼儿园新年蛋糕"设计稿。

大家共同商议完善选出的三款设计稿，让欢牛蛋糕给幼儿园每个班制作蛋糕，庆祝新年的到来。

## 活动延伸与环境支持

1. 主题墙开辟"新年蛋糕设计稿"专栏，让幼儿继续交流讨论，相互学习。

2. 幼儿可以继续完善自己的设计稿，在美工区制作黏土新年蛋糕。

3. 回顾小小蛋糕师主题活动的学习全过程；引出蛋糕展话题，梳理展示内容，规划蛋糕展；竞选自己能够胜任的工作内容，清楚自己的岗位职责；大家分工为蛋糕展做准备，一起来布置。

**附：新年蛋糕的寓意**

——小班

小班的弟弟妹妹会喜欢可爱一点的蛋糕。2022年是虎年，小小蛋糕设计师们为他们设计了一款老虎造型的蛋糕，如图1-2-20所示。老虎的

图1-2-20　小班新年蛋糕设计稿

两个腮红是烟花，表示新年的意思。希望弟弟妹妹在新的一年里加倍可爱。

——中班

给中班小朋友设计的蛋糕运用了发散布局，整体就像新年的烟花一样向四周发射，中间的老虎代表虎年，灯笼是新年元素，园标表示这是给星河幼儿园小朋友设计的蛋糕，如图1-2-21所示。寓意着在新的一年，小朋友们能在幼儿园里学会更多的本领。

图1-2-21　中班新年蛋糕设计稿





——大班

给大班哥哥姐姐设计的蛋糕运用了围合的布局，新年最热闹的爆竹围成一圈看起来很喜庆，左右两边各挂两盏灯笼就像过新年时家门前挂的灯笼一样，如图1-2-22所示。祝哥哥姐姐在新年里快乐成长，红红火火。

图1-2-22　大班新年蛋糕设计稿

## 项目成果

### 一起来逛蛋糕展

**（一）成果展示准备**

1. 组织幼儿回顾、梳理整个活动开展的过程，借助活动照片、制作的蛋糕、思维导图等方式，鼓励幼儿大胆表达自己的收获。

2. 师幼一起讨论“蛋糕展”的各项展示事宜，制定“蛋糕展”方案。

3. 幼儿自行讨论分组承担“蛋糕展”的各项事宜，如制作组、讲解组、场地布置组等。

4. 邀请家长参与“蛋糕展”准备活动，和孩子一起讨论，提供支持等。

**（二）成果展示过程**

1. 邀请全园幼儿参加蛋糕展，幼儿们自己讲解各种蛋糕的寓意和设计理念。（见图1-2-23～1-2-26）

2. 蛋糕展内容。

（1）蛋糕小科普：蛋糕的由来、蛋糕的布局、蛋糕的寓意、蛋糕的制作方法。

（2）我为寿星制作的蛋糕。

(3)我最喜欢的蛋糕。

(4)美味的新年蛋糕(全园幼儿一起分享蛋糕)。

图 1-2-23　幼儿讲解蛋糕的由来

图 1-2-24　幼儿讲解蛋糕的寓意

图 1-2-25　幼儿介绍寿星蛋糕

图 1-2-26　幼儿介绍寿星蛋糕设计意图

**(三)成果展示的反思评价**

1. 说一说感受并发表意见。

(1)通过视频、照片一起回看蛋糕展的现场情况,引导幼儿大胆表达。

(2)关键提问:从我们策划蛋糕展到成功举办,你有什么感受?你觉得我们的蛋糕展怎么样?

2. 夸一夸自己。

(1)分区块欣赏每个幼儿在蛋糕展中的表现,让幼儿回忆自己的表现。

(2)关键提问:你承担的是什么任务?在岗位上令你印象最深刻的事情是什么?你觉得自己表现得怎么样?

3. 赞一赞伙伴。

(1)认真倾听伙伴在蛋糕展中的表现,给出点赞和评价。

(2)关键提问:你觉得他哪里值得点赞?

4. 想一想问题。

围绕“你觉得哪里还能做得更好”展开讨论，幼儿自己进行总结。

## 项目反思

在“小小蛋糕师”项目活动中，幼儿围绕“蛋糕”开展了一系列活动，如认识、探究蛋糕的特征及多样性、设计制作黏土蛋糕、为特定的人物或事件设计制作真蛋糕等。在这个过程中，幼儿的创想力、动手操作能力及学习的主动性等都得到了很大的提升，教师通过活动设计、师幼互动、周边资源利用等，为幼儿的学习提供了较好的支持和帮助。

1. 幼儿的探究需要有情感且智慧的师幼互动。

幼儿有质量的探究需要有效的师幼互动。有效的师幼互动能增强幼儿对活动的兴趣，激活思维，促进幼儿的学习和发展。首先，在“小小蛋糕师”项目活动中，我们十分注重互动中的情感支持，让幼儿感受到充分的认可和尊重。这种情感上的联结能够激发幼儿对活动的思考和探索欲望。其次，“小小蛋糕师”的活动内容不是预设的，而是教师在与幼儿互动中捕捉到其当下产生的问题和需求，进行有针对性地引导、设计学习框架，并调整教学策略，以此助推幼儿持续性地探究。

2. 幼儿的探究需要有筛选有策略地利用资源。

在幼儿园课程活动中，资源的有效利用是确保活动顺利进行、丰富活动内容、提高教育效果的重要因素。在“小小蛋糕师”活动开展前，我们对工厂资源、社会资源、园所资源、家长资源进行了全面的分析和筛选，并做了详细的计划，合理利用各类资源。例如，怎样让家长带领幼儿参观蛋糕工厂和蛋糕店；欢牛蛋糕师要来幼儿园几次、每次来园的任务是什么、需要做什么准备等一切细节；选择哪些家长参与制作蛋糕的助教活动，请家长提供哪些做蛋糕的工具；等等。教师在丰富的资源面前需要具备敏锐的观察力和创新思维，不断优化资源配置和创新应用方式，支持幼儿更好地学习。

3. 幼儿的探究需要“高低”交织的活动支持。

项目活动是以问题驱动幼儿探究的，为了提高活动质量，我们的活动组织是“高低”交织的。在活动开展前，教师基于驱动性问题初步架构整体活动框架和活动目标，心中要有大方向。在活动过程中，教师要不断评估幼儿的能力水平与兴趣需求，以此设定活动的内容和方式。例如：在帮助幼儿感知和梳理蛋糕布局的活动中，就适合采用高结构的教学活动，这样更利于幼儿获得相关经验；但在探索如何制作蛋糕的阶段就以低结构的方式开展教学活动，个人的、小组的、不固定时间的、多时间段地进行操作探究。“有高有低”的组织方式，让幼儿的探究学习过程变得愈发精彩。

（张　策　朱丽斌）

# 项目3

## 丝巾创想曲（大班）




### 项目缘起

幼儿园“万事利丝巾馆”展台上展示了美丽的丝巾和丝制品，孩子们纷纷对丝巾发出美的感叹。馆里还投放了白胚丝巾，供孩子们探索自制丝巾。一段时间后，孩子们对那些美美的丝巾是怎么做出来的更好奇了。专业的事情要请专业的人来解答，我们走进了星河幼儿园附近的万事利丝绸公司，他们有专业的设计团队和技艺超群的匠人，能为孩子们探究丝巾提供专业支持。《指南》中指出：“幼儿艺术领域学习的关键在于充分创造条件和机会，在大自然和社会文化生活中萌发幼儿对美的感受和体验，丰富其想象力和创造力，引导幼儿学会用心灵去感受和发现美，用自己的方式去表现和创造美。”而丝巾就是一个感受与欣赏、表现与创造美的载体，孩子们可以通过欣赏丝巾千变万化的图案美，了解丝巾图案所蕴含的寓意，还可以通过设计丝巾来表达内心情感。

### 项目导图

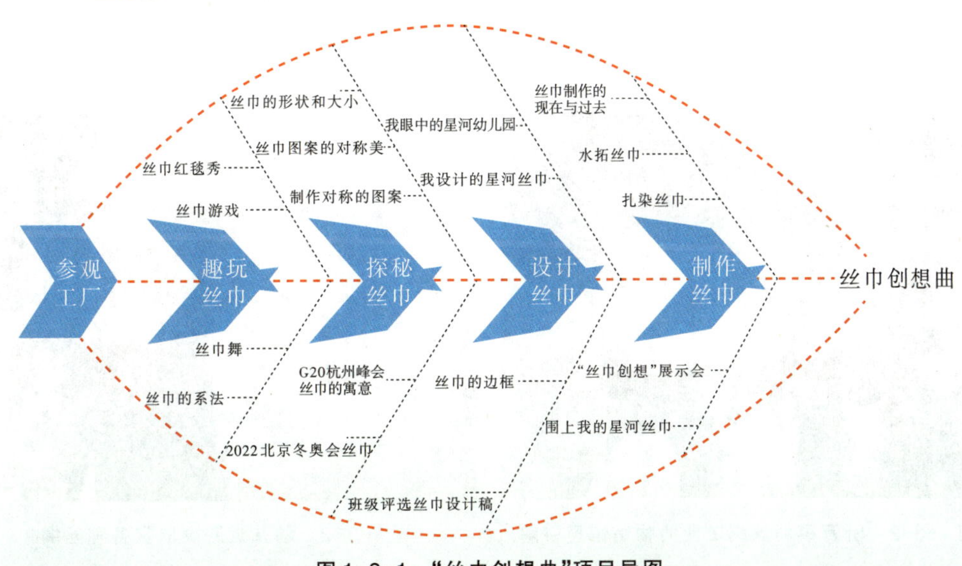


图1-3-1 “丝巾创想曲”项目导图

## 项目目标

1. 通过系列活动，感知丝巾的质地、形状、花色等外在特征，欣赏丝巾的图案和布局美，初步了解设计丝巾的要素。

2. 在活动中，运用收集分类、观察比较、调查访问等方法来探究丝巾，尝试设计代表星河幼儿园的丝巾，提升想象、表达、表征等能力。

3. 能大胆与专业人士交流，乐于提出自己的问题，分享自己的想法和感受，在设计幼儿园的丝巾中表达自己对幼儿园的情感。

## 项目启动

### 一、谈话聚焦

在项目开启前，教师与幼儿开展了讨论："关于丝巾你知道什么？""你见过的丝巾是什么样的？""你想设计什么样的丝巾呢？"幼儿有的说："我见过我妈妈的丝巾，图案是有很多花的。"有的说："见过的丝巾有的大有的小。"还有的很好奇："丝巾上的图案是怎么画上去的？"有的则是想象："如果我来做一条丝巾，我要做彩色图案的。"一时间，幼儿关于丝巾的话题就此展开。

### 二、参观工厂

顺着幼儿的兴趣，我们来到万事利丝绸公司参观万事利丝绸工业博物馆。幼儿见到了传统和现代的丝绸制作工艺，仔细聆听、了解丝绸的历史。还近距离接触了馆内的丝绸制品、欣赏了各种各样的丝巾。在参观的过程中，幼儿大胆提出自己对丝巾的问题、表达了参观的感受，为后续丝巾的探索奠定了一定的经验基础。（见图 1-3-2、1-3-3）

图 1-3-2　听万事利丝绸工业博物馆馆员讲解

图 1-3-3　幼儿近距离欣赏各种丝绸

### 三、环境激发

1. 主题墙:展示各种各样的丝巾,供幼儿欣赏。
2. 阅读区:投放丝巾广告画册、有关图案装饰的书籍,为幼儿提供图案设计灵感。
3. 表演区:投放各种形状、不同质地的丝巾,供幼儿佩戴、舞蹈、表演。

### 四、资源利用

1. 万事利丝绸工业博物馆及专业人士(专业讲师、设计师、工程师等)资源。
2. 幼儿园星工厂游戏馆的丝巾馆。

### 五、问题驱动

教师组织幼儿提出问题,让幼儿带着问题走进万事利丝绸工业博物馆,引导幼儿关注丝绸的制作工艺、丝巾的种类、图案等等。

1. 丝巾可以怎么系?
2. 丝绸是怎么做出来的?
3. 丝巾的种类有哪些?
4. 丝巾上的图案是怎么来的?
5. 星河幼儿园的丝巾会是怎样的呢?

## 项目推进

### 一、趣玩丝巾

幼儿参观了万事利丝绸工业博物馆后,对丝巾的兴趣更浓了。他们很想看看、摸摸、玩玩丝巾。于是,我们就开始了收集丝巾和玩丝巾的活动。幼儿在收集和游戏中,充分感知丝巾的特点,欣赏丝巾的美,进一步激发他们对丝巾的兴趣与探究欲望。

### 活动1 丝巾红毯秀

**■ 活动目标**

1. 在丝巾走秀中感知丝巾形态的多样和图案的美丽。
2. 能跟着音乐用各种方法全方位展示自己的丝巾。
3. 喜欢各种各样的丝巾,对丝巾产生兴趣。

## 活动准备

幼儿的丝巾、T台音乐、红毯。

## 活动过程

**(一)交代活动内容**

师:小朋友从家里带来了各种各样的丝巾,都很有特点,大家一起来走红毯丝巾秀吧!

**(二)幼儿走红毯丝巾秀**

1. 讨论怎样可以全方位展示出丝巾的美。

关键提问:我们要怎样才能展示出自己丝巾的美呢?怎么可以让大家看到我丝巾上的图案呢?

2. 幼儿跟着音乐走丝巾秀。

(1)播放音乐,大家按顺序跟着音乐展示自己的丝巾。(见图1-3-4)

图1-3-4　幼儿展示自己带来的丝巾

(2)集体出场秀。

**(三)幼儿投票选择一条自己最喜欢的丝巾,并说明理由**

### 活动延伸与环境支持

1. "今日最美"丝巾评选活动:幼儿欣赏了这么多丝巾后,对丝巾美的体验各不相同。开展"今日最美"丝巾评选活动,请幼儿投票选择一条自己最喜欢的丝巾并说明理由。这不仅帮助幼儿观察到更多的丝巾特点,也能提升幼儿的语言表达及归因能力。被评选为"今日最美"的丝巾在展示墙上展示一天,让幼儿反复欣赏,强化对丝巾的关注。

2. 美工区投放正方形彩色纸,供幼儿临摹成品丝巾的图案,积累绘画经验。

# 活动2　丝巾游戏

## 活动目标

1. 在游戏中感知丝巾的材质、触感等。

2. 能自由探索丝巾的玩法并表达对丝巾游戏的感受。

3. 感受各种丝巾游戏带来的快乐。

## ■ 活动准备

不同的丝巾。

## ■ 活动过程

**(一)话题导入,引出丝巾游戏**

师:昨天我们进行了丝巾走秀,大家都很喜欢丝巾。今天我们来玩一玩丝巾吧!

**(二)幼儿自由探索丝巾玩法**

1. 请幼儿选一条丝巾自由玩。

2. 幼儿分享、展示丝巾玩法,教师进行记录(以照片、思维导图等形式进行记录)。

关键提问:你是怎么玩的?有什么玩法和感受?

**(三)再次玩丝巾**

关键提问:这次你想怎么玩?

**(四)梳理小结**

师幼结合思维导图,一起梳理玩丝巾的方法和感受。

## 活动延伸与环境支持

1. 将幼儿丝巾玩法的图片进行展示,引导幼儿不断拓展玩丝巾的方法。

2. 餐前餐后,幼儿围圈坐,用丝巾玩"丢手绢"的游戏。

# 活动3　丝巾舞

## ■ 活动目标

1. 在丝巾舞中进一步感知丝巾轻盈柔软的特点。

2. 能跟着音乐有节奏地舞动丝巾,表现蝴蝶翩翩起舞的样子。

3. 喜欢飞舞的丝巾,感受用丝巾律动的快乐。

## ■ 活动准备

幼儿丝巾、音乐《虫儿飞》、幼儿丝巾表演的照片。

## ■ 活动过程

**(一)出示照片,激发幼儿对丝巾舞的兴趣**

1. 出示幼儿扮演蝴蝶飞舞的图片,让幼儿猜猜扮演的是什么。

2. 引出情境:今天,请你们当蝴蝶来舞一舞吧!

**(二)欣赏音乐,创想丝巾舞的动作**

1. 欣赏音乐《虫儿飞》。

2. 创想动作。

关键提问：你想做蝴蝶舞的什么动作？

**（三）幼儿跟随音乐表演丝巾舞**

1. 幼儿跟着音乐做飞舞、转圈、降落等动作。

2. 幼儿分成两组，一组做花，一组做蝴蝶，做绕飞等舞蹈动作，然后交换角色游戏。

活动延伸与环境支持

1. 户外游戏（迎风飞舞）：幼儿戴着丝巾，跟着音乐在户外迎着风飞舞，再次感受丝巾轻盈的特点。

2. 表演区播放适合幼儿跳丝巾舞的音乐，支持幼儿在自主游戏时开展表演活动。

3. 开展"每日一戴"活动，幼儿每天选出自己喜欢的丝巾戴一戴，增加对丝巾的兴趣。



## 活动4　丝巾的系法

### ■ 活动目标

1. 学习平结、牛仔结、花苞结三种丝巾系法。

2. 能用对折、交叉、打结等方式尝试三种丝巾的系法。

3. 喜欢佩戴丝巾，感受不同戴法带来的丝巾的美。

### ■ 活动准备

丝巾系法PPT、方巾、万事利专业讲师。

### ■ 活动过程

**（一）谈话导入，引出系丝巾活动**

最近我们都在玩丝巾游戏，小朋友们也很喜欢戴丝巾，那你们知道丝巾可以怎么戴吗？

**（二）了解丝巾的三种系法**

1. 观看PPT，了解丝巾的三种系法名称。

师：你知道丝巾的系法名称有哪些？（平结、牛仔结、花苞结）你喜欢哪种系法？

2. 向万事利专业讲师学习系丝巾。

（1）介绍三位万事利的专业讲师。

（2）提出倾听要求：耐心、安静地倾听万事利专业讲师讲解丝巾的系法步骤。

（3）幼儿向万事利专业讲师学习系丝巾的方法。

**（三）幼儿两两尝试不同的丝巾系法并展示**

1. 幼儿两两分组，选择丝巾。

2. 幼儿尝试三种丝巾系法，可以互相给对方系。

3. 播放走秀音乐，请幼儿大胆向大家展示自己的丝巾系法。

**（四）活动小结**

教师结合专业讲师示范动作的照片，再次梳理三种丝巾的系法。

## 活动延伸与环境支持

幼儿在活动中初步学习了三种系丝巾的方法，还需要在日常生活练习巩固。所以，在教室里呈现了三种系丝巾的步骤图（见图1-3-5）和方便幼儿练习系丝巾的颈模（见图1-3-6），为幼儿学习系丝巾提供了支持。

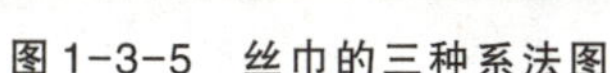
图1-3-5 丝巾的三种系法图

图1-3-6 供幼儿练习的颈模

# 活动5 丝巾的形状和大小

## 活动目标

1. 在测量活动中感知丝巾不同的形状和大小。

2. 尝试用尺子测量丝巾的长度并进行记录。

3. 在活动中体验测量的乐趣，感受丝巾的多样性。

## 活动准备

“我家的丝巾”调查表（见图1-3-7）、大小和形状不同的丝巾、量尺、记录表。

“我家的丝巾”调查表

班级：大一班　　姓名：[illegible]

| 丝巾 | 形状 | 大小 |
|---|---|---|
| 1 | □正方形 | 50×50 |
| 2 | □正方形 | 85×85 |
| 3 | ▱平行四边形 | 150×20 |
| | | |
| | | |

备注：请找一找家里的丝巾，并帮助孩子一起记录它的形状和大小。

图1-3-7 “我家的丝巾”调查表

## 活动过程

**（一）出示调查表，归纳总结丝巾形状**

1. 师：小朋友们都统计了自己家里的丝巾，谁来说说，你家丝巾是什么形状的？

2. 教师总结：原来丝巾有大小不同的正方形，还有三角形、平行四边形等形状。

**（二）观察丝巾，讨论测量丝巾的方法**

欣赏各种形状的实物丝巾，幼儿边欣赏边观察。

关键提问：丝巾的边到底有多长？我们可以用什么方法测量呢？

**（三）幼儿分组测量丝巾的长度并进行记录**

1. 提出测量记录要求：测量前先把自己选择的丝巾形状画下来，测量后再在对应位置记录长度。小组内可以分工。

2. 幼儿分组测量。

**（四）按形状分享丝巾的测量结果**

关键提问：测量丝巾的尺寸后，你们有什么发现？



活动延伸与环境支持

1. 折叠丝巾：幼儿在折叠丝巾的活动中进一步了解丝巾的各种形状与大小，还能对丝巾进行大小与形状分类。

2. 我的“丝巾大发现”：在日常活动中还会进行丝巾的欣赏与表达活动，请幼儿欣赏丝巾的美，大胆表达自己的感受，为后面欣赏丝巾图案做铺垫。

## 二、探秘丝巾

幼儿在丝巾游戏中不仅感知到丝巾的形状、大小、质地等特点，也关注到丝巾五花八门的图案。他们会问“丝巾上为什么要印这个图案呢”“为什么丝巾的图案都不一样呢”等问题。看到幼儿对丝巾上的图案这么好奇，我们就聚焦丝巾的图案进行探索。

## 活动6　丝巾图案的对称美

### 活动目标

1. 欣赏并感知上下、左右、斜角三种典型对称图案。

2. 通过图案的对折操作，大胆表达自己对对称的发现。

3. 喜欢丝巾各种对称的图案，感受图案对称美。

### 活动准备

1. 有各种图案装饰的丝巾的PPT。

2. 上下、左右、斜角对称的三种图示。

3. 夹有丝巾的板四块（含对称图案）。

4. 各种对称图案图片（每人至少三张、幼儿用来折）。

## ■ 活动过程

**（一）回忆丝巾图案**

我们欣赏了很多不同图案的丝巾，你还记得看到过什么图案吗？

**（二）欣赏各种丝巾图案，发现对称**

1. PPT播放各种图案的丝巾。（见图1-3-8）

师：老师带来了很多不同图案的丝巾，请你来欣赏。

2. 幼儿说说欣赏后的感受。

关键提问①：看完这些丝巾你有什么感受？

关键提问②：为什么这些丝巾看起来这么美？美在哪里？

图1-3-8　对称图案的丝巾图

3. 仔细观察，发现对称。

关键提问：这些丝巾有一些是对称的，你是怎么知道的？从哪里看出来的？请你选择一条来说一说。（如：我觉得③号丝巾是对称的，因为……）

**（三）验证丝巾的对称**

1. 说说验证的方法。

关键提问：你有什么办法可以证明它是对称的？

2. 从桌上的图片中挑选出自己觉得是对称的图形，然后用对角、对边折的方式验证是否对称。

3. 分享自己验证的结果，教师总结对称的几种类型。

关键提问：你的丝巾图案是对称的吗？哪里和哪里对称？

小结：我们丝巾的图案中有的是上下对称，有的是左右对称，有的是斜角对称。（一边说一边出示三种对称的示意图和相对应的丝巾图案）

## 活动延伸与环境支持

1. 活动后，在区域内投放丝巾图片，幼儿可通过折叠、绘画等形式了解丝巾是否对称。

2. 幼儿将班级里带有对称图案的丝巾挑选出来，并展示在主题墙上。

## 活动7　制作对称的图案

### ■ 活动目标

1. 进一步了解上下、左右、斜角对称的概念，能用对折渲染的方式制作对称图案。

2. 感受渲染的神奇，喜欢自己制作的对称图案。

### ■ 活动准备

正方形宣纸（生宣）、水性马克笔。

### ■ 活动过程

**（一）经验链接**

关键提问：昨天，我们了解了丝巾图案的对称，你们还记得有哪些对称吗？怎样才能做出对称图案呢？

**（二）感知宣纸上渲染出的对称图案，激发幼儿创作兴趣**

1. 教师在折好的宣纸上绘画，展开后向幼儿展示渲染的对称效果。

2. 表达欣赏渲染对称图案的感受。

关键提问：你们觉得我做出来的对称图案怎么样。

**（三）幼儿自由创作对称图形**

1. 关键提问：你们想做哪种对称的图案？纸要怎么折？

2. 幼儿尝试创作对称图案。（见图1-3-9）

**（四）欣赏幼儿的对称图案**

关键提问：你做的对称图案像什么？是怎么做出来的？

①

②

③

图1-3-9　对称画

**活动延伸与环境支持**

1. 丝巾写生：引导幼儿观察典型丝巾的图案特点，并进行写生活动。

2. 餐前欣赏：每日中餐前选取一种图案布局（如对称、发射、重复等）的丝巾进行欣赏。

3. 发起丝巾图案的问题讨论，收集幼儿和丝巾图案有关的问题。

## 活动8 G20杭州峰会丝巾的寓意

### ■ 活动目标

1. 了解G20杭州峰会丝巾的设计意图，感受丝巾中不同元素的寓意。

2. 能有条理地向设计师提问，认真倾听设计师的专业分享。

### ■ 活动准备

1. G20杭州峰会丝巾，邀请万事利设计总监来园助教，请幼儿提前准备向万事利设计总监提问的问题。

2. 教师针对幼儿的提问，准备相应的丝巾。

### ■ 活动过程

**（一）介绍设计师，交代学习任务**

师：上次万事利的老师教我们系丝巾，今天，园长妈妈邀请了万事利的设计总监陈叔叔来幼儿园，给小朋友讲一讲G20杭州峰会中三条丝巾的寓意。

**（二）设计师分享G20杭州峰会丝巾设计思路**

从色彩、图案和构图三方面介绍"法兰西玫瑰""吉光凤羽""蝶恋花"三款丝巾的设计意图。（见图1-3-10）

**（三）幼儿向设计师提问，与设计师交流**

幼儿问题1：这条丝巾哪一面是正面？

幼儿问题2：真实的马和丝巾上的马有什么不同？

幼儿问题3：丝巾上卷卷的图案是什么，有什么意思？

图1-3-10 G20杭州峰会丝巾寓意

**（四）梳理小结**

教师利用思维导图梳理设计师的设计方法（丝巾颜色、图案、布局、纹样、材料、寓意）。

关键提问：刚刚设计师介绍了G20杭州峰会三款不一样的丝巾，设计师是从哪几个方面设计丝巾的？

活动延伸与环境支持

1. 把写有G20杭州峰会丝巾寓意的展板和“丝巾设计要素”思维导图呈现在教室里。

2. 幼儿初次对设计丝巾的要素有了系统的认识。结合这几个要素，幼儿自由创作。（见图1-3-11）

①

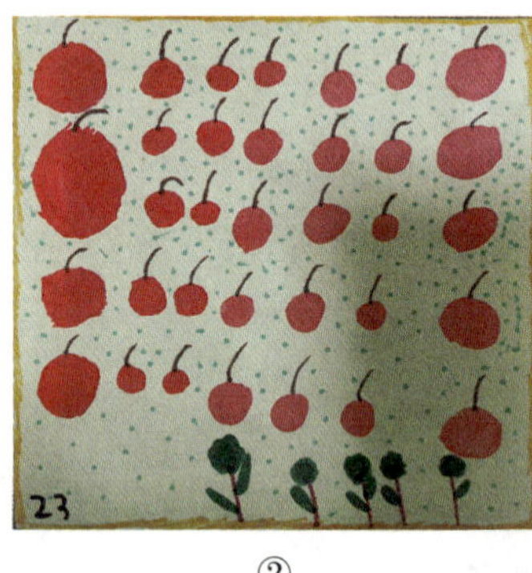
②

③

图1-3-11 第一次的丝巾设计稿

## 活动9 2022北京冬奥会丝巾

### ■ 活动目标

1. 了解2022年北京冬奥会丝巾元素的寓意，感受丝巾中图案与实物的不同。

2. 在解读丝巾过程中能将元素按照地标、运动场馆等进行分类。

3. 在活动中愿意大胆表达自己的想法，喜欢探究丝巾寓意。

### ■ 活动准备

1. 2022北京冬奥会丝巾、丝巾中包含的真实建筑图片、元素分类表。

2. 活动前一天欣赏北京地标建筑和运动场馆的真实图片。

### ■ 活动过程

**（一）解读2022年冬奥会丝巾的图案**

1. 回顾设计丝巾需要考虑的四要素。

2. 观察2022北京冬奥会的丝巾图案（见图1-3-12），说说有哪些图案。

关键提问：请你们仔细看看，这条丝巾里有什么图案？（北京建筑、祥云、灯笼、如意结、2022beijing字样）

图1-3-12 2022北京冬奥会丝巾

3.从图案猜测丝巾要表达的主题。

关键提问:猜一猜设计师为什么要这样设计丝巾,为什么要放这么多北京的标志性建筑呢?你觉得它是为哪个活动设计的丝巾?

4. 梳理小结。北京的标志性建筑代表"北京",运动场馆代表"奥运会",雪花代表"冬季",还有一些中国的元素代表"中国"。这条丝巾是万事利专门为2022年中国北京冬奥会设计的丝巾,祥云、灯笼、如意结、回形纹、鱼鳞纹等中国古典纹样代表着吉祥如意,设计师祝愿2022中国北京冬奥会顺利举行。

**(二)对比实景图与丝巾图案,了解两者差异**

1. 观察发现建筑实景图与图案的差异。

关键提问①:丝巾里的国家大剧院和图片的不一样,哪里不一样?

关键提问②:奥运火炬点火塔的照片和丝巾图案有什么不一样?(见图1-3-13)

图1-3-13 真实的奥运点火塔与丝巾中的奥运点火塔图案

2. 归纳梳理:图案和实物不一样在于:有些图案是实物的某个部分,有些图案是简单的线条表示。

**(三)讨论丝巾颜色的含义和布局**

1. 讨论G20杭州峰会丝巾颜色的含义。

关键提问:我们知道设计丝巾的四大要素——图案、颜色、材料、布局。我们刚刚分析了这些图案,现在你来看看,这条丝巾的颜色是什么?它代表什么意思呢?

2. 讨论丝巾图案的布局。

关键提问:这条丝巾图案的布局是对称的吗?

小结:丝巾图案的布局不一定要对称,可以是对称、不对称、不完全对称。

**(四)预留话题引发思考**

如果让你设计一条星河幼儿园的丝巾,你会怎么设计?

活动延伸与环境支持

1. 将冬奥会的丝巾作为“今日欣赏”在班级里悬挂欣赏。

2. 回家和家人分享今天的话题，对设计星河幼儿园的丝巾做一定设想或进行设计。

三、设计丝巾

幼儿在探索丝巾图案的过程中，知道了设计师会通过颜色、图案、布局等要素来表达自己的祝福、愿望和情感。他们也很想像设计师一样设计丝巾。于是，园长妈妈给了一个任务：为星河幼儿园设计一条小丝巾。“星河幼儿园的丝巾是怎样的呢？”幼儿在这个问题的驱动下，开始了设计星河丝巾的一系列活动。他们通过与专业人士对话、与同伴对话、与教师对话，不断对丝巾设计稿进行调整优化，完善自己的丝巾设计作品。



## 活动10　我眼中的星河幼儿园

■ 活动目标

1. 回忆幼儿园的集体生活，用适宜的词汇表达自己眼中的星河幼儿园。

2. 尝试运用颜色、图案、布局等要素设计星河幼儿园的丝巾。

3. 愿意向他人表达自己对星河幼儿园的看法和感受，乐于分享自己的创作。

■ 活动准备

1. 场景准备：幼儿园生活场景PPT(配上园歌、包含场所、事件典型活动、关系、情感)。

2. 材料准备：用作思维导图的半开卡纸、各种正方形色纸、黑色记号笔、作品展示板。

■ 活动过程

**(一)回忆在星河幼儿园的生活场景，激发幼儿对幼儿园的情感**

1. 播放园歌，大家一起唱园歌。

2. 结合PPT看孩子在幼儿园三年的各种生活照片。

**(二)交流自己对星河幼儿园的看法**

1. 你最喜欢星河幼儿园的什么地方？

2. 你喜欢在星河幼儿园做什么事情？

3. 你觉得星河幼儿园是个什么样的地方？

从幼儿的表达中梳理归纳出幼儿园文化的关键词：星河幼儿园是“快乐、温暖、友爱、团结/合作”的幼儿园。

**（三）讨论用什么图案表达星河幼儿园**

关键提问①：如果我们要设计一条“星河幼儿园的丝巾”，你想怎么设计呢？昨天设计师说了设计丝巾可以从哪些方面（颜色、图案、布局）来思考？

关键提问②：幼儿园是温暖、有爱的地方，你会用什么颜色来表示？

关键提问③：幼儿园哪些东西和事情让你感到快乐？你在设计图案的时候会画什么呢？（滑滑梯：幼儿园的设备。在玩什么：在幼儿园做的事情。和谁：幼儿园里的人）

关键提问④：你设计的星河丝巾图案会怎么布局？昨天设计师还说到布局，我们这几天也了解了对称、发射等布局方式。你们可以想一想，自己的图案想用哪种方式或布局融入丝巾的设计中去呢？

**（四）幼儿初次设计星河丝巾图案**

1. 幼儿设计星河图案。

2. 相互欣赏设计作品，设计者讲解自己设计稿的含义。（见图 1-3-14）

图 1-3-14　幼儿第一次的星河丝巾设计稿

## 活动延伸与环境支持

幼儿通过与同伴交流会有新的思考，因此，在日常生活中给幼儿时间去调整完善第一稿的设计。鼓励幼儿回家和家长一起讨论设计稿，再进行第二稿的设计。教师事先告知家长要尊重幼儿想法，并从颜色、图案（寓意）、布局三个方面去指导幼儿设计。第二天幼儿要把设计的第二稿带来幼儿园与同伴交流。另外，给每个幼儿配一本设计画册，把每一张设计稿都存在画册里，方便幼儿欣赏、反思和改进。

①

②

③

图 1-3-15　幼儿第二次的星河丝巾设计稿

**附:小设计师对丝巾设计稿(见图 1-3-15)的解释**

第二次丝巾设计稿①:黄绿色是幼儿园的主色,园标代表星河幼儿园,园标四周的围栏是星晴廊。左上角是星河幼儿园的疯狂星动大滑梯,右上角是星河幼儿园的老师、阿姨、保安叔叔、厨师等,右下角是星心小屋,是小朋友最喜欢的地方,左下角是小朋友们在快乐地玩耍。

第二次丝巾设计稿②:红色是暖色,用红色装饰边框,代表我们幼儿园是很温暖的。园标代表星河幼儿园。中间是我的两位老师,我很爱我的老师。左边是保安叔叔从保安室探出头来看我们,保护着我们。

第二次丝巾设计稿③:有轮胎小山的东面山坡,是我们像小鸟一样自由自在玩耍的地方,是有着青青小草充满爱的回忆的地方。我的幼儿园——星河幼儿园是有爱的地方。

## 活动11　我设计的星河丝巾

### ■ 活动目标

1. 在活动中进一步明晰星河幼儿园丝巾的设计要素。
2. 尝试有逻辑、较连贯地表达自己在设计丝巾时对颜色、图案、布局的想法。
3. 愿意倾听他人的丝巾设计想法,感受展示自己丝巾设计稿的快乐。

### ■ 活动准备

1. 经验准备:幼儿前一天晚上设计第二稿,知道自己的设计稿所表达的意思。
2. 材料准备:所有幼儿的设计稿照片、选出小组代表的设计稿照片(PPT 播放)和家长记录纸的收集;交流记录板 7 块;小组代表发言表格和设计师点评记录表。
3. 人员准备:事先邀请万事利的设计师。

## ■ 活动过程

**(一)交代介绍设计稿的任务和介绍要点**

1. 回顾昨天的设计丝巾任务,引出今天的学习任务。

师:昨天我们设计了“星河幼儿园的丝巾”第一稿,回家后我们又设计了第二稿。今天要请你们说说设计想法。

2. 教师说明介绍要点、倾听要求和评选任务。

(1)介绍要求:可以从“颜色、图案、布局”来介绍设计稿。要说出你用了什么颜色、为什么;画了什么图案,是什么意思;还要介绍你是怎么布局的。

(2)倾听要求:同伴介绍设计稿的时候,你要认真仔细地听,你可以向介绍人提问。

(3)评选要求:每组选一个代表上来介绍,这个代表要设计得好、介绍得好。要求设计稿的颜色、图案、布局好看,有意义,还能把设计思路完整地说出来。

**(二)分组交流自己的设计稿,评选代表**

1. 把幼儿分成5组,每组6个人。

2. 幼儿组内轮流介绍自己的设计稿,教师巡回聆听、引导。

3. 小组选出介绍的代表,小组内交流选择的原因。

4. 老师在板上做记录。

**(三)小组代表介绍丝巾设计稿,设计师现场点评**

1. 选出的5名幼儿介绍自己的丝巾设计稿(把设计稿贴在板上)。

图1-3-16　设计师点评某幼儿的丝巾设计稿

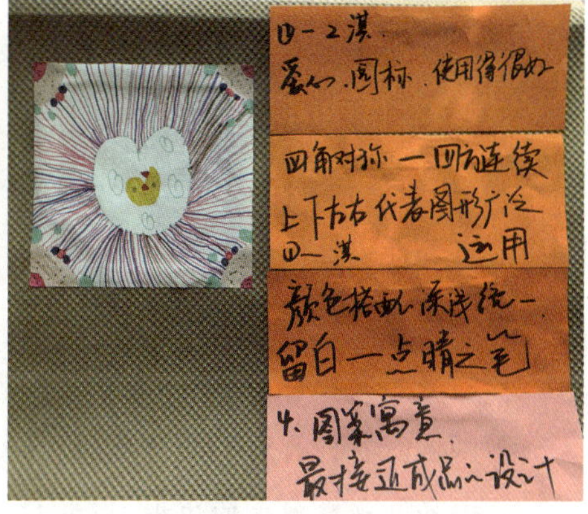

图1-3-17　设计师对丝巾设计稿的具体评价

2. 将选出的5名幼儿设计稿拍照、用投影仪播放,教师随着幼儿的介绍用激光笔点到相应处。

3. 教师现场在表格内记录幼儿的介绍要点(做好表格:颜色、图案、对称)。

4. 设计师现场点评，教师在表格内记录。（见图 1-3-16、1-3-17）

**（四）教师总结设计师点评，引导幼儿再次修改自己的设计稿**

活动延伸与环境支持

根据设计师给出的建议，如画面完整性、丝巾布局、元素突出、大胆用色、色彩搭配、边框设计等，引导幼儿再次进行丝巾设计，并鼓励他们大胆表达自己的设计意图。（见图 1-3-18）

①

②

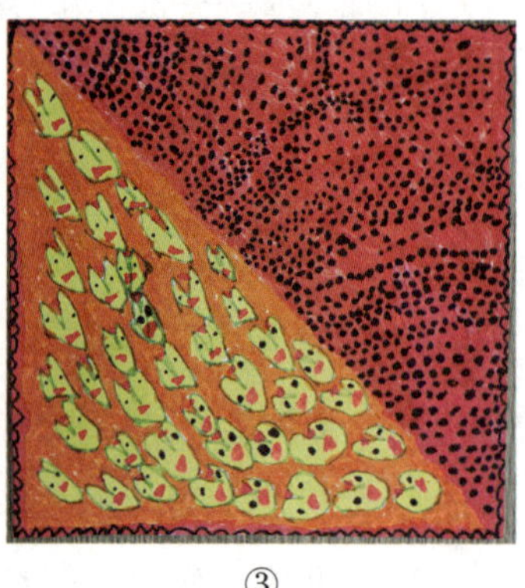
③

图 1-3-18　设计师指导后幼儿再次创作的丝巾设计稿

## 活动12　丝巾的边框

### ■ 活动目标

1. 知道丝巾边框的作用，了解丝巾边框的样式。
2. 能大胆表达自己对丝巾边框的发现，并设计边框。
3. 感受丝巾边框多样化的美。

### ■ 活动准备

各种各样边框的实物丝巾。

### ■ 活动过程

**（一）展示有边框的丝巾，引发幼儿兴趣**

教师展示各种有边框的丝巾，引导幼儿仔细观察这些丝巾的相同点与不同点。

**（二）幼儿观察丝巾的边框，引发对边框的讨论**

1. 说说边框有哪些样式。
2. 将边框的类型归类：全框和半框、单框和多框、单色和多色等。（教师用图示记录）
3. 系丝巾，感受边框美。

幼儿通过系丝巾，感受边框露出来的层次美。

4. 教师小结:边框在丝巾设计时非常重要,具有美观等作用。

**(三)尝试设计有边框的丝巾**

1. 交代任务。

师:今天我们来设计一款有边框的星河丝巾。请大家在设计之前先想想用什么样的边框,再思考里面用什么图案。

2. 幼儿设计边框。

3. 同伴相互欣赏有边框的丝巾设计稿。(见图 1-3-19)

①　②　③　④　⑤　⑥

**图 1-3-19　丝巾边框设计**

**活动延伸与环境支持**

1. 为了让幼儿继续熟悉各种设计丝巾的要素,在专门设计有边框的丝巾后,还对他们进行了不同布局方式的设计练习,比如左右对称图案、上下对称图案等。幼儿在不断的设计练习中丰富设计内涵,提升艺术表征能力。

2. 开辟"星河丝巾设计稿档案墙",每个幼儿一个作品袋,把自己的设计稿放进去,最满意的作品呈现在封面上,让大家欣赏。

## 活动13　班级评选丝巾设计稿

### ■ 活动目标

1. 在活动中能用清晰、连贯的语言讲解自己的设计稿，争取同伴的认可。

2. 愿意参与到评选最佳设计稿的活动中，认真欣赏和悦纳他人的设计作品，通过对比评选出自己喜欢的设计稿。

### ■ 活动准备

幼儿的丝巾设计图册、投票贴纸。

### ■ 活动过程

**（一）交代活动目标**

师：每个小朋友都设计了好多张星河丝巾的设计稿，你觉得哪一张设计得最好，请你把它挑选出来，参加班级最佳设计稿评选。

**（二）幼儿欣赏自己全部的设计稿，选出自己最满意的设计稿**

关键提问①：思考丝巾设计作品是否含有丝巾设计要素？

关键提问②：思考丝巾设计稿是否符合星河幼儿园的主题？

**（三）展示选出的丝巾设计稿并投票**

1. 教师把幼儿自己选出来的一张设计稿进行集体展示。

2. 全班幼儿自由欣赏并投票。

3. 幼儿在活动中介绍自己的设计稿，进行拉票。

**（四）展示最后入选的10稿，请幼儿说说投票原因**

**活动延伸与环境支持**

1. 请设计稿被选中的幼儿说说自己的设计想法或者获奖感言。

2. 美工区提供多种材料，供幼儿进行绘画创作，保持他们的设计热情。

### 四、制作丝巾

幼儿不满足于只用绘画的形式来设计丝巾图案，总是询问自己的设计稿能否做成真的丝巾。“丝巾设计稿怎样才能变成真正的丝巾？”“丝巾到底是怎么做出来的？”在这些问题的驱动下，我们走上了探索丝巾制作的道路。

## 活动14 丝巾制作的现在与过去

### ■ 活动目标

1. 初步了解丝巾生产的过程及工艺，知道丝巾的现代和传统工艺。

2. 能认真、耐心倾听万事利工程师的介绍，有条理地进行提问。

### ■ 活动准备

1. 人员准备：事先邀请万事利的生产总监。

2. 材料准备：收集幼儿想要了解的丝巾生产问题、生产丝巾的视频。

### ■ 活动过程

**（一）教师介绍万事利生产总监**

师：昨天小朋友提了很多关于丝巾是怎样制作出来的问题，今天我们就把万事利的生产总监请来了。下面请他为大家解说丝巾制作的工艺流程。

**（二）倾听、了解丝巾制作的过程及工艺**

1. 提出倾听要求：安静、耐心。

2. 万事利生产总监介绍丝巾制作的过程及工艺（见图1-3-20）。

**图1-3-20 万事利生产总监介绍丝巾的制作过程**

3. 幼儿向生产总监提问

幼儿提问①：做丝巾一定要用蚕丝吗？为什么不用蜘蛛吐的丝？

幼儿提问②：为什么丝巾图案可以做得一模一样？

幼儿提问③：以前做丝巾的机器和现在做丝巾的机器有什么不一样？

**（三）活动小结**

师：叔叔带我们一起了解了丝巾生产的过程及工艺，给我们解答了这么多的问题，我们学到了很多。比如……

活动延伸与环境支持

1. 将幼儿关于丝巾制作提出的问题展示在教室里，并且随时更新补充新问题。

2. 开展亲子活动参观中国丝绸博物馆，深入了解丝巾制作的生产过程。

## 活动15　水拓丝巾

### ■ 活动目标

1. 了解水拓丝巾的制作方法和步骤，尝试用水拓的方法制作丝巾图案。

2. 感受水拓技艺的神奇，对制作丝巾图案有兴趣。

### ■ 活动准备

水拓画材料、白胚丝巾、倒背衣。

### ■ 活动过程

**（一）水拓丝巾成品图展示，激发幼儿参与水拓丝巾的兴趣**

关键提问：这是水拓丝巾，你们看到了什么？你们觉得它像什么？

**（二）幼儿了解水拓丝巾制作的方法和步骤**

1. 教师介绍制作步骤：倒入原液—打开颜料滴入原液中（每种颜色大概4—5滴，前面一种颜色完全散开后再滴其他颜色）—用工具梳一梳颜料，梳出图案—将白纸（丝巾）铺在原液上—拎起白纸（丝巾）晾干。

2. 提出要求：梳颜料时请慢慢梳，保持画面干净。

**（三）幼儿制作水拓丝巾**

1. 选择颜料和工具进行水拓丝巾的制作。（见图1-3-21）

2. 展示水拓丝巾作品，并且给作品取名。（见图1-3-22）

关键问题：你的水拓作品看起来像什么？你想给它取个什么名字？

图1-3-21　幼儿制作水拓丝巾

①

②

③

图 1-3-22 水拓丝巾

活动延伸与环境支持

1. 在教室里呈现水拓丝巾的制作流程图。

2. 开辟制作水拓丝巾的区域，投放相关的材料，让幼儿继续体验制作水拓丝巾。

3. 将幼儿的水拓作品进行展示，引导幼儿有目的地制作水拓图案(比如可以加入丝巾布局)。

## 活动16 扎染丝巾

### ■ 活动目标

1. 了解扎染丝巾的制作方法和步骤，尝试用折叠、捆绑、滴染的方式制作扎染丝巾。

2. 愿意积极参与扎染丝巾活动，体验扎染的奇妙。

### ■ 活动准备

正方形白色方巾若干条，靛蓝染料以及棒冰棍、宽窄皮筋、夹子等捆绑工具。

### ■ 活动过程

**(一)激发制作兴趣**

师：昨天我们尝试了水拓的制作方法，今天我们换一种古代染色的方法——扎染。

**(二)幼儿了解扎染的方法和步骤**

1. 教师讲解制作步骤：把白色方巾打湿，按照一定的方式折叠—自由选择捆绑工具进行捆绑—滴染料—展开。

2. 提出注意事项：染料适当，达到渗透。

**(三)幼儿尝试扎染方巾**

关键提问:你们想怎样折叠?怎样捆绑?

幼儿折叠捆绑后,教师拍照片记录,为后面幼儿梳理经验提供支持。

①

②

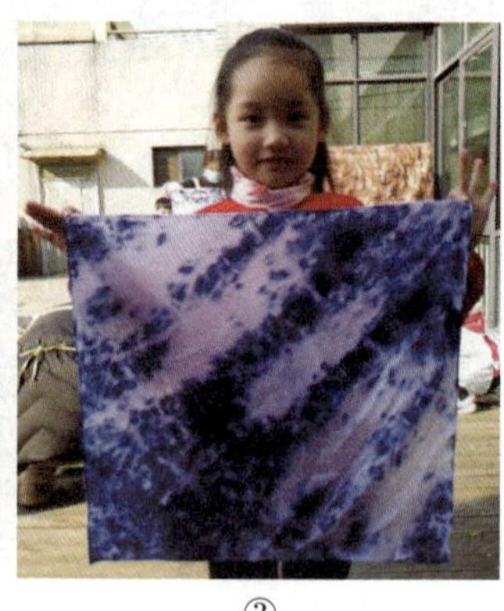
③

图 1-3-23　扎染作品

**活动延伸与环境支持**

1. 一一对应地呈现幼儿扎染作品和折叠捆绑方法的图片。(见图 1-3-23)

2. 美工区投放各种尺寸的白色丝巾及各种颜色的染料,鼓励幼儿探索不同的折叠和捆绑方式来创作不同布局、不同图案的丝巾。

## 项目成果

**(一)举办"丝巾创想"展示会**

幼儿结合丝巾课程的有关内容举办了一场"丝巾创想"展示会,向幼儿园内的幼儿、老师、园长以及远道而来参观的客人老师们展示了自己的学习成果。

1. 幼儿参与展示会的环境布置,将自己的成果用不同的形式呈现。幼儿把展示会的会场分为点赞设计作品区、入选设计作品区、扎染水拓展示区、丝巾系法展示区等。(见图 1-3-24～1-3-28)

图 1-3-24　水拓展示区

①

②

图 1-3-25　扎染展示区

图 1-3-26　丝巾系法展示区

图 1-3-27　点赞设计作品区

图 1-3-28　入选设计作品区

2. 展示会上，幼儿根据自己的展示任务进行展示。有的幼儿在活动中向老师、同伴、弟弟妹妹展示了丝巾的三种系法，现场为大家系丝巾、教授大家不同丝巾的系法，展示自己学到的系丝巾技能；有的幼儿用不同方式为大家展示了手作的水拓丝巾和扎染丝巾，还按照现场的展板介绍制作的工艺和方法；还有的幼儿带领大家欣赏、介绍自己最满意的丝巾设计作品；而入选的丝巾设计稿作者则是从颜色、边框、布局、图案寓意等方面介绍自己的作品，接受大众的投票选择。(见图 1-3-29～1-3-31)

图 1-3-29　为藏族团教师介绍丝巾设计作品

图 1-3-30　入选设计者介绍作品并拉票

图 1-3-31　为园内其他幼儿展示丝巾不同系法

**(二)进行丝巾义卖活动**

幼儿将手作的扎染丝巾在学期末的新年义卖会上进行义卖，他们将手作的丝巾通过各种各样的形式进行呈现，经过大家的努力，丝巾全部售空。最后，我们将所得全部善款捐给了山区小朋友，为社会公益事业做出了小小的贡献。(见图 1-3-32)

①

②

③

图 1-3-32　丝巾义卖现场

### (三)星河幼儿园的文化礼——暖星

最后,我们选出了《暖星》丝巾设计稿送到万事利工厂生产。小朋友们、老师们、阿姨们、园长妈妈都围上了我们设计的星河丝巾。这条《暖星》丝巾也成为我们幼儿园的文化礼。(见图1-3-33~1-3-35)

图1-3-33　丝巾包装

图1-3-34　《暖星》丝巾实物

图1-3-35　丝巾作为文化礼送给老师

**附:温乐妍设计的《暖星》丝巾的寓意**

有雪的冬天、有花的春天,有"星星"的星河幼儿园。冬去春来,我们在幼儿园里生活、游戏、成长。每个半圆里都有一个爱心,就像我们小朋友处处被爱包围着,寓意星河幼儿园是个温暖的地方。

## 项目反思

在"丝巾创想曲"的项目中,幼儿借助"丝巾"这一载体,在环境、专业人士、家长、教师的多方支持下,通过"趣玩丝巾→探秘丝巾→设计丝巾→制作丝巾"最终创作出蕴含幼儿园文化的丝巾。在这个过程中,幼儿的感受力、欣赏力、表现力与创造力等能力都得到了发展。

1. 美育环境浸润,感受丝巾之美。

环境是重要的教育资源,它潜移默化地影响幼儿的学习。在幼儿探索丝巾的过程中,我们不断地创造支持幼儿学习的环境。在活动初期,我们在环境中以不同形式展现丝巾的形态美,让幼儿在欣赏中感知丝巾的材质、尺寸与图案等。幼儿通过欣赏悬挂在墙上的丝巾,感受丝巾轻盈材质与图案美。每日一戴和今日最美的丝巾展示,又让幼儿对丝巾多了一份喜爱之情与对丝巾图案、颜色的关注。在后期的丝巾展示墙上,我们又呈现了带有典型布局和不同边框设计的丝巾,激发幼儿对丝巾设计的专业思考并培养持续的设计兴趣。不管是展现丝巾图案美的环境呈现,还是丝巾尺寸与系法的呈现,都让幼儿感知到了丝巾的多种多样、多姿多彩，激发了幼儿探索丝巾的欲望以及与之相关的学习兴趣。

2. 对话专业人士，支持幼儿创想。

“丝巾创想曲”的项目依托了幼儿园周边的万事利丝绸工厂资源，获得了万事利丝绸专业人士的支持。幼儿在与设计师的对话中，获得了丝巾设计的方法，知道了丝巾设计包含颜色、图案、布局等元素。还在与设计师的对话中，清楚地知道了自己的丝巾设计作品的“优”和需调作品的“不足”，比如设计师给予幼儿的设计建议：画面要完整、要考虑布局、可以进行边框设计、要大胆用色等等，这样幼儿就可以朝着“优”（布局寓意突出、色彩搭配和谐、画面整体完整）的方向努力。幼儿还在与万事利的讲师、生产总监等专业人士的对话中，习得丝巾的不同系法技能和丝巾生产的相关知识。隔行如隔山，专业人士的专业认知是教师所欠缺的，在他们的支持下幼儿的创想能力得到了极大的激发。

3. 家园共融互动，助力幼儿创作。

家园互动是教师与家长沟通、交流育儿信息、促进幼儿发展的重要手段。在活动初期，家长为幼儿提供丝巾实物、和幼儿一起调查丝巾的尺寸，给予幼儿探索丝巾上的支持；在活动中期，家长和幼儿一起讨论星河幼儿园的文化，鼓励幼儿用“颜色、图案、布局”等元素来设计符合幼儿园文化的丝巾图案；在活动后期，更是引导孩子不断优化自己的设计稿，在与幼儿的交流中明确幼儿的设计想法。在“丝巾创想曲”活动的行进过程中，家长与教师紧密配合，在幼儿探索丝巾时与教师一起共同促进幼儿的创作，发挥了教育的合力。

（徐湘依　官舒婷）

# 板块2 探访大学城

该板块的项目活动来自幼儿对钱塘区大学的探访。幼儿根据自己的兴趣和能力，探访大学里的人、事、物，游览各具特色的校园环境，参观各种各样的场馆建筑，与青春活力的哥哥姐姐交流，品尝五花八门的校园美食……幼儿在“调查—探索—展示”中了解钱塘区的大学，丰富各种认知，感受大学的美好。

# 项目1

## 寻“味”大学（小班）

### 项目缘起

星期一中午进餐的时候，天天看到桌上的饭菜说：“昨天，我到爸爸学校的食堂吃饭了！那里好大好大，菜好多好多呀！”小宇好奇地问：“什么是食堂？”“就是吃饭的地方！”“吃饭的地方叫饭店呀！”“我爸爸说是食堂！”同组的另外几个小朋友都说自己跟爸爸妈妈到饭店吃饭，没有到食堂吃过饭。新名词的出现很快就受到大家的关注，那我们就去探索一下大学的食堂吧。

大学食堂是美食的聚集地，在大学食堂里，孩子们可以体验食堂的点餐方式，可以品尝食堂的各色菜品，还可以在探究大学食堂的过程中学习观察、分类、比较的方法。学习用语言、艺术来表达表现自己观察到的和感受到的事物，在享受美食的过程中了解食物的多样性，在与他人的交往互动中丰富社会认知经验。

### 项目导图

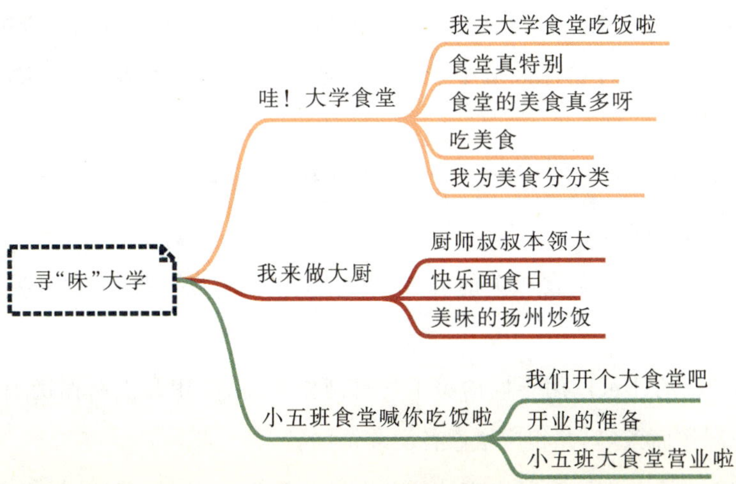


图2-1-1 “寻‘味’大学”项目导图

## 项目目标

1. 了解大学的食堂，知道它是为大学师生供应一日三餐的场所。在看看、吃吃、说说、玩玩中体验大学食堂的与众不同，感知食物的多样性。

2. 在探访大学食堂的系列活动中，看到好奇的事情能大胆提问，能用各种方式表达自己的见闻。

3. 喜欢探索大学食堂的活动，对美食感兴趣，乐意参与食堂游戏。

## 项目启动

### 一、谈话聚焦

主题开展前教师与幼儿开展了讨论，天天分享了去爸爸所在的大学食堂吃饭的经历。教师也引入话题："杨老师就是在下沙上大学的，我之前也每天在食堂吃饭。""杨老师最喜欢吃什么？""我喜欢吃糖醋里脊。""食堂和幼儿园一样有糖醋里脊！"幼儿提出了更多的问题。"那食堂还有什么好吃的呢？"在谈话中，幼儿对于探索大学食堂萌发了兴趣。

### 二、亲子探访食堂

"好想去大学食堂吃个饭呀！"带着对大学食堂的好奇和疑问，周末家长和孩子一起走进大学食堂，并拍照记录过程，亲子合作制作展板。星期一，幼儿带着展板到幼儿园分享交流探索大学食堂，体验大学美食的见闻。

### 三、环境激发

老师、幼儿、家长走进大学食堂去品尝美食，拍摄相关照片布置在班级环境里，激发幼儿的探索欲望，同时在各区域中投放与主题相关的活动材料，营造浓厚的主题活动氛围。

1. 主题墙：呈现幼儿探访大学食堂的展板和主题进行过程中的相关材料。

2. 阅读区：投放与美食相关的绘本。

3. 益智区：投放与美食相关的益智类游戏，如超市的货架（美食分类）、漂亮的果篮（点数）等。

4. 美工区：幼儿可以用不同的美工材料制作美食，如用黏土制作饼干、小甜点，用不同材质纸张制作面条等，并相应增添各类装饰物。

5. 角色区：结合主题开展丰富的幼儿角色扮演游戏，在披萨店、米奇蛋糕屋、米奇餐厅投放不同结构的游戏材料。

## 四、资源利用

1. 大学食堂：幼儿园周边众多大学汇集，方便幼儿真正走入大学食堂，亲身感受食堂氛围。

2. 食堂厨师：邀请大学食堂厨师走进幼儿园，为幼儿解答疑问，与幼儿共同制作美食。

3. 多媒体资源：在主题活动中，教师积极利用多媒体资源，引导幼儿欣赏丰富的美食图片、视频、音乐等，激发幼儿探索美食的兴趣。

## 五、问题驱动

在谈话活动后，幼儿陆陆续续提出了自己对大学食堂的疑问，教师进行了梳理：

1. 为什么叫食堂不叫饭店呢？
2. 大学食堂是怎么样的？
3. 大学食堂有哪些美食？
4. 我们都可以去大学食堂吃饭吗？谁会去食堂吃饭？
5. 大学食堂是怎么点餐的？

# 项目推进

## 一、哇！大学食堂

周末幼儿和爸爸妈妈一起走进大学食堂，通过参观食堂、在食堂就餐对大学的食堂有了初步的了解。参观之后，家长与幼儿一起制作展板。星期一，幼儿结合展板分享去大学食堂的经历，汇总关于大学食堂的各种信息，继续激发幼儿探究食堂的热情。

### 活动1　我去大学食堂吃饭啦

#### ■ 活动目标

1. 借助亲子共同制作的“我看见的大学食堂”展板，用简单的语言向同伴介绍自己的发现，能够认真倾听同伴的表达。

2. 在分享交流中感受大学食堂美食种类之丰富，激发了解食堂美食的欲望。

#### ■ 活动准备

1. 经验准备：幼儿和家长一起到大学食堂参观和进餐。

2. 材料准备：亲子合作制作的展板、幼儿讲述的流程图。

## ■ 活动过程

**(一)教师示范介绍自己探访大学食堂的发现**

师:小朋友们在周末都和爸爸妈妈一起去大学食堂吃饭了,还拍了照片(见图2-1-2),制作了展板(见图2-1-3)。杨老师和张老师也去大学食堂吃饭了,你们想知道我吃了什么吗?

1. 教师介绍自己的发现。

2. 梳理介绍展板的方法。

关键提问:杨老师先介绍了什么?再介绍了什么?

教师用图示梳理讲述流程:先讲去了哪个大学的食堂,再讲看到了什么、吃了什么,最后讲自己的感受。

**(二)幼儿分享大学食堂之旅**

1. 个别幼儿介绍自己的展板。

关键提问:你去了哪所大学的食堂?你在食堂里看到了什么?吃了什么?

2. 大家交流听到的信息。

关键提问:刚才你听到了什么?

3. 幼儿两两结对分享初探大学食堂的信息。

教师进行个别指导,引导幼儿用“我到××大学的食堂,看到了××,吃了××,我觉得××”的句式来表述。

4. 幼儿围绕大学食堂提问。

关键提问:你觉得大学食堂怎么样?你有什么想问的问题吗?

教师记录幼儿提出的问题。

图2-1-2 亲子探游大学食堂

图2-1-3 亲子制作展板

## 活动延伸与环境支持

1. 教师将幼儿的展板粘贴展出,引导幼儿在餐前、餐后等其他时间仍可向同伴介绍自己的展板。

2. 主题墙上呈现不同大学的餐厅细节照片以及食堂美食照片。

3. 创设问题墙，不断收集幼儿对大学食堂提出的新问题。



## 活动2　食堂真特别

### ■ 活动目标

1. 结合大学食堂各区域的图片，感知大学食堂的特别之处，能用自己的语言进行表达。

2. 在找找、贴贴和说说的过程中，了解大学食堂用餐规则。

### ■ 活动准备

1. 经验准备：幼儿参观过大学食堂，知道大学食堂的布局、设施。

2. 材料准备：大学食堂各个区域的图片、展板。

### ■ 活动过程

**（一）说一说食堂的特别之处**

关键提问：昨天我们分享了和爸爸妈妈一起去大学食堂吃饭的事情，笑笑跟我说“大学食堂好特别呀”，你觉得大学食堂特别在哪里呢？

教师根据幼儿的回答出示图片，引导幼儿讲述大学食堂的细节，并帮助幼儿从点餐区、用餐区和餐具收纳区中发现食堂的特别之处。

**（二）找找贴贴说说**

1. 点餐区。

关键提问：到大学食堂吃饭是需要自己排队点餐的。点餐区是怎样的呢？请你把点餐区的图片找出来，贴到展板上。（见图2-1-4）

幼儿从教师提供的图片中找出点餐区的图片后，说说：大学食堂是怎样点餐的？要说什么话？怎样付费？等等。

2. 用餐区。

关键提问：大学食堂的用餐区也很特别，哪些图片是用餐区的图片？请你把它们找出来，贴在展板上。

图2-1-4　幼儿画的“食堂点餐区”

3. 餐具收纳区。

关键提问：剩下的图片是大学食堂的什么地方？在大学食堂吃饭和饭店吃饭最大的

不同是什么？它们有什么用？

幼儿结合干净餐具收纳处图片和待清洗餐具回收处图片，交流自己取放餐具的经历。

活动延伸与环境支持

1. 把本次活动形成的三块展板呈现在主题墙上。

2. 开辟“大学食堂”角色扮演游戏区，游戏区内有点餐区、用餐区和餐具收纳区，供幼儿模拟游戏。





## 活动3　食堂的美食真多呀

### ■ 活动目标

1. 学习用“我吃了××、××，还有××”的句式来讲述自己在大学食堂吃过的食物。

2. 能够认真倾听同伴的发言，并对同伴的表述做出相应的反馈。

### ■ 活动准备

1. 经验准备：吃过大学食堂里的食物，知道一些食物名称。

2. 材料准备：大学食堂菜品的视频，各种食物的大图片和小图卡，一次性纸盘。

### ■ 活动过程

**（一）看视频，唤起回忆**

1. 播放大学食堂菜品的视频。

2. 关键提问：你看到了什么？你觉得这是哪里？

**（二）幼儿回忆自己去大学食堂吃过的东西**

1. 教师示范用“我吃了××、××，还有××”的句式讲述自己在大学食堂里吃了什么。

2. 幼儿用“我吃了××、××，还有××”的句式来讲述自己在大学食堂的见闻。

关键提问：你和爸爸妈妈到大学食堂吃了什么？你能不能用老师的方法来说一说？

**（三）玩“食堂点菜”游戏**

1. 介绍游戏规则。

师：大学食堂里的美食真多呀，你们想不想再到食堂吃饭？接下去，我们来玩“食堂点菜”的游戏。老师当食堂的打菜师傅，请小朋友来点菜。你们要说清楚“我想吃××、××，还有××”。你说清楚，我就把菜打给你。点菜的时候要自己拿上餐盘，排队等候点菜哦。

2. 两位老师和保育员系上围裙变身食堂师傅与幼儿游戏。

在教室里设置3个点菜窗口，幼儿自选窗口，排队点菜。

在游戏中教师主动向幼儿提问：你想吃什么？引导幼儿仔细观察菜品图片，大胆表达“我想吃××、××，还有××”。

3. 点到菜的幼儿拿着装满“美食”的餐盘和同伴围坐一起，交流自己选择的美食。

**活动延伸与环境支持**

1. “大学食堂”角色区投放本次活动用过的食物图片和餐盘，供幼儿延续点餐游戏。

2. 图书区投放关于食物的图书，激发幼儿描述食物、尝试吃不同类型食物、动手制作食物的兴趣。

## 活动4　吃美食

### ■ 活动目标

1. 能够跟着音乐律动，用肢体动作来表现吃美食的过程。

2. 在音乐中感受吃美食的快乐心情。

### ■ 活动准备

1. 经验准备：有过吃各种食物的经验。

2. 材料准备：改编过的《吃苹果》音乐、图谱、美食图片（炒饭、面条、芒果、橙汁）。

### ■ 活动过程

**（一）回顾昨天的活动**

关键提问①：昨天我们说了自己在大学食堂里吃过的美食，还玩了点餐游戏，谁能说说自己点了哪些美食？

关键提问②：拿到美食后你会怎么做？（看一看、闻一闻、尝一尝）

**（二）音乐律动“吃美食”**

师：去大学食堂吃饭好开心，我们一起听着音乐去吃饭吧！

1. 播放音乐两次后，交流听音乐的感受。

关键提问：你觉得音乐里发生了什么事情？

教师根据幼儿的回答用图标和肢体动作来表征音乐内容。

2. 再次听音乐，尝试用动作表达。

关键提问：你点菜成功，拿着美食会做些什么动作呢？你可以跟着这段音乐来做一做。

3. 教师和幼儿一起律动。

4. 请动作有创意的幼儿来做一做、说一说，其他幼儿学一学。

5. 幼儿听音乐再次律动2次。

**（三）畅想再次去大学食堂吃饭的情景**

关键提问：大学食堂里好吃的东西太多啦。下次你再去的时候想吃什么呢？你想和谁一起去？

## 活动延伸与环境支持

1. “吃美食”的音乐成为班级的背景音乐，在自主游戏、餐前、放学前等时段循环播放，鼓励幼儿自由创意的肢体表达。

2. 将食物图谱展示在主题墙上，供幼儿参考。

3. 鼓励幼儿与同伴、家长一起约饭大学食堂，再次进行实地的沉浸式体验。

# 活动5　我为美食分分类

## ■ 活动目标

1. 能够细致观察图片中的食物，尝试对不同种类的食物进行分类，能简单描述分类理由。

2. 在给美食分类的过程中获得成就感。

## ■ 活动准备

1. 经验准备：吃过各种不同种类的食物。

2. 材料准备：音乐《吃美食》，大学食堂的面食类、炒菜类、甜品类三类档口的展板，三类食物的卡片若干。

## ■ 活动过程

**(一)律动“吃美食”，交流自己最喜欢吃的食物**

1. 放音乐，教师与幼儿共同律动“吃美食”。

2. 请动作能跟上节奏、有创意的幼儿表演，并且表达吃美食的心情。

**(二)探索美食分类方法**

1. 交流自己喜欢吃的食物。

关键提问：大学食堂里的美食可多了，你最喜欢吃什么呢？

教师根据幼儿的回答给美食归类。例如幼儿回答最喜欢吃馄饨，教师回应“看来你喜欢吃面食类的美食”。

2. 教师出示制作好的大学食堂售卖不同种类食物的档口，请幼儿说说这里卖什么。

关键提问：大学食堂的点餐区有各种类别的美食，大家猜猜这几个档口分别是卖什么的。

3. 幼儿猜一猜，并说说理由。

关键提问：为什么你觉得这里是卖××的？

图2-1-5　幼儿为美食分类图

教师根据幼儿的回答梳理分类的策略：看展板上面的图片就能知道这里是卖什么的。（见图2-1-5）

**（三）游戏“我是上菜小师傅”**

1. 交代游戏规则：先想好自己要做哪类档口的上菜师傅，再把桌子上属于这一档口的食物找出来，贴到展板上。

2. 幼儿自由寻找并张贴属于自己档口的美食图片。

关键提问：你是哪个档口的上菜师傅？哪些食物是你张贴的？

3. “食堂管理员”检验“上菜”情况。

请3个幼儿扮演“管理员”，分别检查面食类、炒菜类和甜品类展板上食物的分类是否合理。对于有争议的地方，大家一起讨论识别，并调整食物图片位置。

4. “食客”点餐“吃饭”。

3个幼儿扮演打菜师傅，其他幼儿扮演“大学生”排队点餐。

**活动延伸与环境支持**

1. 把本次活动的教具投放到“大学食堂”角色区，再增添一些不同类别的美食图片或仿真实物，如水果、甜点等。

2. 在“大学食堂”开设甜品区、零食区、水果区、炒菜区、面食区等，支持幼儿在不同的美食区游戏中继续积累食物分类的经验。

3. 请家长和幼儿在家吃饭时也进行食物分类游戏，丰富幼儿的认知。

## 二、我来做大厨

通过上一阶段对大学食堂相关信息的梳理，幼儿对大学食堂的布局、点菜方式、就餐方式、美食种类等内容都有了一些了解。于是，我们邀请大学食堂厨师走进小五班，和幼儿面对面交流，让他们了解食堂工作人员的工作内容，观看厨师制作食物的过程，品尝厨师制作的美食，从而激发他们亲手制作美食的兴趣。

### 活动6　厨师叔叔本领大

#### ■ 活动目标

1. 乐意与厨师叔叔交谈，大胆提出自己关于大学食堂的疑问，并认真倾听厨师的回答。

2. 仔细观看厨师展示厨艺，能大声表达自己的敬佩之情，对制作美食充满期待。

## 活动准备

1. 经验准备：知道大学食堂里有很多厨师在工作。

2. 材料准备：事先约好厨师，请他准备好展示厨艺的工具和食材；教师事先帮助幼儿梳理问题。

## 活动过程

**（一）介绍活动**

师：今天邀请了一位大学食堂的厨师叔叔来到小五班。你们有哪些想要了解的大学食堂问题，都可以向他提问哦。

**（二）对话交流**

1. 厨师叔叔自我介绍，播放厨师在工作的场景视频。

2. 幼儿向厨师提问。（见图 2-1-6）

幼儿问题①：你会做什么食物？你想做什么菜就可以做什么菜吗？

幼儿问题②：你每天要工作多久？除了做饭，你每天还要做哪些工作？

幼儿问题③：食堂里的师傅都是烧菜的吗？

幼儿问题④：大家去食堂最喜欢点什么菜？

幼儿问题⑤：为什么大学里会有那么多不一样的美食种类？

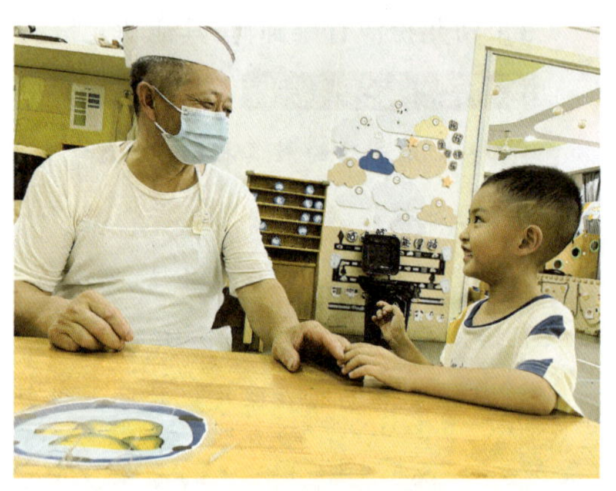

图 2-1-6　幼儿采访厨师

在幼儿与厨师的对话过程中，教师记录对话内容。

**（三）厨师展示厨艺**

1. 厨师展示刀工（切萝卜丝、雕刻花朵等）、摆盘、做面点等专业技能。

2. 幼儿围绕厨师的专业技能进行提问交流。

3. 大家品尝厨师做的面点。

## 延伸活动及环境支持

1. 呈现幼儿提出的问题和厨师的答案。

2. 展示厨师介绍的关于食堂人员分工、食堂各个工作间等内容的图示或照片。

## 活动7 快乐面食日

### ■ 活动目标

1. 认识各种各样的面食，知道面食主要是由面粉制作而成的。

2. 尝试运用揉、搓、压、捏等动作技巧来制作饺子、包子、葱油饼和面条等面食。

3. 在制作和品尝面食的过程中，感受面食的多样性。

### ■ 活动准备

1. 经验准备：在大学食堂参观过面食档口，吃过各种各样的面食。

2. 材料准备：制作面食的各种材料、擀面杖若干、邀请会做面食的家长来班里助教。

### ■ 活动过程

**(一)回顾过往经验，共同聚焦面食**

关键提问：你在大学食堂或者家里吃过面食吗？你喜欢吃哪种面食？

教师根据幼儿的回答出示相应的图片（面条、饺子、馄饨、包子、饼等），归纳面食的共同特征：都是小麦粉（面粉）制作的食物。

**(二)制作面食**

1. 教师介绍要制作的面食以及分组制作的任务。

师：今天我们邀请到了小朋友的爸爸妈妈和爷爷奶奶来教我们一起做美味的面食。他们会做包子、饺子、馄饨、面条和葱油饼，你想学做哪一样呢？（一边说，一边展示面食的样品）

2. 幼儿根据自己的喜好选择学做的面食，进入不同的小组。

图2-1-7　幼儿在做面条

3. 家长为指导师，幼儿分组学做面食。（见图2-1-7）

**(三)共同品尝面食**

1. 各组把制作好的食物放到“面食展示区”。

2. 幼儿自由选择品尝制作的面食。

3. 交流制作及品尝各种面食的感受。

关键提问①：你做了哪种面食？有没有制作成功？

关键提问②：你品尝了哪几种面食？味道怎样？最喜欢哪种面食？

图2-1-8　幼儿在做面条





活动延伸与环境支持

1. 餐后活动组织幼儿观看厨师制作面食和自己制作面食的视频，回忆自己制作美食的过程，加深快乐体验，激发继续动手实践的兴趣。（见图2-1-8）

2. 在“大学食堂”的面食区投放面粉、擀面杖、盐、硅胶垫、碗等材料，供幼儿继续探索做面食。

3. 和幼儿讨论还想学做哪些美食。

## 活动8　美味的扬州炒饭

### ■ 活动目标

1. 了解做扬州炒饭所需要的食材配料和炒饭流程，乐意动手参与准备食材。

2. 在活动中能观察、倾听同伴的言行，体验团队合作制作与分享美食的乐趣。

### ■ 活动准备

1. 经验准备：吃过扬州炒饭。

2. 材料准备：制作扬州炒饭的配料调查表，扬州炒饭的食材（没有加工过的玉米粒、火腿肠、米饭、豌豆、鸡蛋、虾仁），扬州炒饭图片。

### ■ 活动过程

**（一）前期调查**

关键提问：昨天军军说大学食堂里的扬州炒饭很好吃，于是很多小朋友都想学做扬州炒饭。你们回家有没有调查过扬州炒饭怎么做。

幼儿结合调查表，汇报自己的调查结果。教师用气泡图记录食材配料，用流程图记录制作流程。

（二）加工扬州炒饭的食材

1. 出示扬州炒饭的各种食材，大家一起聊一聊。

关键提问：你认识它们吗？它叫什么？你以前有没有吃过？

教师引导幼儿用完整的语言表述。（见图 2-1-9）

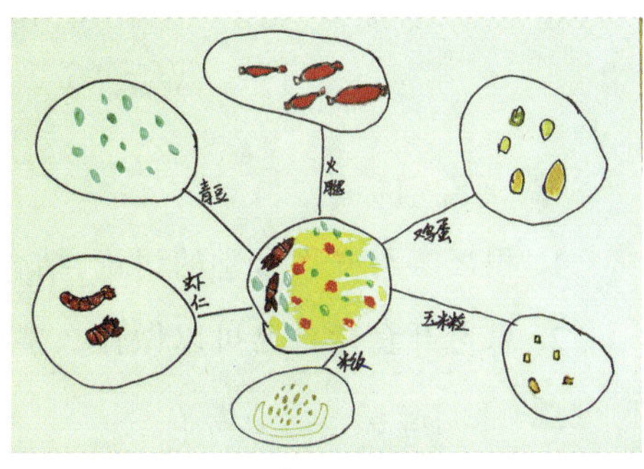


图 2-1-9　幼儿表征的“扬州炒饭的食材”

2. 讨论怎么加工这些食材。

关键提问：老师准备的食材可以直接下锅炒吗？

幼儿根据自己的生活经验介绍加工食材的方法：胡萝卜、火腿肠切丁，鸡蛋打散，青豆、虾仁剥出来，米蒸成饭。

3. 幼儿分组加工食材。

幼儿自主选择可以承担的工作，教师和保育员协助。（见图 2-1-10）

图 2-1-10　幼儿为制作炒饭剥青豆

（三）保育员当大厨制作扬州炒饭

1. 教师和幼儿结合流程图共同讲解炒饭流程，保育员操作。

2. 大家一起品尝扬州炒饭。

活动延伸与环境支持

1. 幼儿回家和家长交流制作炒饭的感受，在家里做一次炒饭。

2. 把本次活动形成的照片、思维导图等呈现在主题墙上，延续幼儿的学习习惯。

3. 在美工区投放相关材料，让幼儿在游戏中制作“扬州炒饭”。

4. 教师与幼儿交流接下来想探究的事情。

## 二、小五班食堂喊你吃饭啦

幼儿亲手制作美食后，对制作美食的兴趣愈发浓厚了。他们提出在小五班开一个大食堂，每个人都有“工作”。于是，我们就开始了“开大食堂”的活动。大家一起把教室的各个游戏区改造成大食堂的不同档口，幼儿为改造出自己喜欢的档口贡献智慧和力量。这一阶段的活动是低结构的、游戏化的，每个幼儿都做着不同的事情，教师提供一对一的互动支持。

## 活动9　我们开个大食堂吧

### ■ 活动目标

1. 积极参与开大食堂的讨论，结合参访大学食堂的经验，大胆表达自己的想法。

2. 思考开食堂自己可以做什么事情，并用简单的图画表征。

### ■ 活动准备

1. 经验准备：对大学食堂的结构布局有一些了解。

2. 材料准备：大学食堂的照片、白纸、水彩笔。

### ■ 活动过程

**（一）讨论“怎么开大食堂”**

师：昨天豆丁说教室里的“大学食堂”太小了，不能让很多小朋友一起进去玩，问可不可以把食堂变得很大。大家觉得可以把食堂变得很大吗？

1. 讨论大食堂的布局。

关键提问：如果把整个教室变成食堂，我们可以怎么做？哪里做就餐区？哪里做面点区、甜品区、炒菜区、饮品区、水果区？

教师记录幼儿的想法。

2. 讨论开大食堂的分工。

关键提问：你想到哪个区工作？你可以做什么？

**（二）幼儿思考并表述自己的工作**

关键提问：开大食堂时每个人都需要工作。请你认真想一想你能做什么事情，请你画下来，然后讲给老师听。

幼儿结合自己的绘画（见图2-1-11）表征讲述自己的想法，教师记录关键信息。

### 活动延伸与环境支持

1. 把想在同一区域工作的幼儿召集到区域里，倾听他们讲述“想做什么”，记录他们各自承担的任务，引导他们根据所在区域的需要去收集、制作相关的材料。

2. 在教室开辟材料区，供所有幼儿选取开食堂的材料。

3. 幼儿回家听取家长的建议，并和家长一起收集开食堂的材料。

图2-1-11 幼儿画的“小五班食堂”



## 项目成果

### 小五班大食堂营业啦

**(一)大食堂开业准备**

在大食堂准备开业阶段,幼儿也积极参与其中。开业准备主要分为环境创设、材料投放和角色分工三块。

1. 环境创设。前期我们已经讨论确定了小五班食堂的布局,教师把教室原有的游戏空间进行重新划分,划分成面点区、甜品区、炒菜区、饮品区、水果区,并在这些区域悬挂标志性的牌子。

2. 材料投放。我们积极号召家长参与进来,请幼儿和家长一起收集可利用的材料,如塑料瓶、饮料罐、食品盒、奶茶杯、厨具餐具、仿真蔬菜水果等,并请幼儿分类投放。同时教师投放大量的低结构材料供幼儿自由选择进行游戏。

3. 角色分工。教师通过组织幼儿进行集体讨论、小组讨论、个别谈话等方式,了解并记录幼儿的想法,想要担任的角色并以此在食堂投放角色材料,如厨师服、厨师帽、围裙等。教师还设计了游戏表,让幼儿能记录自己的游戏创想以及游戏后的感受。

**(二)大家来大食堂吃饭**

小五班大食堂正式营业了!(见图2-1-12)幼儿根据自己的游戏创想,尽情投入游戏当中。在食堂营业一段时间后,幼儿对于角色分工、游戏情节、材料整理等都有了更深的感知,于是,我们开始邀请其他班级的幼儿来小五班食堂“吃饭”。在游戏中,幼儿不知不觉就把探究大学食堂学到的经验运用起来了。“要排队点餐,不要着急!”“你想吃点什么?”“我们是要刷卡的,在这里刷卡!一共5元!”语言表达、人际交往、动作练习、社会规则、数理思维等能力都可以在游戏中得到培养和提升。

图 2-1-12　幼儿进行小五班食堂游戏

**（三）我是食堂好员工**

“大食堂”营业结束，我们就开展“我是食堂好员工”评价活动。每个档口有一块评价板，上面用图符呈现“有礼貌”“甜嘴巴”“会整理”“动脑筋”四个维度的内容和该档口小朋友的照片。每个档口的幼儿可以给自己贴一朵小红花，说说要把小红花贴在哪个维度，为什么要用小红花夸一夸自己？还要给同伴送一朵小红花，说说送给谁，他哪里值得夸？在游戏后的自评和他评中，幼儿反思自己的游戏过程，也向同伴学习好的经验。

## 项目反思

一场大学的寻“味”之旅，让小班幼儿走出小小的幼儿园，看到大大的大学里的特别之处。他们在探访大学食堂的经历中，收获的不仅仅是寻美食、品美食、做美食的快乐体验，还有将食堂游戏搬进自己教室的成就感，更是激发了探索身边事物的兴趣。

1. 喜欢的事情促发投入。

小小伢儿要走进大学，什么是最吸引他们的呢？必然是“美食”。和爸爸妈妈一起走进大学食堂，看看大学食堂长什么样，点自己想吃的食物品尝，和同伴一起亲手制作美食，还在自己的教室里玩食堂游戏……这一趟“美味”的探索旅程深深吸引着幼儿。小班幼儿处于具体形象思维阶段，因此我们更注重活动的趣味性，活动组织更低结构，实践和游戏成为最主要的活动形式，幼儿在真实场景中丰富感官体验，在游戏活动中总结经验。

2. 个性的互动支持表达。

在幼儿探究过程中，我们认真倾听观察幼儿言行，细致分析自己与幼儿互动是否适宜，并不断调整优化互动形式，努力促进幼儿在语言发展、社交技能、情感发展、认知发展、动手能力等方面的提升。例如，幼儿在亲子探访大学食堂后的集体交流中无法完整、连贯地表达自己的想法，且思维缺乏逻辑性，所以教师用“我吃过的美食有××、××，还有××”的句式支持幼儿的表达。再如，在食堂游戏中，小班幼儿基本处于平行游戏状态，教师积极扮演顾客角色垂直介入游戏中，与幼儿产生语言、动作上的互动，引导幼儿互相合作完成游戏，丰富游戏语言和游戏情节。

3. 紧密的协作提质学习。

家园协作是幼儿高质量学习的重要支柱。教师要用各种沟通渠道，让家长及时了解幼儿学习的进展情况，并清楚告知家长应怎样帮助幼儿学习。例如，项目前期和项目中期的两次亲子探访大学食堂，教师以书面形式告知家长具体的要求，家长才能带着幼儿进行有目的地探访，获取有用的信息。在探索学习做面食的活动中，多位家长来助教，开展小组化的生活实践活动，让每一个幼儿都能得到手把手的帮助。还有，在活动过程中的亲子对话讨论、亲子制作展板、亲子调查、家庭收集游戏材料等环节，家长的参与有效提高了幼儿的学习质量。

（杨　岫　徐　倩）

# 项目2

## 大学的场馆（中班）



### 项目缘起

《指南》提出，幼儿园应与家庭、社区密切合作，综合利用各种教育资源，共同为幼儿的发展创造良好的条件。课程资源对幼儿园项目活动的开发具有重要价值。星河幼儿园地处杭州钱塘区“大学城”，孩子们生活在其中，走进大学城的机会比较多。从日常谈话交流中，我们发现孩子们对大学城的体育馆、图书馆、博物馆等一些场馆比较感兴趣，但又了解得不深入。钱塘区各大学不但蕴涵着丰富的教育资源，而且贴近幼儿的生活，能满足他们探索周围环境的需要，并在探索过程中获得新的有益经验。因此我们追随幼儿的兴趣，充分考虑幼儿的学习方式和特点，围绕大学里的各个场馆开展了一系列探究活动。

### 项目导图

“大学的场馆”探究活动以“集体感知—分组探究—自我表达—成果展示”为线索展开，并在活动过程中进行阶段式评价和回顾式评价，追随幼儿的兴趣，满足幼儿发展的需求。

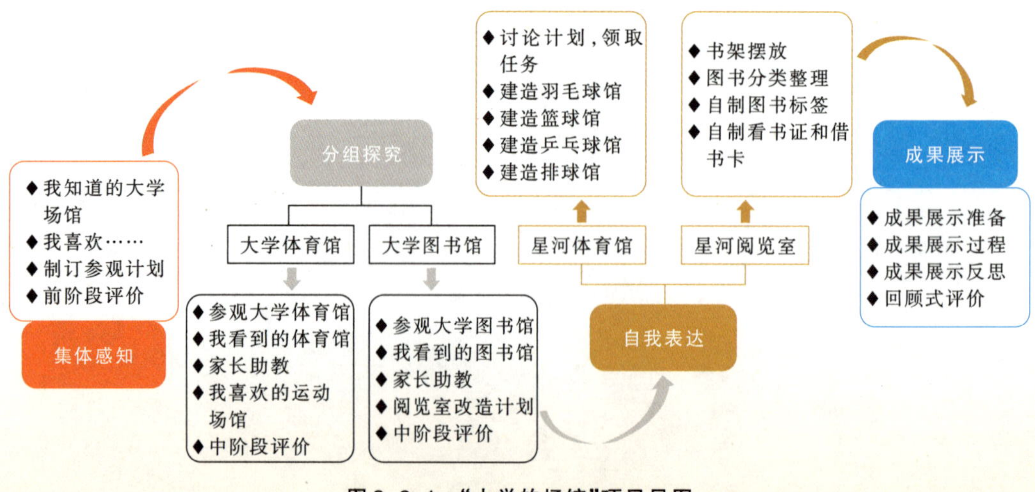

图2-2-1 “大学的场馆”项目导图

## 项目目标

1. 能积极探究大学里某一个感兴趣的事物，并能以多种方式呈现自己的探究发现。

2. 尝试有计划地探究事物，在探究中认真观察记录、耐心倾听、积极表达。

3. 感受和同伴一起合作的乐趣，体验探究发现和动手建造带来的成就感。

## 项目启动

### 一、谈话聚焦

活动开启前，教师和孩子们围绕“大学城”进行了讨论：“你们去过大学校园里吗？大学里有什么，是怎么样的？”“我去过浙江理工大学，和妈妈去的，图书馆里有好多书。”“我也去过，我和爸爸还在那里打了羽毛球。”……生活在杭州钱塘区的孩子对大学校园都有直接或间接的体验，谈起“大学”就争先恐后地议论开了，其中大学里的各个场馆是孩子们谈论最多、最感兴趣的。

### 二、亲子探场馆

请孩子和家长利用双休日一起实地参观、游览钱塘区的大学。亲子游前教师提出了一些问题，让孩子们带着问题参观大学的各个场馆。在参观过程中，请家长引导孩子关注大学里各个场馆的设施设备、环境布置等，并鼓励孩子做简单的记录。同时请家长和孩子把参观大学场馆的照片制作成展板，便于孩子向老师和同伴介绍自己的发现和感想。

### 三、环境激发

1. 各区域投放有关大学场馆的各种材料(各类建构、美工材料，大学场馆图片等)。

2. 师幼共同收集与大学场馆相关的绘本或图片、影像资源。

### 四、资源利用

1. 幼儿园附近有很多大学，请家长周末策划“亲子探场馆”活动，带孩子走进钱塘区各所大学的场馆，开启孩子们对大学场馆的探究之旅。

2. 根据幼儿探究大学场馆的情况，联系在大学工作的家长，邀请来园进行家长助教，使幼儿进一步了解大学里的各个场馆。

### 五、问题驱动

1. 你参观了哪些大学？大学里有什么？

2. 大学里有哪些场馆？

3. 你最喜欢大学的哪个场馆？它是怎么样的？

4. 你在参观过程中有什么发现和想法？

## 项目推进

### 一、大学有哪些场馆

经过集体的非正式谈话和亲子探场馆后，幼儿对大学场馆有了初步的感知。大学里有哪些场馆呢？幼儿喜欢哪些场馆呢？基于幼儿已有的经验，我们组织了集体的分享交流，通过归纳梳理发现大学场馆的多样性。



### 活动1 我知道的大学场馆

#### 活动目标

1. 能较清楚地介绍自己去参观了哪些大学，大学里有哪些场馆。
2. 体验和同伴交流表达的快乐，激发对大学场馆的探究兴趣。

#### 活动准备

1. 经验准备：幼儿和家长一起参观过大学场馆。
2. 材料准备：把参观照片制作成展板。

#### 活动过程

**（一）我知道的大学场馆**

1. 请幼儿结合照片或展板介绍自己参观了哪所大学，大学里有哪些场馆？有什么发现？

2. 一名幼儿介绍完后，其他幼儿表达自己的想法（提问、讨论、补充等）。

**（二）重点讨论：大学里有哪些场馆，是怎么样的**

1. 教师以图文形式梳理幼儿介绍过的大学场馆，归纳统计大学的场馆种类。

2. 组织幼儿初步讨论大学里的这些场馆是怎么样的。（鼓励幼儿大胆表达想法）

#### 活动延伸与环境支持

1. 创设“大学的场馆”问题墙（见图2-2-2），鼓励幼儿大胆提出想法和问题。
2. 主题墙展示大学场馆的统计情况和思维导图（见图2-2-3）。

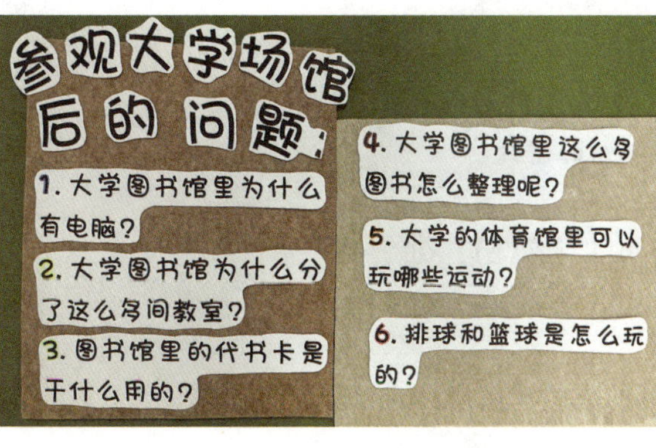

图 2-2-2 “大学的场馆”问题墙

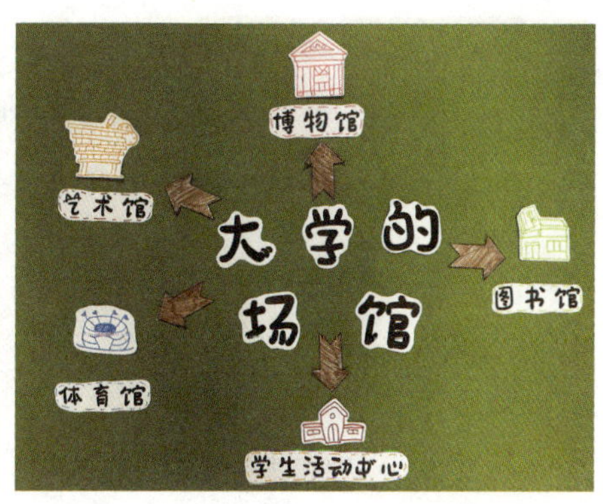


图 2-2-3 “大学的场馆”种类思维导图



## 活动2 我喜欢……

### ■ 活动目标

1. 能清楚地说出自己最喜欢大学的哪个场馆，并说明理由。

2. 通过投票的方式选出自己最感兴趣的大学场馆。

### ■ 活动准备

统计表、贴纸若干。

### ■ 活动过程

**（一）谈话引题**

师：小朋友们都去参观了大学校园，发现大学里有一些好玩的场馆。那么，你对哪个场馆最感兴趣呢？

**（二）集体讨论**

1. 根据幼儿的回答，以图画的形式在表格里列出大学里各个感兴趣的场馆。

2. 讨论这些场馆是怎样的，有什么用处等。

**（三）选出最喜欢的场馆**

1. 投票：请幼儿根据自己的想法把贴纸粘贴到相应的图表空格里，并说说为什么最喜欢这个场馆。（见图 2-2-4）

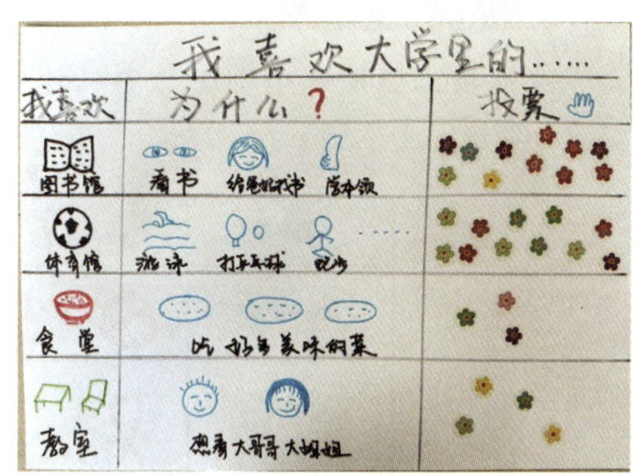


图 2-2-4 “最喜欢的大学场馆”统计

2. 统计出得票最高的2—3个场馆。

3. 按照投票的人数进行分组，为接下来的小组参观做准备。

活动延伸与环境支持

1. 展示投票统计结果，引导幼儿相互说说自己感兴趣的大学场馆。

2. 主题墙上张贴幼儿感兴趣的大学场馆的图片。

## 活动3　制订参观计划

### ■ 活动目标

1. 小组合作制订参观计划，能用画画的方式清楚表达自己小组的计划。

2. 能与同伴友好协商，对参观大学场馆充满期盼。

### ■ 活动准备

参观计划表。

### ■ 活动过程

**(一)谈话引题**

师：昨天小朋友们对大学里最感兴趣的场馆进行了投票，投票较多的是“体育馆”和“图书馆”，那我们就去参观大学的这两个场馆。

**(二)确定小组参观成员**

1. 请幼儿选一个自己感兴趣的场馆(体育馆或图书馆)，并自由组合4—5人一组。

2. 根据幼儿自由分组情况(体育馆3组，图书馆3组)，请每组幼儿选出小组长。

**(三)分组制订参观计划**

1. 请各组成员一起讨论、制定自己组的参观计划，由组长负责记录计划表。

2. 小组之间分享参观计划，为参观做准备。

活动延伸与环境支持

主题墙上张贴每个小组的参观计划表(见图2-2-5)，供幼儿相互观看和讨论。

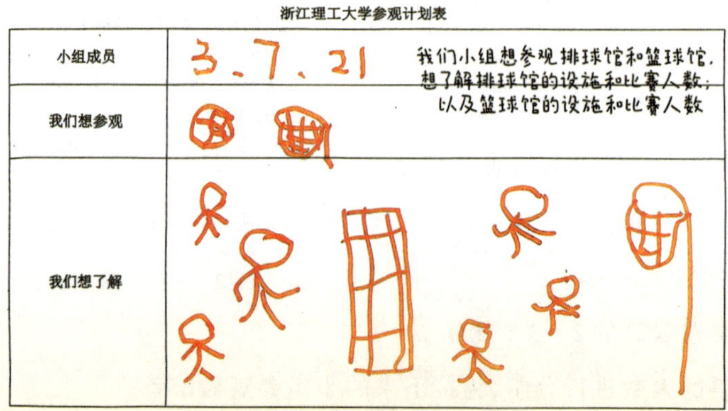

浙江理工大学参观计划表

| 小组成员 | 3、7、21　我们小组想参观排球馆和篮球馆，想了解排球馆的设施和比赛人数，以及篮球馆的设施和比赛人数 |
|---|---|
| 我们想参观 | |
| 我们想了解 | |

图2-2-5　某小组的参观计划表

二、探究我喜欢的场馆

在集体感知后，班级幼儿分为A组和B组，分别围绕“大学体育馆”和“大学图书馆”开始了分组探究活动，两位教师各自带领一组幼儿同时展开探究。虽然探究的场馆不同，但是探究过程和方式是类似的。因此，本案例主要呈现A组（探究大学体育馆组）的具体活动内容，B组（探究大学图书馆组）不再赘述。

## 活动4　参观大学体育馆

### ■ 活动目标

1. 能用观察、倾听、提问等方式去探索，并用画画的方式记录自己的参观发现。

2. 能有秩序地参观访问，大胆地与场馆内的大学师生互动，对体育馆产生探究的兴趣。

### ■ 活动准备

1. 人员准备：事先联系大学和接待的老师。

2. 材料准备：幼儿准备问题单，参观体育馆的记录表。

### ■ 活动过程

**（一）提出任务**

1. 出示参观记录表，讨论表格中的填写内容。

2. 请幼儿带着记录表有目的地观察大学体育馆，当个文明的参观者。

**（二）参观浙江理工大学体育馆**

1. 幼儿5人一组自由参观体育馆的各个运动场馆，聆听体育馆老师的讲解。

2. 幼儿向体育馆老师提问。

**（三）回班级做参观记录**

1. 每个小组填写自己的参观记录表，以绘画的形式记录自己了解到的内容。

2. 小组进行分享交流。

### 活动延伸与环境支持

1. 记录幼儿提出的问题，呈现在问题墙上。

2. 鼓励家长带幼儿去大学的体育馆开展体育活动，增进幼儿的切身体验。

3. 鼓励幼儿和同伴分享、交流参观大学体育馆的感受。

4. 主题墙呈现幼儿参观体育馆的照片。(见图 2-2-6)

图 2-2-6　参观浙江理工大学体育馆

## 活动 5　我看到的体育馆

### ■ 活动目标

1. 借助记录表和照片,较为清楚地表达自己参观体育馆的发现,也能够认真倾听别人的表达。

2. 通过参观后的交流,幼儿对体育馆有更多的了解,对探索体育馆有更浓厚的兴趣。

### ■ 活动准备

参观体育馆的视频、参观记录表。

### ■ 活动过程

**(一)看参观体育馆的视频,唤起兴趣**

关键提问:我们去参观了浙江理工大学的体育馆,你的心情怎么样?你喜欢大学的体育馆吗?

**(二)幼儿结合参观记录表讲述探究发现**

1. 关键提问:你看到体育馆里有什么?它是怎样的?你可以看着记录表来说。

教师根据幼儿的讲述出示相应运动场馆的照片,使倾听的幼儿有更直观的感受。

2. 用思维导图梳理体育馆里的各个场馆。(见图 2-2-7)

图 2-2-7　大学体育馆思维导图

关键提问：刚刚小朋友们说到大体育馆里有好几个运动馆，都有哪些呢？

教师根据幼儿的回答画出思维导图。

3. 根据运动馆思维导图说一说这些运动场馆里有些什么东西。

**（三）发散性讨论**

关键提问：浙江理工大学体育馆里有篮球馆、排球馆、羽毛球馆和乒乓球馆，你们有没有到这些馆里玩过？你们还想了解体育馆里的哪些东西呢？

教师记录幼儿提出的问题。

**（四）预告明天的活动**

师：明天澄澄爸爸会来幼儿园跟小朋友们仔细讲一讲大学里的体育馆情况，你们可以向澄澄爸爸提问哦！

**活动延伸与环境支持**

1. 在主题墙展示梳理体育馆信息的思维导图和幼儿的观察记录表。

2. 回家和家长讨论与运动场馆相关的事情，继续收集问题。

3. 自主游戏时间，鼓励幼儿用绘画、制作、建构等方式表达对大学体育场馆的理解。

## 活动6　家长助教——好玩的体育馆

### ■ 活动目标

1. 邀请在大学里工作的家长详细介绍体育馆的各个运动场馆，进一步了解各场馆的基本要素。

2. 能仔细倾听，并大胆提出自己的想法。

### ■ 活动准备

大学体育馆PPT，排球、篮球、乒乓球等运动器械。

### ■ 活动过程

**（一）出示PPT引题**

1. 回顾参观的经历：这是什么地方？里面是怎样的？

2. 你们知道这些运动场馆里的运动是怎么玩的吗？

**（二）家长介绍各运动场馆及各项运动的玩法**

1. 篮球馆：结合PPT介绍馆内有哪些运动设施。结合视频及实物篮球，观看并讨论篮球的玩法，如每队有几人参加，怎样算赢球得分，等等。

2. 排球馆：结合PPT介绍馆内有哪些运动设施。结合视频及实物排球，观看并讨论排球的玩法。

3. 羽毛球馆：结合PPT介绍馆内有哪些运动设施。结合视频及实物羽毛球拍和球，观看并讨论羽毛球的玩法。对比网球拍和羽毛球拍的不同之处。

4. 乒乓球馆：结合PPT介绍馆内有哪些运动设施。结合视频及实物乒乓球拍和球，观看并讨论乒乓球的玩法。

图2-2-8为家长助教图，图2-2-9为幼儿参观大学体育馆后思考的问题。

图2-2-8 家长助教

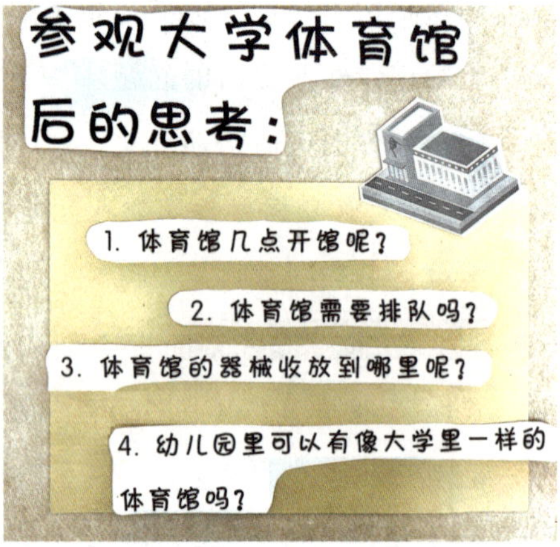

参观大学体育馆后的思考：
1. 体育馆几点开馆呢？
2. 体育馆需要排队吗？
3. 体育馆的器械收放到哪里呢？
4. 幼儿园里可以有像大学里一样的体育馆吗？

图2-2-9 参观体育馆"问题墙"

**（三）教师小结**

1. 小朋友们对体育馆里的各个运动场馆是不是知道得更多更清楚啦？

2. 你最喜欢哪个运动场馆和哪种运动，你能说给大家听听吗？（为接下来的运动场馆介绍做准备）

**活动延伸与环境支持**

1. 班级投放排球、篮球、乒乓球等相应的运动器材，让幼儿玩起来。

2. 在区域内投放大学体育馆的图片或照片。

## 活动7 我喜欢的运动场馆

### ■ 活动目标

1. 能有序介绍自己喜欢的运动场馆，讲述运动场馆的各个基本要素。

2. 能认真倾听同伴的介绍，体验活动带来的乐趣。

### ■ 活动准备

各运动场馆的照片或图片。

## ■ 活动过程

**（一）出示图片引题**

1. 这是哪里？你最喜欢哪个运动场馆？

2. 你喜欢的运动场馆里有什么东西呢？这项运动是怎么玩的？

**（二）讲述自己喜欢的运动场馆**

1. 结合照片，说说自己最喜欢的运动场馆里有哪些运动设施和器械，这项运动是怎么玩的，如需要几人参加、有什么规则等。

2. 教师根据幼儿的讲述一一出示小图片（每张小图片上画有运动场馆里的设施、器械、玩法等），帮助幼儿梳理介绍的内容。

3. 引导幼儿根据小图片再次有序有重点地介绍，如羽毛球馆，先引导幼儿讲清楚羽毛球馆里有球网、球拍和球等设施和器械，再讲清楚羽毛球可以两人玩，也可以四人玩，等等。

**（三）小结**

1. 教师根据幼儿的介绍讲述，小结每个运动场馆的设施和玩法。

2. 请幼儿回家后和爸爸妈妈一起了解各种运动的玩法和规则。

## 活动延伸与环境支持

1. 引导幼儿画一画自己喜欢的运动场馆，能画出各个基本要素，同伴间相互交流作品。（见图2-2-10）

2. 建构区投放各种材料，供幼儿自主搭建喜欢的运动场馆。

图2-2-10　我喜欢的运动场馆

## 三、改造我喜欢的场馆

经过前中期对大学场馆的一系列探究活动，幼儿萌发了建造“星河体育馆”和改造“星河阅览室”的愿望，于是A组和B组幼儿分别围绕如何建造“星河体育馆”和改造“星河阅览室”展开了热烈的讨论，并积极动手实践。虽然两组幼儿实践表达的内容不同，但是活动过程和方式类似，因此本案例主要呈现A组（建造“星河体育馆”组）的具体活动内容，B组（改造“星河阅览室”组）不再赘述。





### 活动8 建造“星河体育馆”

1. 讨论计划，领取任务。

A组幼儿们从建造哪些运动场馆、各运动场馆的要素、器械设施的材料准备、运动玩法等方面进行了梳理和计划。经过讨论，A组确定了“星河体育馆”主要建造四个运动馆，分别是排球馆、篮球馆、羽毛球馆和乒乓球馆。按照个人兴趣，A组幼儿又分成四个小组，第一小组建造羽毛球馆，第二小组建造篮球馆，第三小组建造乒乓球馆，第四小组建造排球馆，四个小组同时建造四个运动场馆。（见图2-2-11、2-2-12）

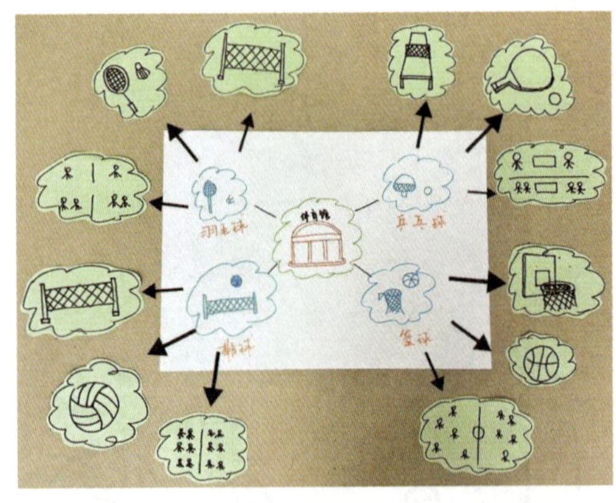

图2-2-11 建造“星河体育馆”思维导图

星河各运动馆建造人员分工表

| 场馆 | 小组成员 |
| --- | --- |
| 羽毛球馆 | 8.2.10.20 |
| 篮球馆 | 5.2.16.22 |
| 乒乓球馆 | 11.13.19.23 |
| 排球馆 | 24.3.1.4 |

图2-2-12 各运动馆建造小组人员

2. 分组实施建造计划。

建造不同运动场馆的四个小组，分别通过建造前的讨论、动手建造、发现问题、商讨解决策略、再次尝试、发现新问题、再次商讨解决等过程，最后建造成了羽毛球馆、篮球馆、乒乓球馆和排球馆四个运动场馆。图2-2-13为幼儿建造各运动场馆的流程。

四个运动场馆的建造流程相似，因此案例中只呈现第一小组羽毛球馆的建造过程，另外三个运动场馆以图片形式呈现。

图 2-2-13　各运动场馆建造流程



**第一小组：建造羽毛球馆**

（一）过程实录

建造前，大家进行了讨论。幼儿们决定制作一个羽毛球网，将黑色不干胶贴到白色泡沫纸上，再固定到两根塑料杆上（见图 2-2-14）。但是做好后的第二天，他们发现球网“散架”了，大部分黑色不干胶掉了下来，拼接成的白色泡沫纸也掉了一张。这是怎么回事呢？前一天刚制作完时可是好好的。通过讨论，幼儿们发现了两个问题：一是泡沫纸和不干胶做成的球网太重了，竿子撑不住；二是不干胶黏性不强，容易掉落。于是幼儿们尝试了好几种材料，最后发现毛线比较轻，很适合做球网。经过再次尝试，球网终于制作成功了（见图 2-2-15）。接着开始选取场地：幼儿园里哪个场地比较适合打羽毛球呢？最后，幼儿们选取了幼儿园三楼的东西走廊，因为这里没有教室，平时很少有人走动，而且场地宽阔，比较适合打羽毛球。

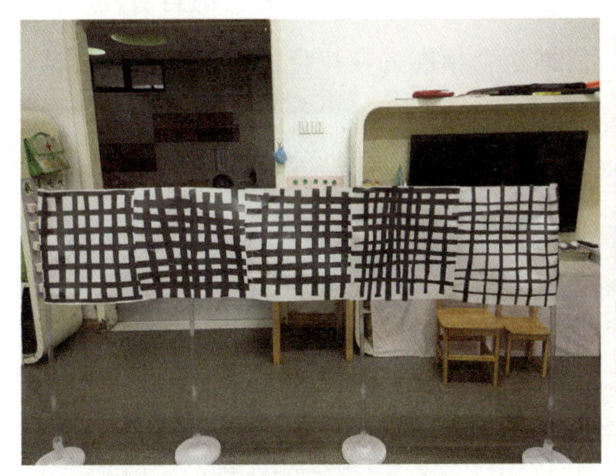

图 2-2-14　不干胶和泡沫纸做成的球网

图 2-2-15　尝试用毛线自制羽毛球网

（二）支持与回应

1. 生成驱动性问题，引发幼儿持续探究。

在活动过程中，以幼儿的学习兴趣为出发点生成驱动性问题，引导幼儿在解决问题的过程中不断巩固已有知识且生成新经验。在建造羽毛球馆的过程中，幼儿对制作羽毛球网比较感兴趣，教师用适宜的问题来驱动幼儿主动思考，激发探究欲望，如：第一次制作羽毛球网失败后，教师根据幼儿的疑惑和想法适时提问："什么样的材料比较适合做羽毛球网呢？""比较轻，又是一条条的东西有哪些呢？"鼓励幼儿积极思考、寻找解决问题的方法。又如：球网制作成功后，幼儿在教室里打羽毛球觉得空间太小，于是教师又适时提出问题："什么样的场地适合打羽毛球？""幼儿园里哪个场地比较适合打羽毛球呢？"整个活动过程中，教师围绕核心问题启发幼儿不断发现、思考、探究、解决问题，使幼儿在真实的问题情境中持续探究，逐渐建立"经验链"。





2. 教师适时退后，赋权幼儿自主探究。

幼儿们对于如何建造羽毛球馆有自己的想法，教师可适时退后，放权给幼儿，让他们自主探究完成任务，让幼儿真正成为活动的主体。在讨论材料、制作球网、选取和规划场地、尝试体验成果等过程中，幼儿们虽然遇到了一些困难和问题，但始终保持着积极、主动的状态，发现问题后能主动想办法解决，积极尝试，大胆表达自己的想法，和同伴友好商量，一起合作，共同完成建造羽毛球馆的任务。经过一个星期的时间，幼儿们终于完成了羽毛球馆的建造，收获了满满的成就感。

3. 团讨解决遭遇的问题。

在建造羽毛球馆的过程中，幼儿们遇到了球网制作、材料选择、场地规划等问题，教师及时组织幼儿们通过团讨的方式来解决遇到的问题，如：在讨论球网制作材料的过程中，幼儿们围绕"什么样的材料比较适合做球网"这一问题，纷纷表达了自己的想法，最后达成共识，即制作球网的材料要轻便、牢固，然后依据这个标准去寻找合适的材料再次尝试。团讨的过程是幼儿们思维碰撞的过程，给幼儿们提供了畅所欲言、表达想法的平台，不仅促进了幼儿之间的相互交流和合作，而且提升了解决问题的效率，增进了共识。图2-2-16、2-2-17、2-2-18分别是第二、第三、第四小组建造的篮球馆、乒乓球馆和排球馆的照片。

图2-2-16　第二小组建造的篮球馆

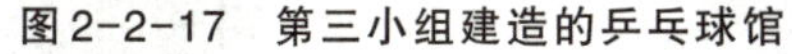

图2-2-17 第三小组建造的乒乓球馆

图2-2-18 第四小组建造的排球馆

## 项目成果

### “星河体育馆”和“星河阅览室”成果展示

**(一)成果展示准备**

1. 组织幼儿从前期的参观大学场馆到中后期的分组探究及自我表达等阶段进行回顾,来梳理整个活动的开展过程,并通过活动思维导图、照片、图片等介质鼓励幼儿大胆表达自己的想法和收获。

2. 师幼共同讨论成果展示的宣传方式及展示活动的各项事宜,并梳理出可行的方案。

3. 幼儿依照自己的意愿,分组承担各项展示事宜。

4. 宣传组幼儿:讨论、设计宣传海报和邀请函,为成果展示分享做宣传准备。(见图2-2-19、2-2-20)

5. 场地布置组幼儿:讨论、布置场地,准备展示活动所需的材料,能大胆表达自己的想法,与同伴友好协商。

6. 介绍、讲解组幼儿:讨论讲解的内容并自主练习。

7. 请家长适当参与孩子的准备活动,可以和孩子一起讨论、给出建议等。

**(二)成果展示过程**

1. 邀请全园幼儿参加,各年段幼儿分时间段参与体验。

2. 分组介绍各个场馆的内容、规则玩法及注意事项。

3. 参与的幼儿自主选择喜欢的场馆,和同伴一起体验。

4. 幼儿分享参加活动的感受。

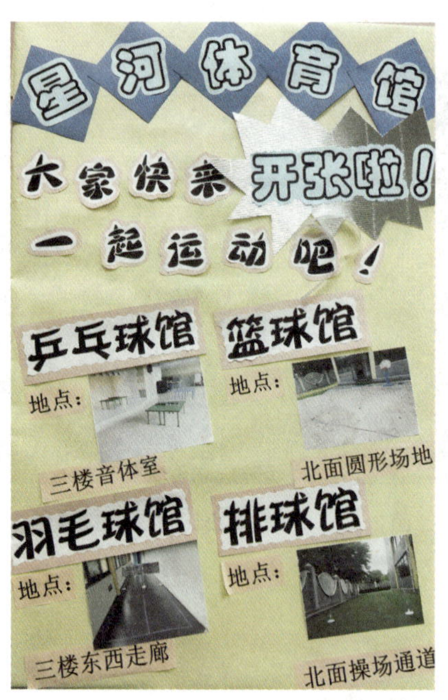


图 2-2-19 “星河体育馆”宣传海报

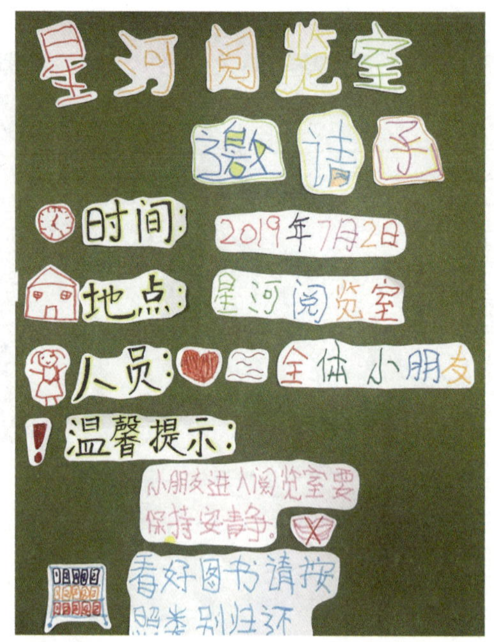


图 2-2-20 “星河阅览室”邀请函

（1）说说自己体验了哪个场馆的活动，是和谁一起玩的。

（2）简单表达自己和小伙伴一起运动、阅读的感受，如心情、活动过程中的趣事等。

5. 在活动过程中，对参与体验的幼儿提出的一些疑问及时进行答疑。

**（三）成果展示反思**

1. 说优点：借助照片、视频等回顾成果展示活动的过程，鼓励幼儿说一说自己和小伙伴表现好的地方，并互送大拇指贴纸。（图 2-2-21～2-2-25 是幼儿参与体验各场馆活动的照片）

图 2-2-21 “乒乓球馆”体验活动

图 2-2-22 “篮球馆”体验活动

图 2-2-23 “羽毛球馆”体验活动

图 2-2-24 “排球馆”体验活动

图 2-2-25 邀请大家来看书

2. 说不足：请幼儿说一说成果展示活动中哪些地方准备得还不够好，需要改进，并记录下来。

3. 说感受：引导幼儿说一说自己参与这次展示活动的总体感受和收获。

4. 自评价：完成“回顾式评价表”的自评部分。（见表 2-2-1）

表 2-2-1 “大学的场馆”回顾式评价表

| 自评 | 我学到的本领 | |
|---|---|---|
| 我的表现 | 探究“大学图书馆” | |
| | 探究“大学体育馆” | |

续表

<table>
<tr><td>自评</td><td colspan="2">我学到的本领</td></tr>
<tr><td rowspan="2">我的表现</td><td>改造“星河阅览室”</td><td> </td></tr>
<tr><td>建造“星河体育馆”</td><td> </td></tr>
<tr><td rowspan="3">我喜欢的活动（打√）</td><td> 1. 参观大学场馆（　）</td><td> 2. 体验场馆里的活动（　）</td></tr>
<tr><td> 3. 改造星河阅览室（　）</td><td> 4. 建造星河体育馆（　）</td></tr>
<tr><td> 5. 邀请小伙伴来看书（　）</td><td> 6. 大家一起来运动（　）</td></tr>
<tr><td>我的探究故事</td><td colspan="2">画一画，说一说：</td></tr>
</table>

## 项目反思

在探究“大学的场馆”活动中，幼儿走出幼儿园走进大学城，围绕自己感兴趣的大学场馆开展了参观、调查、访问等一系列实践体验活动，收获了多方面的经验。为了支持幼儿的探索，班级教师抓住幼儿感兴趣的问题，采用多种手段为幼儿提供适时、适合的帮助。

1. 在探玩中学习思考。

幼儿在探究“大学的场馆”系列活动中深入探究自己感兴趣的场馆。一点一滴的发现和收获都带给他们满满的成就感，他们在探究过程中不断感受到乐趣，会提出许多关于大学场馆的问题，并能积极寻找答案。在“改造星河阅览室”和“建造星河体育馆”过程中，幼儿充分运用探索大学场馆中所获的经验进行理性的思考和积极表现，实现了经验的“活学活用”。动手动脑解决实际问题，既是幼儿的学习方式，也是他们的乐趣所在。

2. 以问题驱动探究。

在幼儿眼里，他们对大学场馆充满了向往与好奇，有很多想了解的问题。于是，教师便以问题来驱动幼儿的探究和学习。可以说，幼儿探究大学场馆的过程是发现问题、设计问题、解决问题、反思问题的学习闭环。项目活动前期和中期，大家围绕“大学里有哪些场馆”“是怎么样的”这些核心问题走进大学去参观和调查，积极寻求问题的答案。活动后期，小组围绕“怎样改造图书馆(建造体育馆)”这个核心问题展开解决实际问题的实践探索。

3. 巧用资源助推活动。

资源是支持幼儿探究“大学的场馆”的关键所在。社会资源、物质资源、人力资源等多种资源的合理利用支撑着本项目活动的开展。首先，用好周边特色的社会资源。大学城内不仅拥有优美的校园环境，还设有博物馆、体育馆、图书馆等多种场馆，这些都是有价值的教育资源，幼儿园将这些资源转化成实践活动，能带给幼儿丰富的社会体验和认知，激发幼儿的探究兴趣。其次，用好身边合适的人力资源。活动前期请家长利用双休日带幼儿亲子游，参观各个大学场馆；活动中期请大学生或者大学场馆的负责老师带领幼儿实地探究。除此以外，还邀请在大学里工作的家长来幼儿园开展助教活动，为幼儿解答各种关于大学场馆的困惑和疑问，使幼儿深入了解自己想知道的事物。最后，筛选转化各类物质资源。资源有很多，我们需要筛选和转化。筛选和转化资源的依据是“幼儿的探究兴趣和活动目标”。班级幼儿对大学的图书馆和体育馆感兴趣，我们就收集大学图书馆和体育馆的照片、视频等电子资源和借书卡、标志牌等实物资源，用这些资源回应和支持幼儿的探索需求，从而加深幼儿的探究体验，增进幼儿对大学图书馆和体育馆的认识和了解。

(张丽丽　李梦琪)

# 项目3

## 走进大学（大班）



### 项目缘起

某天，多多和老师聊天："老师，我昨天去我妈妈的大学里玩了。"老师问："你妈妈是哪个大学的？"多多说："我妈妈是杭州电子科技大学的！""我爸爸是杭州职业技术学院的！"昊昊听了也抢着说道，然后转身问蛋蛋："你的爸爸妈妈是哪个大学的呀？""我不知道什么是大学。什么是大学呀？"蛋蛋疑惑地问道。蛋蛋的问题引起了其他一些幼儿的关注，他们也想知道什么是大学。什么是大学？我们可以去一探究竟。离幼儿园最近的大学就在500米外，而且班级里有幼儿家长在传媒、杭电、理工、杭职等大学工作，他们可以为幼儿探究大学提供帮助。

### 项目导图

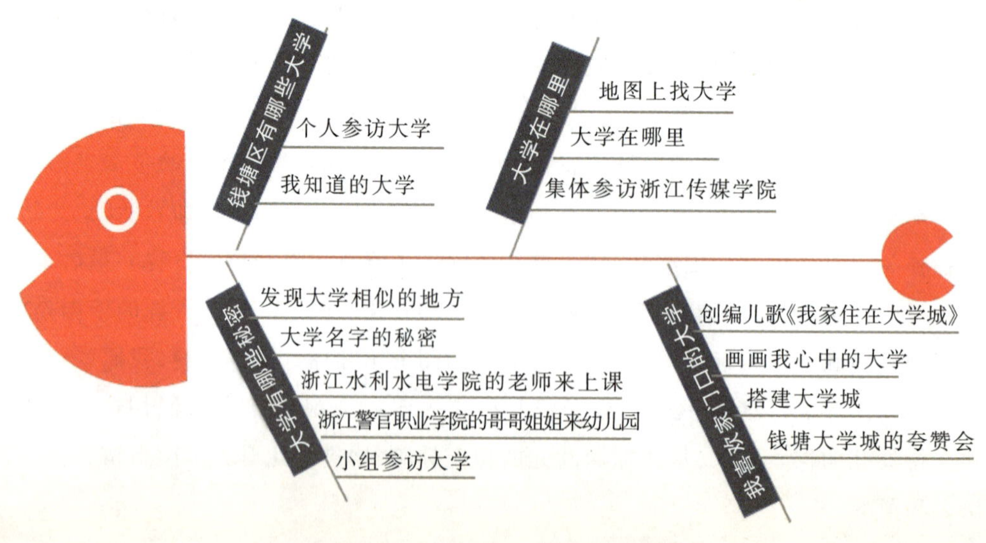


图2-3-1 "走进大学"的活动导图

## 项目目标

1. 通过实地游览、参观、采访等活动，探索发现大学的特别之处，在活动中体验大学校园的美好，感受大学里浓厚的文化氛围。

2. 在探索大学的过程中学习运用计划、调查、访问和记录的方法去获取自己想了解的信息，能够与同伴协商合作，共同完成探究任务，并用各种方式交流、表达自己的发现。

3. 愿意积极主动地参与活动，在探究大学中产生作为大学城居民的幸福感和自豪感。

## 项目启动

### 一、谈话聚焦

在幼儿主动发起关于“大学”的话题后，教师与幼儿围绕“什么是大学”“大学是干什么的”展开了讨论。在讨论中，教师初步了解到幼儿对大学的哪些事物感兴趣，以及他们关于“大学”的原有经验。

### 二、亲子探访大学

集体谈话后，教师给家长写了一封信。信中告知家长幼儿有探索大学的愿望，以及探索大学的教育价值，请家长在双休日带幼儿走访一所钱塘区的大学。要求幼儿在走访大学的时候带上“个人参访记录表”(见表2-3-1)，把所见所闻记录下来，周一带到幼儿园进行交流。

表2-3-1 “走进大学”个人参访记录表

| 大学名称 | | 门牌号 | |
|---|---|---|---|
| 和谁一起去 | | | |
| 大学里有什么?(气泡不够可以自己添加哦) | | | |

| 大学里最好玩的地方 | |
|---|---|
| 我的问题 | 问题1: |
| | 问题2: |



### 三、环境激发

1. 语言区:在语言区投放大学的学校介绍手册、14所大学的名牌及大学建筑的相关图片。
2. 主题墙:展示钱塘14所大学标志性建筑的照片和幼儿关于大学初印象的相关话题。
3. 问题墙:把幼儿提出的有关大学的问题记录并呈现出来。

### 四、资源利用

1. 家长资源:和家长沟通班内幼儿想要参观的大学,请家长协助我们与相关大学的主要负责人提前联系,帮助幼儿更全面、直观地了解大学的人文信息。

2. 大学资源:幼儿园东面5000米范围内的浙江传媒学院、杭州电子科技大学、杭州职业技术学院和浙江理工大学等14所大学,家长和幼儿在初探大学时就近且方便。

### 五、问题驱动

经过第一次的参访,幼儿们对大学有了更多的好奇和疑问,他们提出了以下问题:

1. 钱塘区有哪些大学?
2. 大学里有哪些特别的地方?
3. 大学里学什么?
4. 这些大学离幼儿园有多远?

## 项目推进

### 一、钱塘区有哪些大学

在幼儿和家长一同实地走访过周边的大学后,他们对大学的场馆、建筑和人文景色有了初步的认识,同时也产生了更加浓厚的兴趣。钱塘区有哪些大学?大学里的建筑和场馆都是一样的吗?它们有哪些特别的地方……在幼儿的好奇中,我们开启了探究大学之旅。

# 活动1 我知道的大学

## ■ 活动目标

1. 围绕“我知道的大学”话题进行交谈，能认真倾听他人讲话，并能较完整地表达自己初游大学的所见所闻所感。

2. 初步了解钱塘区有哪些大学，统计出大学的数量。

## ■ 活动准备

1. 经验准备：幼儿走访大学的经验。

2. 材料准备：幼儿事先游览的一所指定大学的图片（自己参观的大学正门照、大学美景拼接图、最喜欢的美景图，见图2-3-2、2-3-3）、6块KT板、大学总数统计条、五角星、记号笔。

## ■ 活动过程

**（一）谈话引入，分享初游大学的感受**

关键提问：你和爸爸妈妈去了哪一所大学？你喜欢大学吗？

**（二）结合第一次“个人参访记录表”，进行分组交流**

1. 交代分组交流的要求和方法。

师：你们每个人都去了一所大学，大家都要分享自己的发现。请你们拿着第一次“个人参访记录表”介绍一下“你去了哪所大学”“你发现了什么”“你最喜欢它的什么地方”。

2. 幼儿分成小组进行分享交流。

**（三）统计钱塘区大学数量**

1. 找出钱塘区所有的大学。

关键提问：刚才你们都听了同伴分享的他们去过的大学，你们去过几所大学呢？

2. 汇总钱塘区的大学。

观看展板，熟悉钱塘区各所大学，并统计、填写钱塘区大学的总数。

**（四）活动小结**

原来钱塘区有14所大学，真多啊！所以，我们钱塘区有一个很特别的名字——“大学城”。大学城里每一所大学的名字都不一样。这些名字哪里不一样呢？明天我们再一起接着探索吧。

**活动延伸与环境支持**

1. 活动后在教室的主题墙上呈现14所大学的图片及名称，帮助幼儿熟悉钱塘区有哪些大学。

2. 在语言区投放幼儿在大学看到的实物照片，回顾自己的所见所闻。

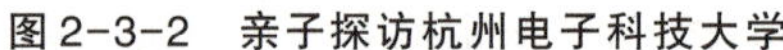

图2-3-2　亲子探访杭州电子科技大学

图2-3-3　亲子探访杭州师范大学

## 二、大学有哪些秘密

通过亲子探游和调查统计，大家发现大学城里有14所大学。这些大学里都有什么呢？是不是和幼儿园一样有大型玩具？这些大学里的哥哥姐姐都学什么本领呢？幼儿的好奇心被“14”这个数字进一步打开。他们期待获得更多与这14所大学相关的信息。

## 活动2　发现大学相似的地方

### ■ 活动目标

1. 继续交流初次参观大学的发现，能够关注大学里其他的事物，对大学里的人文生活产生兴趣。

2. 通过对比发现不同大学的相似处，并能用完整的语句讲述。

### ■ 活动准备

每个幼儿参观大学的照片若干、参观大学的照片以PPT呈现、固体胶、钱塘区大学的展板、思维导图——关于大学的共同点、关于大学问题的大纸、记号笔，一些小方块白纸。

### ■ 活动过程

**(一)欣赏PPT，唤起关于大学的相关经验**

1. 谈话引出主题。

师：昨天你们都介绍了自己去过的大学，大学里可真好，我们再来看一看吧！

2. 欣赏PPT里的大学照片，梳理相关经验。

3. 教师精心挑选两三张具有代表性的大学照片，引发幼儿的深入讨论。

**（二）同游一所大学的幼儿讨论大学里有什么**

1. 同游一所大学的小朋友将自己看到的东西进行汇总。

2. 用固体胶将照片贴在长长的纸条上，为寻找大学相似点做准备。

**（三）梳理大学的相似点**

1. 关键提问：你们发现每所大学都有的、相似的东西是什么？

2. 小结：大学里有很多给大学生学习生活用的大楼，有各种各样的让大学生锻炼身体的运动场，大学里的风景很好看，大学生的生活很舒服。

**（四）提出自己想继续了解的关于大学的问题**

1. 关键提问：今天我们通过讨论发现大学都有一些相似的地方。关于大学你们还想知道什么呢？

2. 教师记录幼儿提出的问题，引发幼儿后续的探究。

**活动延伸与环境支持**

1. 在主题墙上呈现活动中形成的“大学相似事物”的思维导图。

2. 把幼儿的问题增添到“问题墙”上。

3. 活动后利用表2-3-2进行活动前阶段的幼儿评价。

表2-3-2 “走进大学”幼儿评价表1

| 自评 | 我知道的大学 |
| --- | --- |
| 钱塘区的大学 | 1. 杭州电子科技大学（　　）<br>2. 浙江经济职业技术学院（　　）<br>3. 杭州师范大学（　　）<br>4. 杭州职业技术学院（　　） |

续表

| 自评 | 我知道的大学 |
| --- | --- |
| 钱塘区的大学 | <br>5. 浙江财经大学(　　)<br><br>6. 浙江传媒学院(　　)<br><br><br>7. 浙江金融职业学院(　　)<br><br>8. 浙江经贸职业技术学院(　　)<br><br>9. 浙江警官职业学院(　　)<br><br>10. 浙江理工大学(　　)<br><br><br>11. 浙江水利水电学院(　　)<br><br>12. 浙江育英职业技术学院(　　)<br><br><br>13. 中国计量大学(　　)<br><br>14. 浙江工商大学(　　) |

续表

| 自评 | 我知道的大学 | |
| --- | --- | --- |
| 钱塘区一共有几所大学? | | |
| ☺→的大学 | | |
| 我最♡的大学 | | |
| 我👀了什么? | | |
| 我介绍的大学情况 | | |
| 我介绍得怎么样? | 自评 | 同伴评 |
| | ☆☆☆☆☆ | ☆☆☆☆☆ |

## 活动3　大学名字的秘密

### ■ 活动目标

1. 在拼名字的游戏中感知文字的字形特点,大胆猜测名字的含义,知道文字表示一定的意义。

2. 结合大学名字中某个相同的特征(如地名、字数)进行归类统计,进一步熟悉钱塘区各所大学的名字。

3. 喜欢用观察、辨别和推理的方法完成任务,体验与同伴友好合作的快乐。

### ■ 活动准备

大学相似地方的思维导图、14所大学的图片及名字牌、拼大学名字的操作材料(见图2-3-4)、记号笔。

### ■ 活动过程

**(一)回顾大学的相似之处**

1. 以开火车的游戏形式,轮流说出大学的名字。

2. 结合昨天梳理共同点的思维导图,回忆大学的相似之处。

关键提问:每所大学里都会有的是什么?

(二)结合图片和走访经验,说说每所大学不同的地方

1. 关键提问:你们发现了不同大学相似的地方,有没有发现它们之间不太一样的地方呢?

2. 教师小结:它们的名字不一样,所以,它们之间肯定会有很多不一样的地方。

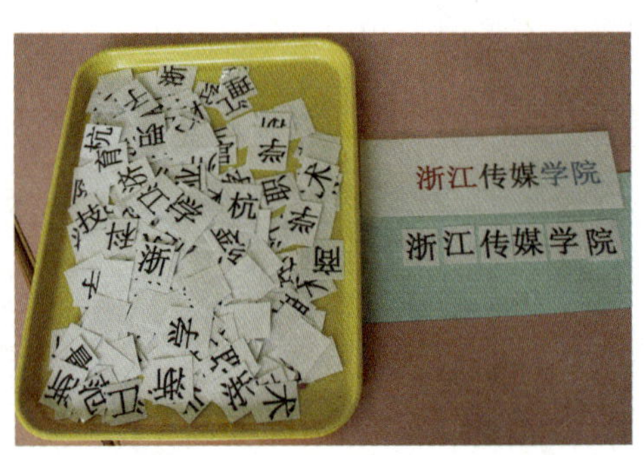


图 2-3-4　幼儿拼贴大学名字的材料



(三)发现大学名字的秘密

1. 结合14所大学展板,说说自己对大学名字的发现。

关键提问①:这是钱塘区所有大学的名字,你认识哪个字?

关键提问②:你是怎么认出这个字的?

2. 玩拼大学名字的游戏。

(1)了解游戏要求,两两合作将文字拼成完整的大学名字。

(2)分享快速找字、拼图的策略。

(3)教师结合幼儿的分享内容,对找字的策略进行小结。

3. 结合游戏体验,共享大学名字的秘密。

(1)说说在"拼大学名字"的游戏过程中发现的特别之处:大学开头的地名不同(中国、浙江、杭州)。

关键提问:你们在拼大学名字的时候有没有发现特别的地方?

(2)结合PPT,理解"中国""浙江""杭州"三者之间的关系。

(3)请个别幼儿将大学名字按照地名进行分类,其他幼儿帮助验证。

(4)大学名字的字数不同:有6个字、8个字和10个字。请幼儿根据大学名字的字数不同来进行分类。

(四)猜测大学名字的含义

1. 通过集体讨论、猜测,猜想大学名字所代表的意思。

2. 教师小结:每一所大学的名字不一样,说明它们都有与众不同的地方。接下来,我们要想办法去发现它们与众不同的地方。

活动延伸与环境支持

1. 在语言区投放拼大学名字的材料,供幼儿继续探索。

2. 主题墙呈现大学名字、地名及字数的不同。

3. 展板展示幼儿在参观的大学看到的事物,并以"××大学里有××"句式来表达。

## 活动4 大学名字的含义



### ■ 活动目标

1. 大胆猜测大学名字的含义，初步了解在不同大学可以学习不同的本领。

2. 愿意与大学教师互动，能清楚地提出关于大学的问题，在互动中激发再次访问大学的愿望。

### ■ 活动准备

14所大学的图片及文字、关于大学的PPT、幼儿关于大学的各种问题、问题统计表、记号笔、话筒、奖励的贴纸。

### ■ 活动过程

**(一)结合大学展板，回顾大学名字的秘密**

关键提问：钱塘区有14所大学，你在探索大学名字的时候，有什么发现吗？

**(二)探索大学名字的含义**

1. 引出讨论大学名字的含义的话题。

师：大学的名字除了地名、字数不同，还有一个非常重要的不同。你们知道是什么吗？它们的名字就像爸爸妈妈给我们取的名字一样都有特殊的含义。那么它们都有什么特殊的含义呢？

2. 讨论“中国计量大学”的含义。

(1)出示“中国计量大学”字牌和日晷、地动仪、秤砣的图片，提问：为什么这些工具都只出现在中国计量大学里，而其他大学里没有呢？

(2)你们觉得计量是什么意思？猜猜在计量大学里是学什么本领的。

3. 讨论“浙江警官职业学院”的含义。

(1)出示警官学院的实训大楼、训练场的照片，提问：这是哪一所大学的照片？

(2)提问：你觉得在浙江警官职业学院里是学什么本领的？

4. 讨论“杭州师范大学”的含义。

(1)出示杭州师范大学的名字。

(2)提问：你觉得在这所学校里是学什么本领的？为什么？杭州师范大学的“师”是什么意思？

5. 猜测在“浙江财经大学、浙江金融职业学院、浙江经贸职业技术学院、浙江经济职业技术学院”里分别学习哪些本领。

(1)出示算盘、雕塑的照片，提问：这是什么？在哪个大学里会有？

(2)为什么它在浙江财经大学里？你觉得在这所大学里要学什么本领？

小结：原来在浙江财经大学里要学算数、算钱、算物品的本领。

(3)再来看看这4所大学都有一个jin(jing)字："金"("经")。你们猜猜是什么意思。

教师小结：原来"金"跟钱有关，财经大学是学算东西的本领的，那这几所大学也都是学算钱、算东西的本领的。

6. 幼儿自主选择另外7所大学的名字，与同伴、教师猜测大学名字的含义。





**活动延伸与环境支持**

1. 利用家长资源，邀请来自杭州师范大学的家长为我们介绍这所大学。
2. 阅读区投放大学名字牌和相应的字，让幼儿继续玩拼大学名字的游戏。
3. 数学区投放算盘、天平、日晷、秤砣等操作材料，供幼儿直观感知与探究发现。

## 活动5　浙江水利水电学院的老师来上课

### ■ 活动目标

1. 通过活动了解浙江水利水电学院，感受大学老师的智慧与风采。
2. 愿意与大学老师积极互动，提出自己想了解的问题。

### ■ 活动准备

事先联系好大学的老师，告知幼儿想了解的问题；PPT；记录孩子的问题和答案的纸。

### ■ 活动过程

**(一)交代学习任务，介绍大学老师**

师：你们是不是有很多关于大学的问题？今天我们邀请了浙江水利水电学院的老师来解答大家的问题。

**(二)幼儿听介绍**

浙江水利水电学院的老师结合PPT介绍自己的学校，并解答前一天幼儿提出的相关问题。(见图2-3-5、2-3-6)

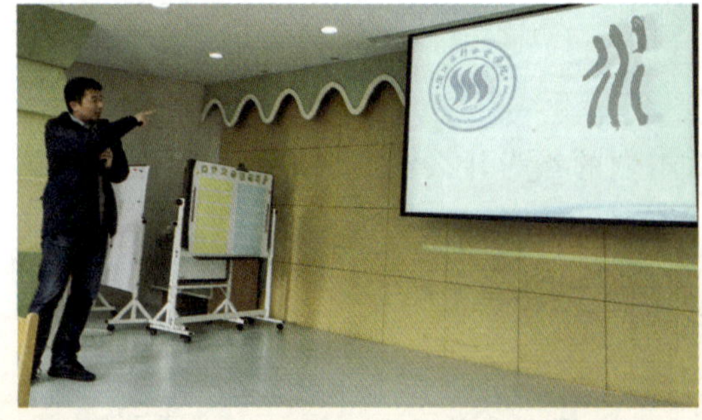

图2-3-5　学院老师介绍自己的学校

图2-3-6　学院老师回答幼儿的提问

**(三)幼儿向老师提问**

鼓励幼儿大胆主动地提问，将问题记录下来，并及时肯定提问的幼儿。

**(四)教师结合“问题与答案”的思维导图进行小结**

师：刚刚你们问了很多关于浙江水利水电学院的问题，大学老师也回答了。现在我们一起来看一看吧。(见图 2-3-7)

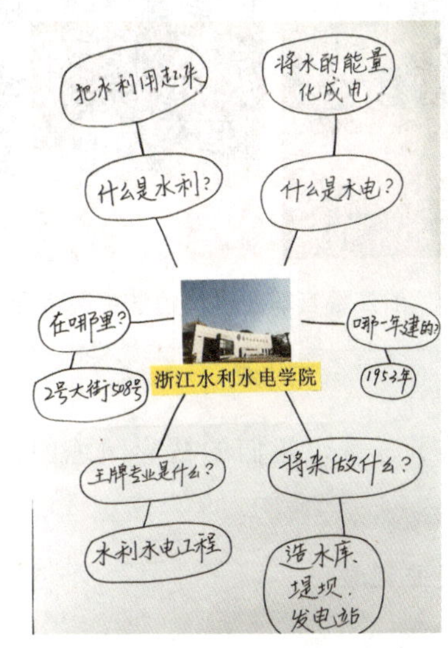


图 2-3-7　幼儿关于浙江水利水电学院“问题与答案”的思维导图

### 活动延伸与环境支持

1. 课后观看浙江水利水电学院的宣传片，进一步了解这所大学。

2. 幼儿可以继续提出关于大学的问题，教师及时记录下来。

3. 科学区投放手摇发电机、电池、电线、灯泡等与电相关的材料，供幼儿探索。

## 活动 6　浙江警官职业学院的哥哥姐姐来幼儿园

### ■ 活动目标

1. 观看浙江警官职业学院学生的精彩演练，深入了解这所大学所学的本领，激发崇敬之情。

2. 在与浙江警官职业学院哥哥姐姐的互动过程中，能够清楚地表述自己的问题，并能认真倾听对方的回答。

### ■ 活动准备

1. 经验准备：幼儿知道浙江警官职业学院这所大学。

2. 材料准备：对哥哥姐姐提的问题，黑板，大开纸，记号笔，PPT，多媒体。

## 活动过程

**（一）观看浙江警官职业学院学生的精彩演练**

图2-3-8　浙江警官职业学院的学生展示专业本领

**（二）分享观看后的感受**

关键提问：刚刚我们观看了哥哥姐姐们的精彩演练（见图2-3-8），你们有什么想说的吗？

**（三）向哥哥姐姐发起提问并记录**

幼儿提问①：怎样才能当警察？

幼儿提问②：你们在大学里学什么？

幼儿提问③：我看到你们学校里有一幢楼是没有窗户的，是干什么用的？

幼儿提问④：学习当警察会很辛苦吗？……

师：很多小朋友想长大以后当警察，今天你们有想了解这所大学的问题都可以问他们哦！

鼓励幼儿大胆提问（见图2-3-9），教师将幼儿的问题及答案记录下来。

图2-3-9　浙江警官职业学院的学生介绍自己的学校并回答幼儿的提问

**活动延伸与环境支持**

1. 邀请杭州电子科技大学和浙江传媒学院的哥哥姐姐来园介绍自己的学校。

2. 角色区投放警察服装、玩具枪等模仿警察角色的材料。

3. 梳理呈现"浙江警官职业学院、杭州电子科技大学、浙江传媒学院"问题与答案的思维导图。(见图2-3-10)

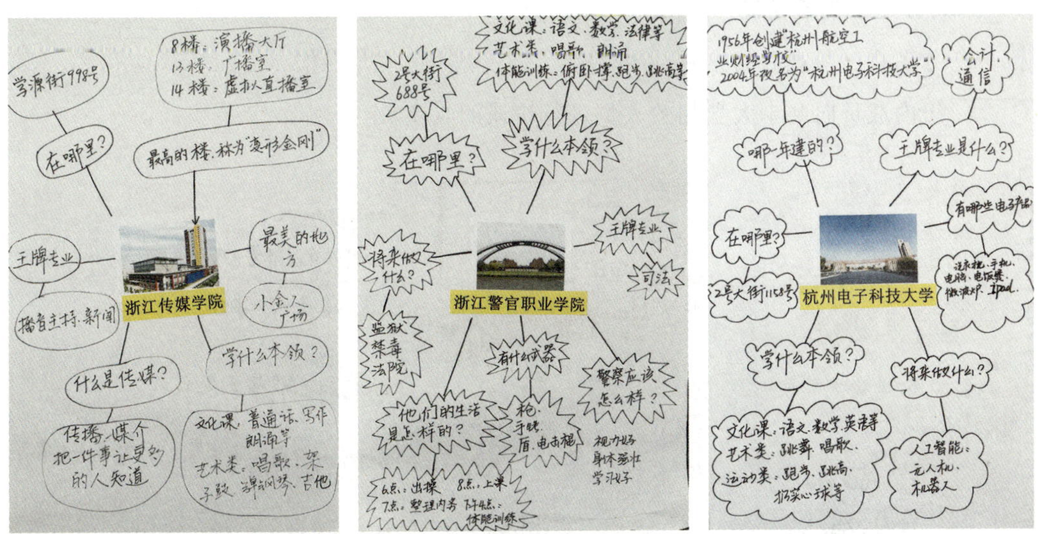


图2-3-10 师幼一起梳理的"浙江传媒学院、浙江警官职业学院、杭州电子科技大学"问题与答案的思维导图

## 活动7 小组参访大学

### ■ 活动目标

1. 结合自己喜欢的大学,进行小组组建、组员分工、参观内容规划和访谈问题设计等相关内容的制定。

2. 通过小组合作、走进大学、访谈调查等多样化形式,进一步探索大学的奥秘。

3. 愿意主动和他人交流自己的参观感受,体验小组探秘大学的快乐。

### ■ 活动准备

小组参观访问大学的计划表、对相关大学的经验储备和问题准备、访谈所需工具(摄影机和话筒等器材)、马克笔以及用于梳理信息的思维导图。

### ■ 活动过程

**(一)做参访前的计划(选择自己想再次参访的大学、分组讨论具体的参访细节)**

1. 结合自己想要参访的大学进行小组组建。

关键提问:小组成员的分工是什么?去这个大学的什么地方参观?想要采访的问题

有什么？

2. 幼儿在关键提问的引导下，小组合作制订第二次采访计划表。(见图2-3-11)

**(二)分组参观大学**

小组结合计划表内容，分组走进中国计量大学、浙江理工大学和杭州职业技术学院参观。(见图2-3-12)

**(三)分组参观后交流**

1. 分享自己参观后的感受。

2. 组内成员向共享大学相关人员进行访谈的收获。

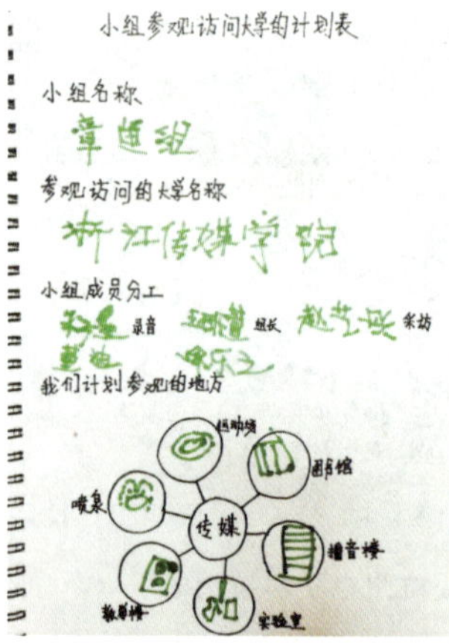


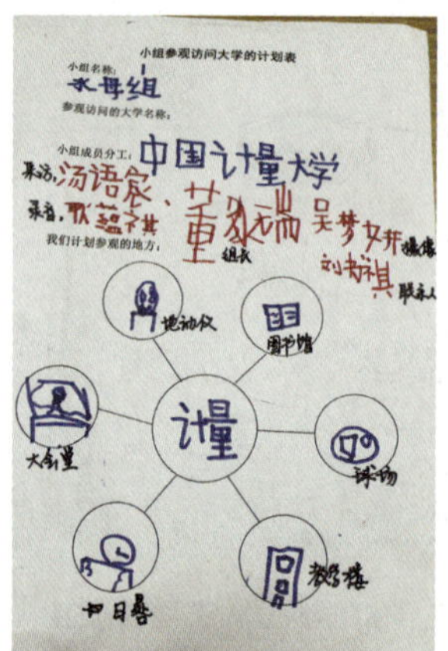


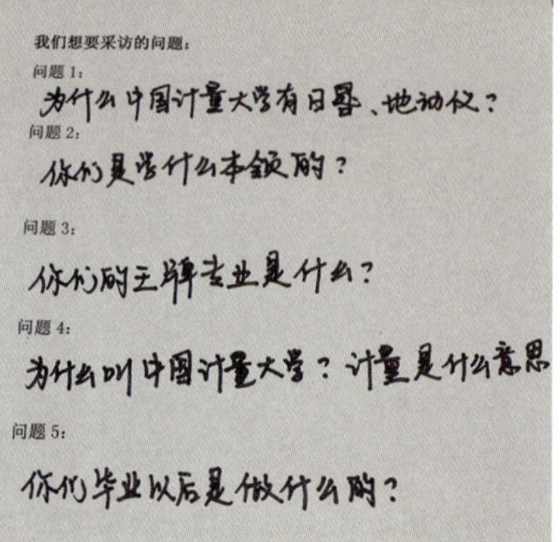
我们想要采访的问题：

问题1：为什么中国计量大学有日晷、地动仪？

问题2：你们是学什么本领的？

问题3：你们的主修专业是什么？

问题4：为什么叫中国计量大学？计量是什么意思

问题5：你们毕业以后是做什么的？

图2-3-11　小组合作制订的计划表

图2-3-12 分组走进大学校园

**活动延伸与环境支持**

1. 请家长记录幼儿小组参访大学的所见所闻，引导幼儿有条理地表达。

2. 活动后利用表2-3-3进行活动中阶段的幼儿评价。

表 2-3-3 “走进大学”幼儿评价表 2

| 自评 | 大学的名字 | |
|---|---|---|
| 我发现的秘密 | 1. 浙江传媒学院<br>3. 杭州电子科技大学<br>5. 浙江工商大学<br>7. 浙江经贸职业技术学院<br>9. 浙江财经大学<br>11. 浙江水利水电学院<br>13. 浙江育英职业技术学院 | 2. 浙江理工大学<br>4. 中国计量大学<br>6. 杭州职业技术学院<br>8. 浙江经济职业技术学院<br>10. 杭州师范大学<br>12. 浙江金融职业学院<br>14. 浙江警官职业学院 |
| 地名不同 | “中国”有(　　)所 | |
| | “浙江”有(　　)所 | |
| | “杭州”有(　　)所 | |
| 字数不同 | 6个字有(　　)所 | |
| | 8个字有(　　)所 | |
| | 10个字有(　　)所 | |
| 这些大学学什么本领 | <br>杭州师范大学 |  |
| | <br>浙江传媒学院 |  |
| | <br>浙江财经大学 |  |
| | <br>浙江警官职业学院 |  |
| | <br>浙江水利水电学院 |  |
| | <br>中国计量大学 |  |
| | <br>杭州电子科技大学 |  |

## 三、大学在哪里

这些大学都在星河幼儿园的附近，哪一所最近？哪一所最远？聊天中提到的这个问题受到了大家的关注。于是，我们开始探索14所大学的地址和方位。

### 活动8　大学在哪里

#### ■ 活动目标

1. 通过观察14所大学的门牌号码，知道每所大学在哪条路上，按什么样的规律来排列。

2. 尝试在简单的地图上找到每所大学的位置，能与同伴友好合作。

#### ■ 活动准备

14所大学的图片、名称及门牌号码，门牌号码思维导图，5张幼儿操作地图简图，14所大学的名称及门牌号码小图，固体胶，记号笔。

#### ■ 活动过程

**（一）大学门牌号的秘密**

1. 回忆自己去过的大学的门牌号。

关键提问：你知道你去过的大学在哪条路上，门牌号码是多少吗？

2. 教师将幼儿说到的大学及门牌号以图片的方式呈现出来，并补充幼儿没有说到的大学门牌号。

3. 观察所有的门牌号，说说自己的发现。（见图2-3-13）

图2-3-13　钱塘区14所大学所在的位置

关键提问：你看了这些大学的门牌号有什么发现？

小结：原来14所大学分别在5条不同的路上，学源街、学林街、学正街、2号大街和4号大街。

**(二)在地图上摆大学**

1. 了解将大学张贴到地图上的操作任务。

2. 思考张贴大学的好方法。

3. 分成5个小组进行操作,教师巡回指导。

**(三)相互验证,教师小结**

1. 集体验证摆放结果。

2. 教师引导幼儿对每一组进行检验。

3. 交代明天的学习任务。

我们在这张简单的地图上找到了大学的位置,明天我们要在钱塘区的地图上找这些大学。

**活动延伸与环境支持**

1. 主题墙呈现14所大学的门牌号。

2. 科学区投放幼儿自制的大学地图。

## 活动9　地图上找大学

### ■ 活动目标

1. 学习一些简单的看地图的方法,知道地图的主要组成要素。

2. 能根据大学的门牌号快速地在地图上找到对应的大学,并贴上贴纸,写上相应序号。

3. 感受同伴之间通过友好合作共同完成挑战任务带来的快乐。

### ■ 活动准备

按序号排列的14所大学的图片及地址、钱塘区地图10张、笑脸贴纸、记号笔若干。

### ■ 活动过程

**(一)出示上次活动的简易地图,回顾大学地址**

根据黑板上列出的大学序号,请幼儿回忆并说出对应大学的具体地址。

**(二)观察地图**

1. 出示钱塘区地图,幼儿观察钱塘区地图。

关键提问:这是什么?(钱塘区地图)地图有什么作用呢?

教师小结:地图可以告诉我们不知道的地方,还可以帮助我们正确地找到这些地方。

2. 发现地图上有哪些要素。

(1)你在地图上能看到哪些东西呢?(房子、马路、树、标志)

关键小结：地图三要素，图例注记、方向、比例尺。

(2)请幼儿找几条有大学的路。

关键提问：你能说说看到了哪些路吗？我们的14所大学分布在哪儿条路上呢？

(引出大学所在的学源街、学林街、学正街、2号大街、4号大街)

**(三)找地图上的大学**

1. 交代任务：今天我们邀请小朋友在这么大的地图上找到钱塘区的14所大学，找到后把笑脸贴在那个位置上，再在笑脸上写上它的序号，直到找出所有的大学。

2. 请幼儿分组，每三人为一组，每组一张地图、一份贴纸和一支记号笔。

3. 幼儿分组操作，教师巡回指导。



**(四)分享与检验**

1. 一起检验查找结果是否正确，说说是怎么找的。

2. 请找得最快的一组分享经验。

**活动延伸与环境支持**

科学区投放大学城地图，帮助幼儿梳理回顾在同伴讨论、探究的过程中衍生出来的新问题。

## 活动10　集体参访浙江传媒学院

### ■ 活动目标

1. 通过集体参观进一步加深对浙江传媒学院的了解，知道“传媒”是什么含义。

2. 能用连贯的语言讲述自己的大学参访过程，并能认真倾听他人的介绍。

### ■ 活动准备

幼儿园事先联系浙江传媒学院相关人员，沟通好参访的行程；幼儿准备好关于浙江传媒学院的相关问题。

### ■ 活动过程

**(一)交代外出参观的要求**

**(二)走进浙江传媒学院的校史馆、演播厅、广播室等地方**

在走进每个场馆前先听工作人员介绍，然后幼儿与工作人员进行提问和交流。幼儿可以拍照记录。(见图2-3-14)

**(三)回到幼儿园后交流参观浙江传媒学院的感受，说说自己的新发现**

**活动延伸与环境支持**

利用表2-3-4进行活动后阶段的幼儿评价。

图2-3-14 幼儿集体走进浙江传媒学院

表2-3-4 “走进大学”幼儿评价表3

| | 大学的门牌号码 | | | |
|---|---|---|---|---|
| 大学在哪里 |  ①<br>杭州电子科技大学<br>2号大街1158号 | ②<br>杭州经济职业技术学院<br>学正街66号 | ③<br>杭州师范大学<br>学林街16号 | ④<br>杭州职业技术学院<br>学源街68号 |
| | ⑤<br>浙江财经大学<br>学源街18号 | ⑥<br>浙江传媒学院<br>学源街998号 | ⑦<br>浙江金融职业学院<br>学源街118号 | ⑧<br>浙江经贸职业技术学院<br>学林街280号 |

续表

| | 大学的门牌号码 |
| --- | --- |
| 大学在哪里 |  ⑨ 浙江理工大学 2号大街928号 <br>⑩ 浙江水利水电学院 2号大街508号 <br>⑪ 浙江育英职业技术学院 4号大街16号 <br>⑫ 浙江警官职业学院 2号大街688号 <br>⑬ 中国计量大学 学源街258号 <br>⑭ 浙江工商大学 学正街18号 |
| 这些大学在哪条街上 | 学源街 |
| | 学林街 |
| | 学正街 |
| | 2号大街 |
| | 4号大街 |
| 地图上的大学 | 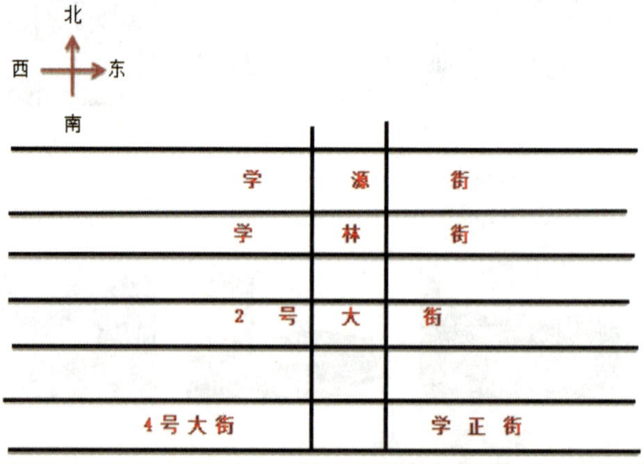 北 西 东 南<br>学 源 街<br>学 林 街<br>2 号 大 街<br>4号大街 学 正 街 |

## 四、我喜欢家门口的大学

在“走出去、请进来”的探索中，幼儿发现大学校园是非常美丽的地方，而且每一所大学都有自己的特色。他们对周围大学的喜爱之情与日俱增，多形式的创意表达自然而然地产生了。

### 活动11　创编儿歌《我家住在大学城》

#### ■ 活动目标

1. 结合自己对14所大学的了解与发现，集体创编儿歌《我家住在大学城》。

2. 尝试用图文表征的方式记录创编内容，并清楚地表达自己组内关于创编内容的想法。

3. 在创编儿歌的过程中，感受大学的美好，为自己是大学城居民感到幸福与自豪。

#### ■ 活动准备

梳理幼儿关于14所大学探究的认知与发现的PPT，相关大学的记录卡，彩色马克笔。

图2-3-15　幼儿创编儿歌的表征内容

#### ■ 活动过程

**(一)谈话引入活动意图**

1. 结合PPT内容，回顾对14所大学的认识与发现。

2. 谈话引入活动主题：集体创编一首关于大学城的儿歌《我家住在大学城》。

**(二)分组创编儿歌**

1. 讨论儿歌创编的内容。

核心提问①：可以把什么创编进这首儿歌呢？

核心提问②：可以夸夸大学的什么？

2. 结合自己喜欢的大学进行分组创编。

3. 小组讨论并记录自己组内关于大学的内容创编。(见图2-3-15)

(三)儿歌欣赏

1. 小组分享自己组内的创编内容。

2. 教师结合小组分享内容进行积极评价。

3. 教师引导幼儿梳理儿歌创编内容。

活动延伸与环境支持

1. 儿歌内容涉及14所大学,一个教学活动要完善儿歌内容,时间不够。因此,我们利用餐前、餐后以及下午活动时间继续相关内容的创编。

2. 主题墙呈现幼儿小组创编的内容,对于幼儿有积极赋能的作用,并能启发幼儿主动参与创编的积极性。因此,在每一次的创编之后,教师都会及时将幼儿的创编内容在班级里呈现、粘贴。

3. 在幼儿创编之后,我们请园内教师和大学教师家长一同完善了这首儿歌。

**附儿歌:**

**我家住在大学城**

钱塘畔,大学城,十四所大学齐聚堂。
国际唯一是计量,杭电科技不一般,
浙江传媒响当当,理工服装真闪亮,
杭州师范育人忙,警官学院功夫强。
水利水电历史长,利民工程造四方。
杭职育英技术多,动画空乘名声响,
还有那,
经济金融和经贸,财大工商理财棒。
我家住在大学城,身边的大学尽该哉!

## 活动12　画画我心中的大学

### ■ 活动目标

1. 能够结合参访照片,用完整的句式回忆参访大学的经历,并主动表达自己对特定场景的喜好理由。

2. 尝试将具象观察与未来想象相结合,用形状组合、符号表征等美术语言设计自己理想的大学。

3. 愿意用“小画家导览”的方式向同伴介绍作品中隐藏的大学故事,对自己的设计感到满意。

## ■ 活动准备

提前收集的大学照片、纸笔若干。

## ■ 活动过程

**（一）照片回忆参访经历**

出示之前幼儿拍摄的大学风景照，提问：这是哪所大学的什么地方？你喜欢这个地方吗？你还喜欢这所大学的哪些地方？

**（二）说说自己未来想上的大学**

关键提问：长大了你想上怎样的大学？里面有什么？

**（三）画画自己未来想上的大学**

1. 幼儿进行自由创作，教师巡回指导。
2. 可以在电视上播放大学照片，帮助能力弱的幼儿。

**（四）分享交流**

请幼儿介绍自己的作品（见图2-3-16、2-3-17），用大拇指贴相互评价。

图2-3-16　幼儿设计的杭电大门设计

图2-3-17　幼儿设计的杭职女装

# 活动13　搭建大学城

## ■ 活动目标

1. 回顾大学校园的建筑和景观照片，运用各种材料搭建出自己印象深刻的场景。
2. 能够和同伴商议建构主题，合作进行搭建，体验建构表征活动的快乐。

## ■ 活动准备

各种建构材料、其他班级建构作品的照片、白纸、笔。

## 活动过程

**(一)交代学习任务**

师:这段时间我们探索大学城好开心呀！你们想不想在幼儿园里造一座大学城,然后请弟弟妹妹来参观?

**(二)讨论建构计划**

1. 按照意愿,自主分组。

关键提问:钱塘区大学城里有很多大学,你想造哪所大学呢?

有共同意愿的幼儿组成团队。

2. 分组讨论建构的详细计划。

关键提问:你们想造什么样的大学?用什么材料?怎么分工?

教师为幼儿提供大学的实景照片、他人搭建的作品照片、画图纸等,支持幼儿做计划。

**(三)幼儿分组合作建构大学**

教师观察每一组的建构情况,单独进行指导,为每个组提供足够的材料。

图 2-3-18　幼儿建构的钱塘大学城

**(四)相互参观提修改建议**

1. 幼儿自由参观各组作品(见图 2-3-18),每组派出一名代表介绍本组作品。

2. 同伴可以给予好评,也可以提出改进建议。

3. 根据他人的建议修改完善作品。

## 活动延伸与环境支持

1. 幼儿的作品需要花时间不断地完善，同伴之间可以每天进行相互评价，为他人贡献自己的智慧。

2. 幼儿分享自己的建构故事，教师一对一倾听，视情况给建议。

## 项目成果

### 钱塘大学城的夸赞会

#### (一)夸赞会前准备

1. 结合视频和图片，回顾建构大学城的过程。

2. 共同探讨夸赞会的夸夸内容和形式，以及需要准备的东西，教师将幼儿的探讨内容以思维导图的方式记录梳理。

3. 根据自己喜欢的夸赞形式进行分组练习。

4. 共同讨论邀请园内哪些班级来参加我们的夸赞会，书写邀请卡(见图2-3-19)，并送到相应的被邀请班级。

5. 在夸赞会正式开始前，和同伴进行一次模拟彩排。

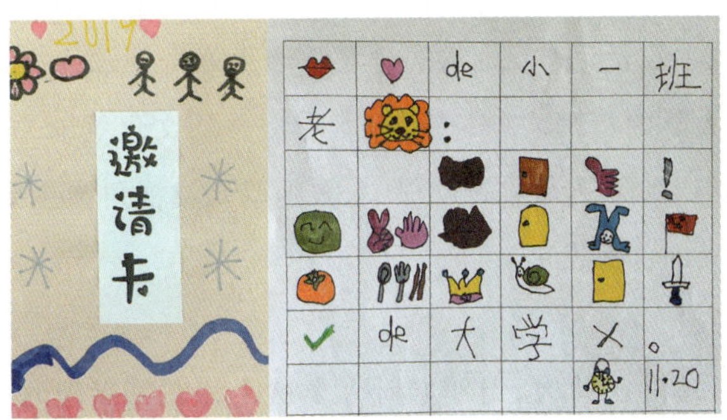


亲爱的小一班老师：

你们好！欢迎你们到棋室参观我们建构的大学城。

参观时间：11月20日

图2-3-19 小组制作的邀请卡

#### (二)夸夸钱塘大学城

1. 分组向受邀者介绍自己组建构的大学。(见图2-3-20)

2. 个人分享探访大学的故事。(见图2-3-21)

3. 快板朗诵儿歌《我家住在大学城》。

图2-3-20　幼儿向受邀者介绍自己建构的大学

图2-3-21　幼儿分享小组走进大学的体验





**(三)同伴交流与反思评价**

1. 同伴分享夸赞会后的体验与感受。

2. 结合视频和照片进行自评和他评。

3. 回顾“走进大学”开展过程，请家长和教师对孩子的能力发展情况进行积极评价。

## 项目反思

在“走进大学”的项目活动中，幼儿从对大学产生好奇到深入探访大学，在多次走访与探秘过程中，发现大学的特别之处，感受到大学浓厚的文化氛围，并为自己是大学城居民而感到幸福与自豪。在探秘大学的过程中，教师以儿童视角为主导，多元互动助探究，动态环境链经验，过程评价促发展。

1. 儿童视角为主导。

兴趣是幼儿学习的内在动力，当他们对大学这个话题感兴趣时，会表现出更高的积极性与参与度，愿意投入更多的时间和精力去探究和学习。在活动实施前，我们从幼儿的谈话中发现他们对“大学”开始产生兴趣。什么是大学？大学是什么样的？它和幼儿园是一样的吗……在幼儿的好奇中，我们积极利用家长资源和周边资源一同开启了大学的探秘之旅。在兴趣的引领下，幼儿和家长一同走访了周边的大学，了解到大学的名称和基本信息，并且幼儿能准确地描述出认知内容，知道了下沙是由14所大学组成的大学城。在兴趣的驱动下，衍生出一系列问题：这些大学里有什么？大学名字有什么特殊的含义呢？哥哥姐姐在大学学什么本领……于是，我们在这些问题的主导下，通过走进去、请进来的多样化形式一步步深入探秘大学。

2. 多元互动助探究。

幼儿对大学的深入探究，需要多元化的互动支持。同伴之间、师幼之间、亲子之间以及环境之间的多元互动，能够很好地促进幼儿主动探究的积极性。幼儿进行一段时间的探秘后，发出了更深层次的提问：我们看的动画片是怎么做出来的？为什么叫中国计量大学？计量是什么意思……这些问题涉及教师的知识盲区。因此，我们诚邀在大学工作的家长、大学教师以及在校大学生走进我们的幼儿园，与幼儿面对面地交流，解答他们的疑问。有些未能得到解答的问题，我们再次走进大学与大学师生交流，寻找问题的答案。

3. 动态环境链经验。

班级环境对幼儿达成探究目标有着弥漫性的影响，互动的、回应性的环境创设能延续探究，引发思考，并强化认知与经验的获得。例如，在探秘大学的过程中，每个幼儿都有自己感兴趣的话题和不同的探秘方向，如何尊重幼儿的个体差异、让幼儿共享自己的探秘经验、提升他们关键问题的梳理能力？我们创设了主题墙。主题墙跟随幼儿探究的步伐，不断呈现他们提出的问题和探索后获得的发现。幼儿通过主题墙的提示能够回顾自己的探究历程，知道自己当下探索的目标，还能知道同伴的所思所想。主题墙是幼儿梳理经验、延续经验、共享经验的物化环境，它不断地回应和支持幼儿的学习探索。

（张则琳　陈云雅　沈玲嫣）

## 板块3

# 探游钱塘景

该板块的项目活动来自幼儿对钱塘自然和人文的探索。幼儿通过“游玩—研学—宣传”流程感知钱塘的地理风貌，体验钱塘的民俗生活，了解钱塘的江南文化，发现优美自然的生态环境。游公园、探古迹、观潮水、酿麦烧、做酱菜……幼儿与家人一起享受钱塘的美好生活，传承钱塘文化。

# 项目1



## 春到高沙渠(小班)

### 项目缘起

高沙渠是星河幼儿园的“后花园”。春天,这里的风景独好,渠水清澈蜿蜒,渠边杨柳依依,各种花朵竞相开放,美不胜收……孩子们知不知道一墙之隔就有如此好的春色呢?“老师,昨天妈妈和我在河边玩,我看到小蝴蝶了!”“小蝴蝶是什么颜色的?”“是白色的,它飞到黄色的小花上!”“是的,春天来了,天气暖和了,花开了,蝴蝶也出来了。”“老师,我也要去看蝴蝶!”“好的,我们到公园看蝴蝶去!”于是,我们同幼儿一起开始探究高沙渠的春天。

### 项目导图

图3-1-1 “春到高沙渠”项目导图

## 项目目标

1. 通过持续观察发现高沙渠公园春天的变化，感知大自然的多彩和美丽。

2. 能够用视觉、嗅觉、触觉等多种感官探索高沙渠公园的春天，在深入探究的基础上，尝试用多种方式来表达高沙渠公园春天的美丽。

3. 愿意亲近大自然，喜欢自己探究并乐意和周围的人分享美好的事物。





## 项目启动

### 一、谈话聚焦

在活动开启前，教师与幼儿一起展开了关于"高沙渠"的话题：你们喜欢高沙渠吗？为什么？最喜欢高沙渠的什么？提到熟悉的高沙渠，幼儿们的话匣子一下子就打开了，纷纷举起小手表达着自己的想法。有人喜欢高沙渠的大草坪，有人中意曲折蜿蜒的小路，有人喜欢满园竞相开放的花朵和满眼的绿色。高沙渠的春天到底是怎样的呢？我们仔细地去探索吧！

### 二、亲子游园

实地的探游不仅能够带给小班幼儿最直观的感受和体验，亲子共游的形式让家长也积极参与到我们的项目活动中来，孩子们在爸爸妈妈的陪伴下会有不一样的情绪体验。在项目开始前，教师邀请家长利用周末的时间带孩子去高沙渠公园游玩，看一看高沙渠的春天，找一找有哪些变化，将孩子眼中"高沙渠的春天"用照片的形式记录下来，制作成展板，和孩子一起发现高沙渠的春天。

### 三、环境激发

1. 主题墙：将幼儿的亲子游展板张贴在走廊和主题墙上，同时实时记录幼儿的探索过程。

2. 语言区：在语言区投放与春天主题相关的绘本供幼儿自主阅读，同时投放春天背景的故事图片引导幼儿进行故事仿编。

3. 科学区：在科学区投放各种春天的动植物图片，发现其相同点和不同点，尝试记录自己的发现。

4. 美工区：投放黏土、树枝、毛根、纸杯等多种材料，自由创作有关于春天的一切事物。

5. 自然角：鼓励幼儿在自然角种植适合在春天进行播种的植物并悉心照顾，用心记录，也可以饲养一些小动物。

## 四、资源利用

1. 物质资源。幼儿园室内外的各个区域、与春天有关的多媒体教学资源(绘本、歌曲、儿歌等)。

2. 人力资源。星河教师团队、高沙渠公园所属社区街道工作人员、公园管理人员、家长、高校志愿者。

3. 环境资源。幼儿园毗邻的高沙渠公园。

## 五、问题驱动

教师提出问题,引导幼儿发现高沙渠的春天,在寻找春天的过程中激发幼儿的兴趣,让他们体验探究过程,收获关于高沙渠春天的积极经验。同时,教师倾听并记录幼儿的所思所想。

1. 春天是什么样的?

2. 春天的高沙渠有什么变化?

3. 你喜欢高沙渠的春天吗? 为什么?

# 项目推进

## 一、寻春之踪

初春的周末,幼儿和家长共同游玩了高沙渠公园。初春的高沙渠是怎样的呢? 有哪些动植物发生了变化? 幼儿在家长的协助下用镜头记录下来,并且制作成展板拿到幼儿园和同伴交流。随后我们正式开始探寻高沙渠的春天。

### 活动1　我找到的春天

■ 活动目标

1. 欣赏亲子制作的探索展板,初步了解高沙渠初春的变化。

2. 能够清楚地介绍自己找到的春天,愿意在同伴面前介绍自己眼中高沙渠最美的地方,大胆分享自己的发现。

3. 对春天的高沙渠产生兴趣,有探索欲望,能够积极参与到活动中来。

■ 活动准备

1. 经验准备:和爸爸妈妈探游过高沙渠公园。

2. 材料准备:亲子游玩高沙渠的展板、多媒体设备、大卡纸、马克笔。

■ 活动过程

**(一)师幼谈话,诱发兴趣**

1. 教师与幼儿进行谈话,请幼儿说一说自己有没有找到春天,春天在哪里呢。

关键提问:你找到春天了吗?在哪里找到的?春天是什么样的?

2. 鼓励幼儿自由回答,教师肯定幼儿的积极参与,将话题停留在高沙渠。

关键提问:星河幼儿园后面小公园有一个好听的名字,叫作高沙渠。有小朋友在那里发现美丽的春天了吗?

**(二)出示展板,欣赏春天**

1. 教师出示幼儿制作的高沙渠展板,鼓励幼儿大胆表达。

关键提问:请你说一说你在高沙渠找到的春天,它是什么样的,你觉得哪里最美?

2. 教师结合幼儿的介绍,以简笔画的形式帮助幼儿梳理高沙渠春天的各种事物及变化。

3. 师幼共同说一说高沙渠里的春天是怎么样的。

**(三)点名游戏,熟悉春景**

1. 教师设计点名游戏"我最喜欢高沙渠春天的……",帮助幼儿完整地说一个短句。

2. 教师小结:哇,春天的高沙渠公园里花开了、树绿了……还有好多好多美丽的景色,下次我们再一起去游览,寻找春天的足迹吧。

活动延伸与环境支持

1. 将幼儿制作的展板张贴在主题墙或走廊上,让幼儿和家长可以随时欣赏,进一步增强幼儿对自己作品的自豪感和成就感。

2. 鼓励幼儿在日常生活中继续观察高沙渠的春天,发现更多的春天元素,并定期更新展板内容,保持幼儿对春天探索的持续兴趣。

3. 安排一次实地探索活动,带领幼儿亲自到高沙渠去寻找和观察春天,让他们亲身感受春天的美好,进一步加深对春天的认识和了解。

4. 延伸活动:欣赏故事《春天的电话》,通过观察图片感知"小动物们互相告知春天到来"的故事情节,体验阅读的乐趣。

## 活动2　大家一起游高沙渠

■ 活动目标

1. 和老师、同伴一起游高沙渠,用工具仔细观察公园里的动植物,能和老师、同伴说说自己的观察发现。

2. 喜欢大自然，在游览中感受春天里高沙渠公园的美。

## ■ 活动准备

1. 经验准备：幼儿知道集体外出游览的规则。

2. 材料准备：镂空拍照卡纸、放大镜等材料、卡纸、马克笔。

## ■ 活动过程

**（一）谈话导入，链接经验**

教师与幼儿进行谈话导入，链接前期游览经验，布置游览小任务。

师：同学们，周末你们与爸爸妈妈一起去了高沙渠公园，今天我们又要去参观高沙渠公园，请你们再用自己的小眼睛仔细观察一下这些花、树、小动物，看看它们有什么新变化。如果发现新变化，我们可以用相机拍下来。

**（二）实地探游，发现变化**

1. 教师组织幼儿进行集体探游（见图3-1-2），引导幼儿看一看高沙渠有没有什么新变化。

2. 教师引导幼儿观察高沙渠的变化，可以根据颜色、形态、多少等来进行记录。

**（三）观察对比，分享发现**

1. 教师用照片、视频的形式记录幼儿的探访过程，组织幼儿记录下自己的发现。（见图3-1-3）

2. 师幼共同分享第二次游览过程中的变化，并绘制思维导图。

图3-1-2　集体初探高沙渠

图3-1-3　幼儿用喜欢的方式记录发现

## 活动延伸与环境支持

1. 在出游后，鼓励幼儿用绘画、手工或照片等形式记录他们在高沙渠公园的所见所闻，并张贴在教室，供其他幼儿和家长欣赏。

2. 保留幼儿们探索的痕迹、拍摄的照片等，呈现在主题墙上。

3. 延伸活动：通过"春天主题"的歌曲欣赏，结合高沙渠的春景图片理解歌词内容，能够跟随节奏律动，并尝试用动作表现歌曲。感受歌曲的优美旋律和春天的美好，增进对春天的喜爱。





## 活动3　你找到的和我找到的

### ■ 活动目标

1. 说说自己观察到的和同伴观察到的春天事物有什么不一样，在对话中感受春天的绚丽多彩。

2. 发现春天的动植物是多种多样的，在教师的帮助下尝试给它们分类。

3. 愿意说出自己的想法，积极表达。

### ■ 活动准备

1. 经验准备：幼儿和家长一起制作了展板，集体游览了高沙渠。

2. 材料准备：集体探游照片、黑板、卡纸、马克笔。

### ■ 活动过程

**（一）出示照片，唤醒经验**

1. 教师出示集体探游高沙渠的照片，请幼儿说一说他们有什么发现。

2. 根据幼儿的回答，教师用简笔画的形式记录下幼儿的想法。

**（二）比较不同，发现多样**

1. 教师请幼儿说一说，自己和同伴的发现有哪些异同。

2. 幼儿自由表达，教师结合幼儿的介绍进行分类记录，按照植物、动物、其他的类别进行梳理。

3. 教师小结：原来高沙渠的春天有很多动植物，有花有草，还有一些动物，有好多美丽的东西，真是太漂亮了。

**（三）提出问题，寻找答案**

1. 教师先提问：有没有小朋友知道，哪些动植物是春天特有的，它们是怎么告诉我们春天来了的？

2. 鼓励幼儿根据自己的观察和经验，提出自己的问题和猜测。

3. 教师将幼儿想法记录在大卡纸上，作为下次探游的小任务。

### 活动延伸与环境支持

1. 把分类的图示张贴在主题墙区域，引导幼儿在空闲时候可以去看一看、说一说，同时用录音的形式让幼儿记录下自己的问题。

2. 在表演区投放与春天相关的音乐、乐器(如铃鼓、沙锤等简易打击乐器)和道具(如花朵、蝴蝶头饰等),鼓励幼儿在自由活动时间自由组合,进行音乐创作和表演,延续对春天的探索和表达。

3. 在绘本区投放绘本《春天来了》,理解绘本内容,进一步了解春天的特点和变化,感知春天的美丽,尝试运用多种感官关注自然环境的变化,喜欢春天,感受春天的勃勃生机和美丽多彩。



## 活动4　高沙渠的变化

### ■ 活动目标

1. 结合自己的探游经历说出看到的事物,用简单的语言描述动植物变化的细节。

2. 乐意在同伴面前大胆讲述自己的发现,尝试猜测变化的原因。

### ■ 活动准备

1. 经验准备:幼儿在集体游高沙渠时,细致观察过某些动植物。

2. 材料准备:高沙渠变化的图片、游览照片、视频、大卡纸、马克笔。

### ■ 活动过程

**(一)共同回顾,唤醒经验**

1. 教师与幼儿共同回顾探游高沙渠的活动,唤醒幼儿的经验,激发活动兴趣。

2. 幼儿自由回答,如果幼儿没有想法,教师可以主动分享自己记忆中有趣的事情来引导幼儿。

**(二)出示照片,梳理发现**

1. 教师用照片的形式呈现幼儿发现的变化(动植物等)。(见图3-1-4)

关键提问:你们有没有发现高沙渠的变化,有哪些变化呀?

2. 教师引导幼儿结合照片说一说高沙渠都有哪些变化,用思维导图的形式记录下来。(见图3-1-5)

3. 教师播放视频帮助幼儿进一步感受春天的多样变化,丰富幼儿的感知。

**(三)师幼讨论,探讨原因**

1. 教师结合思维导图提出疑问:为什么高沙渠会有这些变化呢?

2. 幼儿自由回答,懂得春天气温回升、万物复苏的特点。

图 3-1-4　幼儿根据照片梳理动植物的变化

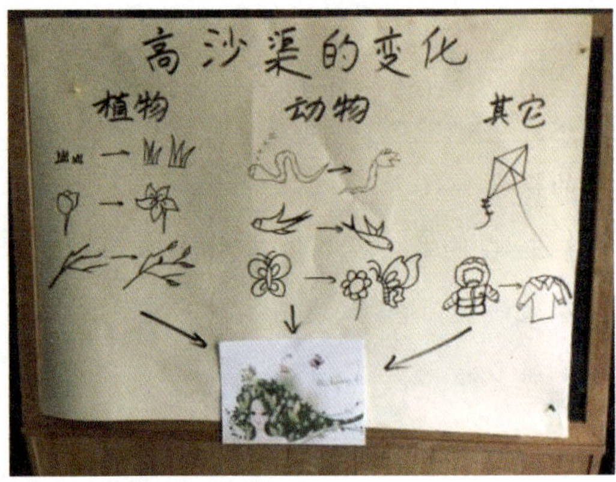

图 3-1-5　幼儿发现“高沙渠的变化”思维导图

**活动延伸与环境支持**

1. 将“高沙渠的变化”思维导图呈现在教室环境中，让幼儿自由浏览讨论并小结高沙渠的变化规律及其背后的原因。

2. 回家后和家长一起搜索春天的气候变化特点，进一步感知动植物发生变化的原因。

3. 对第一阶段的学习进行评价。

## 二、察春之变

春天的变化很快，高沙渠的春色越来越浓，各种花卉竞相开放，公园变得越来越美丽。于是，我们加快探索的脚步，每天都去高沙渠公园里观察自己喜欢的动植物。幼儿们在公园的真实场景中玩、画、说、唱、舞，全身心地感受春天的神奇变化和美好。

### 活动 5　百花盛开的季节

**■ 活动目标**

1. 重点观察高沙渠里的花，用感官感知各种花的特征，了解这些花的名称。

2. 在细致观察中，感受春天百花齐放的美。

**■ 活动准备**

1. 经验准备：幼儿知道高沙渠有很多花开了。

2. 材料准备：春天的花朵图片、儿童相机、放大镜、写生板、笔等。

## 活动过程

**(一)交代任务,诱发兴趣**

1. 教师出示图片并提问,引发幼儿回忆。

关键提问:春天有哪些花? 你们在高沙渠看到过哪些花朵,分别叫什么名字?(见图3-1-6)

2. 幼儿自由回答,教师肯定幼儿的积极参与。

3. 交代任务。

高沙渠的花又多又好看,今天我们带上放大镜、相机再去仔细找找还有哪些花,再仔细看看这些花的样子,我们还可以用鼻子闻一闻它的气味,然后把它画下来。

**(二)实地观察,多种记录**

1. 看一看,闻一闻。幼儿用放大镜仔细观察找到的花,闻一闻花的气味。(见图3-1-7)

2. 画一画,说一说。幼儿把自己观察过的花画下来,边画边说自己所画花的特点。

3. 扫一扫,拍一拍。教师用手机扫一扫幼儿新发现的、不知名的花,让幼儿了解它的名称,然后用相机拍下来。

**(三)集体交流,梳理发现**

1. 说一说今天自己有没有新发现。

关键提问:今天你在观察高沙渠的花的时候有没有新的发现?

教师从花的特征、花的种类等维度引导幼儿的表达。

2. 梳理近段时间观察发现的花,了解花的具体名称和基本特征。

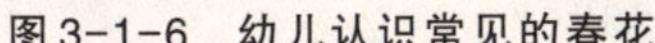

图3-1-6 幼儿认识常见的春花

图3-1-7 幼儿在樱花树下捡花瓣

活动延伸与环境支持

1. 在教室或活动区域内布置春花展览角，收集并展示各种春花的图片、干花、花朵模型或手绘作品，营造浓厚的春花氛围。

2. 美工区投放各种能够制作花朵的材料，鼓励幼儿发挥想象力和创造力动手制作。

3. 回家后与家长一起继续探索春天里的花朵，可以是附近的公园、花园或是家中的阳台。通过亲子共探的方式，增进亲子关系，同时让幼儿在不同环境中发现更多春天的美好；记录下自己新发现的花朵名称、颜色、形状等特征，并尝试用简单的语言或图画描述给家长听。



## 活动6　柳树发芽啦

### ■ 活动目标

1. 在现场写生活动中细致观察河边柳树的生长状态，感受“绿柳拂波”的动态之美。

2. 喜欢用肢体动作、吟诵古诗的方式，表达自己对柳树和对春天的喜爱之情。

### ■ 活动准备

1. 经验准备：有部分幼儿在探游过程中关注到了发芽的柳树。

2. 材料准备：柳树发芽视频、写生板、A4纸、画笔、古诗挂图及视频。

### ■ 活动过程

**(一)视频导入，交代任务**

1. 教师播放“柳树发芽”视频，请幼儿观察柳树的生长过程，结合自己的探游经验，说一说自己的观察和发现。

2. 幼儿自由回答，教师鼓励幼儿积极表达自己的想法。

3. 教师交代写生任务：带上写生板和画笔等工具，去公园观察柳树，并用自己喜欢的方式画下来。

**(二)户外写生，感受美丽**

1. 教师组织幼儿到高沙渠公园能观察到柳树且空旷的地方，进行户外写生。

2. 幼儿写生过程中，教师巡回观察，注意幼儿的安全。

3. 交流户外写生时对柳树的观察发现和感受。

关键提问：今天我们在河边画柳树，你看到的柳树是怎样的？

4. 幼儿分享自己的写生作品，尝试用简单的句子进行交流，教师鼓励幼儿积极发言。

**(四)学念古诗**

1. 教师配乐示范朗诵古诗《咏柳》，配合挂图讲解古诗的意思。

2. 在教师的带领下幼儿一起学念古诗。

活动延伸与环境支持

1. 将《咏柳》的古诗挂图呈现在语言区，让感兴趣的幼儿诵读学习。

2. 在户外活动时，引导幼儿观察其他落叶树发芽的情况。

3. 在班级的自然角里，种植一些易于生长且春季特征明显的植物，如豆芽、小葱或是小型花卉（如向日葵幼苗、雏菊等），让幼儿每天观察并记录它们的生长变化，与户外树木的生长过程形成对比与联系。

4. 在美工区投放黏土、树枝等材料，可以让幼儿发挥想象制作柳枝，装扮教室。



## 活动7　蝴蝶、蜜蜂飞来了

### ■ 活动目标

1. 认识并了解蝴蝶和蜜蜂的基本特征、生活习性，以及它们对于自然界的重要性，发现大自然的神奇奥秘。

2. 通过观察和讨论，教师鼓励幼儿说一说蝴蝶和蜜蜂的异同点，大胆表达自己的想法。

3. 萌发对春天昆虫的好奇心和探索欲，感受春天的生机勃勃。

### ■ 活动准备

1. 经验准备：个别幼儿在探游过程中发现高沙渠公园有蝴蝶飞过。

2. 材料准备：科普视频、手机。

### ■ 活动过程

**（一）猜谜导入，诱发兴趣**

1. 教师说谜面，引导幼儿关注其中的信息，根据线索猜一猜谜底是什么。

2. 教师鼓励幼儿积极思考，参与到猜谜活动中，说一说自己的猜测理由。

3. 教师公布答案：蝴蝶和蜜蜂。

4. 幼儿自由讨论，说一说自己平时遇见蝴蝶、蜜蜂的经历。

**（二）现场寻找，精准捕捉**

1. 教师组织幼儿外出进行实地寻找，看看能不能找到蝴蝶和蜜蜂的身影。

2. 幼儿寻找过程中，教师注意幼儿的安全，并记录幼儿的活动过程。

3. 找到蝴蝶和蜜蜂的踪迹之后，请幼儿仔细观察蜜蜂、蝴蝶在干什么。

**（三）视频科普，交流想法**

1. 回到教室后，教师组织幼儿观看手机拍摄的活动过程，说一说他们有没有找到蜜蜂蝴蝶，找到的蜜蜂、蝴蝶在干什么。

2. 幼儿自由回答，并提出自己感兴趣的问题，教师记录下来。

3. 教师播放科普视频，鼓励幼儿在其中寻找答案。

4. 布置小任务：和爸爸妈妈一起寻找生活中蝴蝶、蜜蜂的踪迹，再找一找还有哪些春天特有的昆虫动物。




活动延伸与环境支持

1. 制作蝴蝶、蜜蜂的科普展板，呈现在教室里。

2. 阅读区投放关于蝴蝶、蜜蜂的图书，让幼儿在空闲时间阅读。

3. 在表演区投放《蝴蝶飞》《蜜蜂做工》等音乐，以及蝴蝶翅膀、蜜蜂触角等头饰服饰，让幼儿进行表演。

4. 请家长和幼儿一起再次寻找更多春天的动物，可以记录下来一起分享。

5. 在班级的自然角饲养蝌蚪，支持幼儿观察记录它的生长过程。

三、赞春之美

经过一段时间的实地探游、观察体验、集体讨论，幼儿们对于高沙渠的春天已经有了深刻的认识，对春天里的勃勃生机和缤纷多彩有了深入的了解。他们开始用自己的方式来表达对春天的喜欢，赞美春天。

## 活动8　花开了

### ■ 活动目标

1. 在音乐游戏情境中，进一步感知春天花儿的多样性。

2. 能跟随音乐用肢体动作创意表现花开的样子，愿意大胆表达自己的想法。

3. 发挥想象力和创造力，积极参与到艺术表达活动中。

### ■ 活动准备

1. 经验准备：幼儿对花的开放过程和开放姿态有所了解。

2. 材料准备：音乐《花开了》、开花的视频、花园的环境布置。

### ■ 活动过程

**(一)出示图片，唤醒经验**

1. 教师出示各种花开的图片，说一说各种花的名称，唤醒幼儿的已有经验。

关键提问：你认识哪些花儿？这些花你喜欢吗？

2. 幼儿自由表达，教师给予积极肯定。

**（二）欣赏视频，引发思考**

1. 教师播放花开的视频，与幼儿一起欣赏。

2. 教师与幼儿尝试用动作表现开花的样子，伴随音乐发现开花的节奏点。

关键提问：花是怎么开的？请你用动作来做做看。小花是在什么时候开的？

3. 教师与幼儿跟随音乐创编3种不同的开花动作。

**（三）开花游戏，自由创意**

1. 教师给予幼儿充分的创意空间，引导幼儿用肢体语言大胆创编各种不同的开花动作。

师：春天有很多花会开，我们一起听着音乐来开各种不同的花吧！

2. 教师尝试引导幼儿开不同层次的花（最喜欢的、身体开花、同伴合作开花）。

**活动延伸与环境支持**

1. 在表演区创设“花园”的表演情景，鼓励幼儿通过音乐和肢体动作来展现开花的生机与活力。

2. 在日常生活中，引导幼儿观察不同种类的花朵开放时的形态和动作，如慢慢绽放、轻轻摇曳等，并鼓励他们将这些观察结果转化为肢体动作。

## 活动9　春花赞

### ■ 活动目标

1. 熟悉并喜欢儿歌《春花赞》，能够流利地朗诵儿歌。

2. 通过儿歌的学习，深入感受春天的美好，认识不同种类的春花，并理解它们各自的颜色、特点。

3. 萌发对春天花朵的喜爱，愿意赞美春天美丽的花儿。

### ■ 活动准备

1. 经验准备：幼儿对高沙渠有哪些花以及各种花的样态有所了解。

2. 材料准备：儿歌图谱、各种花朵图片、轻音乐。

### ■ 活动过程

**（一）音乐导入，引发兴趣**

1. 教师播放轻音乐，引导幼儿沉浸在安静轻松的氛围中，感受春天的美好。

2. 教师提问，鼓励幼儿大胆回答并分享自己的发现。

关键提问：春天到了，高沙渠的哪些花儿开了？它们都有什么颜色？

3. 教师根据幼儿的回答出示相应的图片。

**(二)结合图谱,学习儿歌**

1. 教师结合图片,完整念儿歌一遍。

关键提问:高沙渠的春花都有哪些颜色? 红色的是什么花? 黄色的是什么花? ……

2. 教师配合响板有节奏地念儿歌《春花赞》,感受儿歌的韵律和节奏。

关键提问①:儿歌里的桃花是怎样的?"娇艳"是什么意思?

关键提问②:"迎春黄黄闪亮眼"是什么意思?

关键提问③:"樱花粉粉舞翩翩",它是怎么舞的? 谁来学学樱花飞舞的样子?

关键提问④:为什么说"紫荆簇簇笑开颜"?

关键提问⑤:"梨花树树白衣俏"是什么意思?

3. 集体跟念儿歌2次,分组念2次。

**(三)分角色游戏**

1. 交代游戏规则:每个幼儿选择扮演一种花,当儿歌念到自己的时候就从座位上"开花",儿歌念到最后一句"春花开放齐争艳,齐! 争! 艳!"时离开座位,全体做造型。

2. 教师念儿歌,幼儿游戏若干遍。

**活动延伸与环境支持**

1. 将儿歌《春花赞》的图谱粘贴在语言区,为儿歌编配简单的音乐旋律,或选取一首与春天和花朵相关的背景音乐,引导幼儿在音乐伴奏下朗诵儿歌,甚至可以尝试编排简单的舞蹈动作,让儿歌学习更加生动有趣。

2. 鼓励家长与幼儿一起学习儿歌《春花赞》,可以在家中进行亲子朗诵、表演等活动,增进亲子关系,同时加深幼儿对儿歌内容的理解和记忆。

3. 建议家长利用周末或假期时间,带幼儿到户外寻找和观察春天的花朵,结合儿歌内容进行实地教学,让幼儿亲身体验春天的美好。

**附儿歌:**

**春花赞**

高沙渠畔春花开,红黄粉紫还有白。

桃花红红真娇艳,迎春黄黄闪亮眼,

樱花粉粉舞翩翩,紫荆簇簇笑开颜,

梨花树树白衣俏,春花开放齐争艳,齐! 争! 艳!

## 活动10　我最喜欢春天的……

### ■ 活动目标

1. 结合自己的经验，说一说自己最喜欢的春天事物，并简单说明理由。

2. 能够倾听同伴的分享，同时积极大胆地表达自己的想法。

3. 充分感受春天的盎然生机，感恩春天的到来。

### ■ 活动准备

1. 经验准备：探索了高沙渠里的春天，积累了有关于春天的丰富经验。

2. 材料准备：大卡纸、记号笔、五角星贴纸。

### ■ 活动过程

**（一）回顾活动，链接经验**

1. 教师结合展板、探游图片及视频、调查表格等材料，和幼儿共同回顾目前的活动进程，请幼儿说一说自己的发现和感想。

2. 幼儿自由表达。

3. 教师小结：我们发现了高沙渠美丽的春天，找到了春天里很多美丽的事物，请你挑选你最喜欢的那一个。

**（二）自由表达，共享信息**

1. 教师组织幼儿自由表达，说一说自己最喜欢的春天事物，并简单说明理由。

2. 教师记录下幼儿的回答，用简笔画的形式记录在大卡纸上。

3. 在幼儿分享的过程中，提醒幼儿要耐心、用心倾听同伴的分享，同时想一想自己有没有这些发现，鼓励幼儿大胆表达。

**（三）投票选择，感受美好**

1. 教师发放给幼儿五角星贴纸，让他们每人选2个最喜欢的春天事物，将五角星贴纸张贴在下面。

2. 教师小结：有人喜欢花朵，有人喜欢树，有人喜欢小动物，这么多美好的事物都是春天带给我们的，我们要谢谢春天的礼物。

### 活动延伸与环境支持

1. 鼓励幼儿在家用自己喜欢的方式表达对春天的喜爱。

2. 继续和爸爸妈妈探索春天，用照片、视频的方式记录下来，带到幼儿园分享。

3. 把幼儿的探索过程做成展板呈现在教室中。

## 项目成果

### 星河花朝节

**（一）花朝节的准备**

1. 教师和幼儿一起根据花朝节的计划明确具体内容和活动流程。

2. 师幼共同讨论每个岗位的具体职责，清楚花朝节的具体内容、活动流程、自己要完成的任务。

3. 幼儿通过互投的形式评选出花朝节最终展示的个人和集体的作品，并共同讨论如何呈现，需要怎样美化。

4. 幼儿分组排练花朝节的节目，细化表情及动作，确定服装。

5. 幼儿以视频的方式邀请园长妈妈、爸爸妈妈及小伙伴来参加高沙渠的花朝节，说清楚时间地点，乐意向身边的人介绍自己参与的节日庆典，萌发对节日的期待。

6. 教师联系街道、社区工作人员申请场地，同时发放邀请函（见图 3-1-8、3-1-9），邀请社区适龄儿童及其家长参加“星河花朝节”活动。

图 3-1-8　高沙渠地图

图 3-1-9　“星河花朝节”邀请函

**（二）花朝节的过程**

1. 教师和幼儿再次根据花朝节的计划明确自己的任务和职责所在。

2. 各班在高沙渠公园展示幼儿在主题中创作的作品（个人＋集体），幼儿与家长共同欣赏，同时向社会人员介绍自己的探索过程。

3. 园长妈妈致开幕词，各班以律动、舞蹈、古诗等形式宣传高沙渠公园美丽的春天，展示自己的探究过程及成果。

4. 幼儿在家长的陪同下拿着巡游卡进行游园活动：编花环、咏古诗、猜花谜、品花味、挂红绳等，深度体验星河花朝节。

5. 游园结束，幼儿跟随家长有序离场，教师进行收尾工作，保持场地的整洁。

（图 3-1-10～3-1-13 是花朝节活动现场照片）

图 3-1-10 “星河花朝节”现场布置

图 3-1-11 幼儿介绍展板内容

图 3-1-12 幼儿和妈妈一起猜花谜

图 3-1-13 幼儿和爸爸一起挂红绳祈福

**（三）花朝节的反思**

1. 花朝节结束后，结合视频和照片回忆花朝节的场景。

关键提问①：你喜欢花朝节吗？最喜欢哪个活动？

关键提问②：你希望明年的花朝节还有什么活动？

2. 幼儿相互评价在花朝节中的表现。

关键提问①：花朝节的时候你做了哪些事情？你觉得自己的表现怎样？

关键提问②：你想夸夸哪个小伙伴在花朝节的时候表现很好？

3. 幼儿对自己在花朝节中的表现进行评价。

## 项目反思

从乍暖还寒的初春，到繁花似锦的仲春，再到满目翠绿的暮春，幼儿在“春到高沙渠”项目中经历了一次自然的教育。

1. 沉浸在大自然里才能有真体验。

春天在大自然里，要探究春天就要在大自然中进行。所以，我们充分利用与幼儿园一墙之隔的高沙渠公园，把它作为学习的场域，让幼儿在大自然中沉浸式学习。在大草坪上放肆奔跑，感受风的自由；在蜿蜒小径中淋桃花雨，沐浴花的芬芳；体验青青河岸边杨柳拂面，吟诵树的洒脱；观察迎春花丛旁蝴蝶蜜蜂飞过，明白生命的勃勃生机与自然的和谐共生。幼儿在这片绿意盎然中，不仅学会了观察细微之处的美，更在每一次亲密接触中感受到了大自然赋予的力量。他们开始理解到，春天不仅仅是季节的更迭，更是万物复苏、生长不息的序曲。

2. 多元的互动与探究才能有真学习。

在整个活动过程中，我们鼓励幼儿运用五感直观感受春天的变化，记录自然笔记；通过问题导向学习、实践操作等互动探索方式，深化对自然现象的理解。同时，融入故事讲述、角色扮演、自然艺术创作与音乐舞蹈等多元活动，让幼儿用自己的方式表达对春天的理解和赞美。亲子共游、集体出游的形式也让小班的幼儿在直接感知和亲身经历中与春天持续发生互动，经验越来越丰富，说起“春天”总是有聊不完的话题，他们的交流和表达自然有了一定的提高。花朝节的举办让幼儿萌发了对传统民俗活动的喜爱，同时在花朝节的表演活动中，幼儿能够大方地展示准备好的节目，并为自己精彩的演出感到自豪，提升自信，让他们也更加喜欢春天，爱上带给我们无限精彩的大自然。这段难忘的经历，将成为他们心中永远的春天记忆，激励着他们在未来继续探索、学习、成长。

（徐若楠　施代佳）

# 项目2

## 钱塘公园美如画（中班）

### 项目缘起

《指南》指出，幼儿园要充分利用自然环境等教育资源，扩展幼儿生活和学习的空间。从幼儿的日常交流中，我们发现只有金沙湖公园和高沙渠公园是他们常去的地方，他们对于区内其他公园不甚了解。公园是幼儿在闲暇时光嬉戏休闲和感受幸福生活的场所，也是激发其对周围世界的好奇心和探究欲望的空间，是很好的课程探究资源。公园里的花草树木、鱼鸟鸣虫和阳光雨露都是幼儿喜欢探究的事物，他们在探究中可以发现事物间的异同和联系，可以表达自己的感受和想法，可以发现并学习解决实际问题。于是，我们聚焦钱塘区的公园开始了一系列的探游活动。

### 项目导图

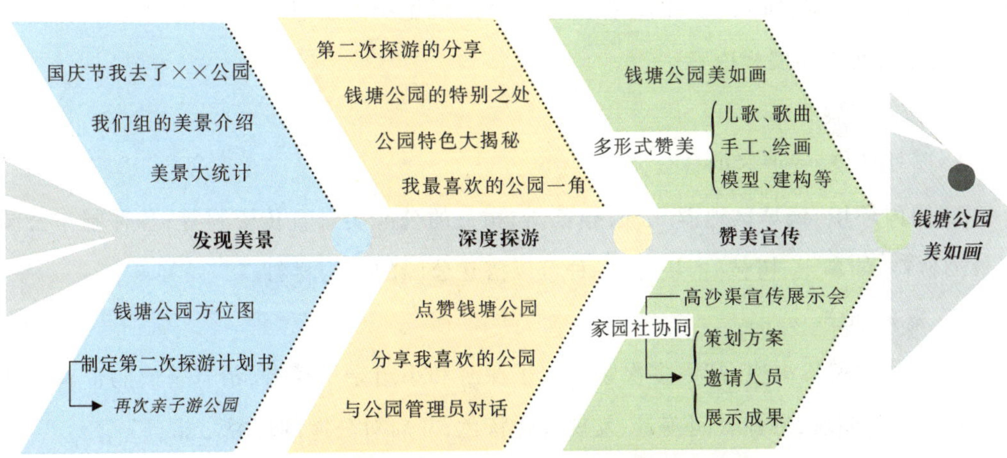


图3-2-1 “钱塘公园美如画”项目导图

## 项目目标

1. 通过系列活动了解钱塘区的公园美景，在活动中感知各个公园的独特美。

2. 在探索公园美景的过程中，学习运用计划、调查、访问、记录等方法去获取自己想了解的信息。

3. 乐意用诗歌创编、手工制作、歌曲改编等形式表达对钱塘美景的热爱之情。





## 项目启动

### 一、谈话聚焦

秋天到了，我们可以去哪里秋游呢？乐乐说："爸爸带我去了新的生态公园玩，那里有沙坑、攀爬墙、蓄水池，还有很多漂亮的花。"玥玥说："我去过金沙湖，那里的沙滩很大！"天天说："我也去过金沙湖，我喜欢挖沙！""除了生态公园、金沙湖公园，你们还去过附近哪些公园呢？"小朋友们一片安静……看来，大家都不太知道我们附近还有哪些公园，那我们就去调查一下吧。

### 二、亲子游公园

在国庆节假期前下发"钱塘公园美景记录表"，鼓励家长带着孩子一起探游公园，并告知亲子游览的任务以及需要记录的东西。请家长引导幼儿关注公园的名字、公园里的特色之处、最喜欢的地方等，支持幼儿用拍照、图画、符号等个性化方式记录自己的发现，倾听幼儿的表达，和幼儿一起梳理探游公园时的所见所想所思，一起完成景点展板的制作，并指导幼儿讲述展板内容。

### 三、环境激发

1. 园外环境：钱塘区的各公园、社区等。

2. 园内环境：钱塘区地图、公园导览图、相关的公园美景宣传资料等；各种制作公园美景的材料，如黏土、树枝、木块等；各种可以搭建公园的建构材料。

### 四、资源利用

1. 教师和家长沟通，策划多次家庭亲子探游和小组亲子探游，请爸爸妈妈带着孩子去钱塘区的公园玩，寻找公园美景，发现公园特色，开启对公园的探究之旅。

2. 争取钱塘区公园管理处的支持，为幼儿解答专业问题。

3. 在宣传展示阶段与社区建立密切联系，依托社区的支持和配合开展活动。

五、问题驱动

1. 你去了哪个公园？公园里有什么？

2. 在探游公园的过程中你有什么发现？

3. 钱塘区有几个公园？

4. 这些公园的名字有什么寓意？

5. 每个公园有什么独特的地方？

## 项目推进

### 一、发现美景

国庆假期开启了第一次亲子游公园，幼儿在实地探游中知道自己所去公园的名字、大致方位等。走走、看看、拍拍照，和家长一起寻找公园美景，发现自己最喜欢的地方或公园的特色之处等。询问、记录、梳理……为交流分享做准备，也为进一步深入了解公园做了铺垫。

### 活动1 国庆节我去了XX公园

■ 活动目标

1. 通过分享亲子游公园的记录表，了解钱塘区的公园美景。

2. 乐于在集体面前分享自己的想法，提高语言表达能力。

■ 活动准备

1. 经验准备：游览了自己感兴趣的公园，对公园有初步的了解。

2. 材料准备：幼儿在国庆节去游览钱塘区的公园景点、记录表、展板、游玩公园的照片。

■ 活动过程

**（一）引出“钱塘区公园美景记录表”**

师：国庆节我们都去了钱塘区的各个公园游玩。你去了哪个公园？我们来分享一下吧。

**（二）个人分享记录内容**

1. 幼儿分享自己去的钱塘区公园美景，如金沙湖、钱塘生态公园等，可以是照片、展板、记录表等形式。

2. 去同一个公园的幼儿进行补充介绍。

**(三)梳理总结**

1. 帮助幼儿梳理在介绍时使用的好词好句,及时记录。

2. 引发幼儿思考怎样介绍可以让别人更愿意听,听得更明白。

活动延伸与环境支持

1. 把亲子制作的公园美景展板分类粘贴在展示板上,引导幼儿在自主活动的时间里向伙伴进行介绍。

2. 请家长指导幼儿结合展板介绍内容,特别是公园美景中"最有特色的地方",尝试用连贯、修饰性较强的语句进行介绍和表达。



## 活动2 我们组的美景介绍

### ■ 活动目标

1. 进一步了解和熟悉钱塘区公园美景和公园内一些有特色的地方。

2. 通过小组讨论和合作的方式介绍钱塘各公园,能够用连贯清楚的语言进行描述。

### ■ 活动准备

1. 经验准备:知道自己去的公园名字以及公园里有特色的地方。

2. 材料准备:有代表性的展板。

### ■ 活动过程

**(一)回顾小结,经验迁移**

1. 师幼共同回忆前一天的个人美景分享和介绍要点。

2. 教师作简要小结。

**(二)教师提出介绍任务,强调介绍要点**

1. 提出以小组为单位来介绍公园特色,鼓励去同一个公园的幼儿进行自由组队。

2. 强调介绍要点:你们组觉得自己去的公园里特色的地方是哪里,为什么?

3. 选出一个介绍得最好的幼儿为代表进行讲解。

**(三)各组出示展板,分享交流**

1. 小组派一名代表介绍公园信息和特点,组内成员补充。

2. 集体评价小组介绍情况,并讨论梳理介绍得好的句式。

活动延伸与环境支持

1. 将展板按照同一公园进行分类展示。

2. 自主游戏时间鼓励没有上台讲述的幼儿,向老师和同伴介绍自己的展板,以及关于公园的所见所想。

## 活动3　美景大统计

### ■ 活动目标

1. 分小组讨论自己所去的公园，并尝试用表格、思维导图的方式统计组内成员发现的美景。

2. 初步掌握简单的统计方法，大胆说出自己的想法。

### ■ 活动准备

1. 经验准备：对钱塘区几个公园的特色有所了解。

2. 材料准备：展板、纸、彩笔。

### ■ 活动过程

**（一）回顾游玩的公园美景，梳理汇总信息**

1. 师幼共同讨论可以用哪些方法进行统计。

2. 幼儿自主说一说去了哪些地方游玩。

3. 教师用气泡图帮助幼儿汇总玩过的公园。

**（二）小组合作，用自己喜欢的图示统计**

1. 自主分组，根据展板用思维导图统计组内成员去过的公园。

2. 相互介绍展示思维导图。

图3-2-2　公园美景统计图

**（三）集体统计，分享信息**

1. 展示各组统计的公园美景。

2. 根据各组的思维导图，教师用表格帮助幼儿一起梳理去过的公园，以及公园里有什么。（见图3-2-2）

**（四）投票选出最喜欢的公园**

### 活动延伸与环境支持

1. 把钱塘区公园美景统计图张贴在主题墙上。

2. 自主游戏时间鼓励幼儿在美工区画画自己看到的美景，在建构区搭建自己游览过的公园。

3. 回家和家长说说自己了解到的钱塘区的几个公园，以及这些公园的信息地址及自己印象最深刻的地方。

## 活动4　钱塘公园方位图

### ■ 活动目标

1. 借助地图和多媒体，以“星河幼儿园”为中心找出钱塘各个公园的位置。

2. 初步了解地图“上北下南、左西右东”的方位概念，知道可以利用地图去寻找想去的地方。

### ■ 活动准备

1. 经验准备：知道自己最喜欢的公园的信息及大致位置。

2. 材料准备：大张彩纸、马克笔、地图、相关APP。

### ■ 活动过程

**（一）问题导入，激发兴趣**

1. 关键问题：钱塘这么多有特色的公园都在哪里呢？可以怎么到那里呢？

2. 幼儿自由发言表达自己的想法。

**（二）借助地图和APP，寻找公园**

1. 教师借助地图和相关APP与幼儿一起感知钱塘区的方位。

2. 师幼共同寻找各个公园的位置，并在大张彩纸上标注出来。

3. 初步了解“上北下南、左西右东”的方位概念。

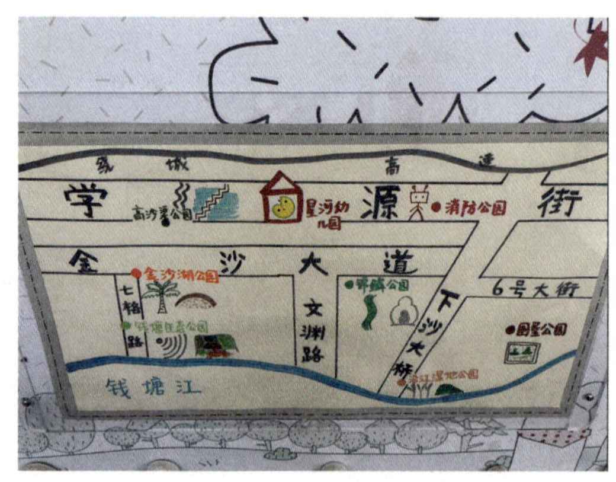


图3-2-3　钱塘公园方位图

**（三）小小导游上线啦**

1. 教师和幼儿根据实时绘制的公园方位图（见图3-2-3），说一说在幼儿园的东面、南面、西边、北边分别有哪些公园。

2. 幼儿尝试介绍钱塘公园方位图。

### 活动延伸与环境支持

1. 把钱塘方位图张贴在主题墙上。

2. 鼓励幼儿回家和家长分享自己喜欢的公园的大致方位或地址。

## 活动5　制订第二次探游计划书

### ■ 活动目标

1. 明确自己要深度探游的公园,清楚地讲述自己的理由。

2. 知道计划书包含的内容,用图符表征自己的计划。

### ■ 活动准备

1. 经验准备:有初步的做计划的经验。

2. 材料准备:公园景点统计表格、探索计划书、水彩笔。

### ■ 活动过程

**(一)交代任务,分享想法**

1. 教师交代周末再次探游公园的任务。

2. 幼儿自由说说这次想去哪个没去过的公园。

**(二)共同讨论计划的制订**

1. 出示探索计划书(在电视上放大计划书的照片),一起说一说计划书上有哪几部分。

2. 幼儿讨论:我想知道的……

3. 教师简单示范,用图画、图符和一字一音等方式记录问题。

**(三)幼儿操作,完成探索计划书**

1. 幼儿分组操作制订探索计划书(见图3-2-4),教师巡回指导。对于不会用图符表示的幼儿给予一定的帮助和指导。

2. 幼儿小组内分享自己的探索计划书。

图3-2-4　幼儿制定的探索计划书

### 活动延伸与环境支持

1. 幼儿将自己制定的探索计划书带回家,给家长进行介绍和说明,确定自己的探索计划是否可行,并与家长一起做好周末的探索准备。

2. 周末与家长一起按照计划书去探索自己选定的公园,用拍照、绘画等方式记录下探索发现。

3. 请家长对幼儿第一阶段的探索学习进行评价,见评价表3-2-1。

表 3-2-1 “钱塘公园美如画”家长评价表——发现美景阶段

| 项目 | 评价内容 | 表现水平 | 具体描述 |
| --- | --- | --- | --- |
| 对幼儿调查钱塘公园的评价 | 主动想办法获取钱塘区公园的信息 | ☆☆☆☆☆ | |
| | 在调查时能清楚地陈述自己的问题 | ☆☆☆☆☆ | |
| | 能用制作展板的方式梳理调查所获取的信息 | ☆☆☆☆☆ | |
| 对幼儿初探公园的评价 | 能细致地观察周围的环境 | ☆☆☆☆☆ | |
| | 在游览过程中用自己的方式记录所见所闻 | ☆☆☆☆☆ | |
| | 能和家人表达自己的游览感受 | ☆☆☆☆☆ | |
| 您对探究钱塘公园美景的后续活动有什么建议？ | | | |

## 二、深度探游

经过一周的探究，幼儿对于公园的兴趣更加浓厚了，也有了更多的疑问。每个公园都有导览图吗？消防公园内的机器人霄霄真的可以灭火吗？钱塘生态公园的污水处理厂在哪里，是怎么处理污水的呢……带着这些疑问我们开启了第二次探游公园的活动。相对于第一次走马观花式的游公园，这次是根据自己制定的探游计划进行的更有目的和针对性的探究。

### 活动6　第二次探游后的分享

#### ■ 活动目标

1. 用连贯的语句介绍自己的探索过程，乐于分享自己的探索成果。
2. 小组进行探索结果的分享和归类，幼儿积极参与到小组活动中。

#### ■ 活动准备

1. 经验准备：幼儿根据计划书进行了第二次探游公园的活动。
2. 材料准备：探索计划书、记号笔、各公园特色图片。

#### ■ 活动过程

**（一）分享第二次探索公园的故事或发现**

1. 教师用幼儿的探索计划引出话题。

2. 邀请幼儿说一说自己的探索过程和发现。

**（二）分组讨论，梳理各个公园的特色**

1. 教师根据不同的公园对幼儿进行分组，选定小组长。

2. 交代分组讨论的任务：对自己探索公园的成果进行分享和归类，将某个公园的特色用气泡图的形式记录下来。

3. 幼儿组内讨论。

**（三）梳理交流，寻找各公园特色**

1. 各组幼儿分享自己的发现。

2. 教师根据幼儿的回答画出思维导图，借助图片将各个公园的特色呈现出来。（见图3-2-5）

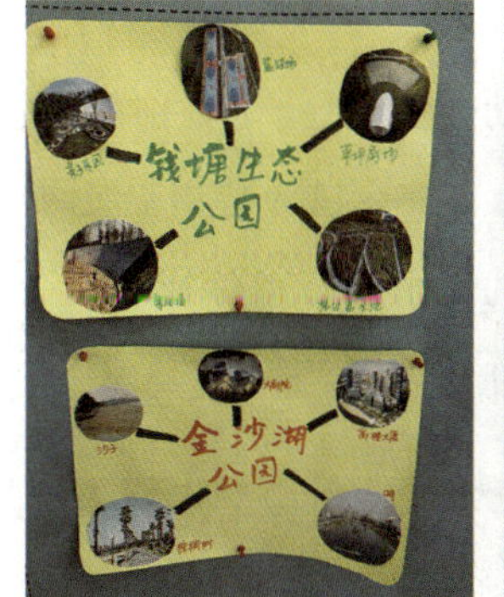

图3-2-5　幼儿第二次探游后的导图梳理

**活动延伸与环境支持**

1. 将幼儿探游公园后发现的特色之处的思维导图粘贴在主题墙上。

2. 鼓励幼儿回家继续了解自己感兴趣的公园的特别之处，如名字的特别、景观的特别等。

## 活动7　钱塘公园的特别之处

### ■ 活动目标

1. 能够用思维导图的形式对钱塘的公园进行梳理。

2. 愿意在集体面前表达自己的想法。

### ■ 活动准备

1. 经验准备：第二次探游后对于公园有了更深入的了解。

2. 材料准备：周末探索的照片、记录等，白纸，笔。

### ■ 活动过程

**（一）谈话回顾，了解“特别”的含义**

1. 教师引导幼儿回忆周末又去了哪个公园，并简单说说感受。

2. 引导幼儿分享在公园里看到的特别的事物，讨论“特别”是什么意思。

**（二）多形式交流，分享探索公园的所见所闻所想**

1. 和好朋友两两分享，说说自己的所见所闻。

2. 请几个幼儿到全班面前分享，教师根据幼儿的分享做简单示范记录。（见图3-2-6）

**（三）幼儿自主记录“我发现的钱塘公园特别之处”**

1. 幼儿根据自己的想法梳理喜欢的公园的特别之处，并用思维导图或表格进行记录。（见图3-2-7）

2. 教师巡回观察幼儿记录，给予个别能力较弱的幼儿帮助。

**（四）共同小结钱塘各个公园的特别之处**

1. 教师根据幼儿的记录进行整体梳理。

2. 鼓励幼儿进行补充。

图3-2-6　师幼共同梳理的钱塘公园特别之处

图3-2-7　幼儿自主梳理喜欢的公园特别之处

## 活动8　公园特色大揭秘

### ■ 活动目标

1. 在调查、讨论的基础上进一步了解自己喜欢的公园的特点。

2. 能进行合理的猜想，大胆表达自己的想法。

### ■ 活动准备

1. 经验准备：前一天幼儿梳理喜欢的公园特别之处时产生的问题及寻找的答案。

2. 材料准备：大卡纸、笔等。

### ■ 活动过程

**（一）师幼回顾前一天在梳理各公园特点时遇到的问题**

1. 关键提问：还记得我们昨天遇到了哪些问题吗？大家有没有去调查了解呀？

2. 共同回顾几个问题，教师进行简单记录。

**（二）公园特点揭秘大讨论**

1. 将梳理好的特点罗列。如钱塘生态公园的特点：钱塘生态公园有导览图，其他公

园也有吗？导览图上有什么？(见图3-2-8)

2. 幼儿分组讨论，并进行简单记录。

(三)分享揭秘成果

1. 幼儿对各个公园的问题进行揭秘分享。

2. 教师进行简单记录，并适时小结和追问，引发幼儿进一步探究的欲望。

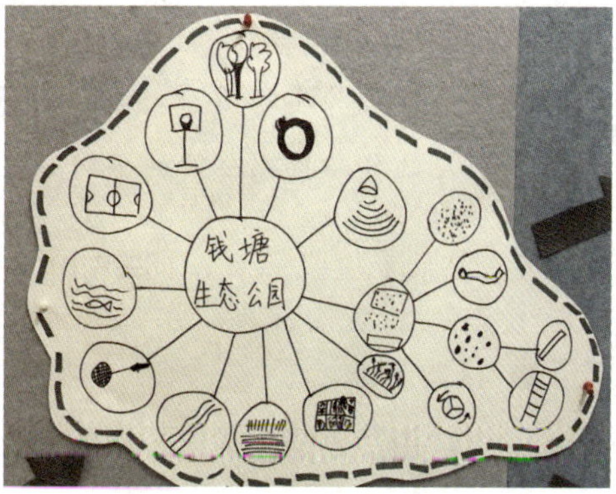

图3-2-8 钱塘生态公园导览图

活动延伸与环境支持

1. 梳理公园特色时部分幼儿有了一定的思考，也提出了自己的问题。如：生态公园的"生态"是什么意思？为什么要叫钱塘生态公园？

2. 鼓励幼儿回家通过问一问、查一查等方式寻找答案。

## 活动9 我最喜欢的公园一角

### ■ 活动目标

1. 用绘画、手工、建构等喜欢的形式，表现自己最喜欢的公园里的一处场景。

2. 能够用完整连贯的语句大胆自信地介绍自己的作品。

### ■ 活动准备

1. 经验准备：幼儿对自己感兴趣的公园了解更深入。

2. 材料准备：公园景点气泡图、A4彩纸、水彩笔、各种手工材料、建构材料等。

### ■ 活动过程

**(一)共同回顾问题并再次答疑解惑，幼儿自由发表想法**

1. 教师与幼儿借助图示再次对前一天的相关公园问题进行答疑和解惑。

2. 幼儿自由发言，说说自己喜欢的公园以及里面最喜欢的一个地方。

**(二)教师交代任务，幼儿自主创造**

1. 教师交代任务：用喜欢的方式表现自己最喜欢的公园里的一处场景，要突出特点/不一样的地方。

2. 幼儿自主用自己喜欢的方式完成作品，教师巡回指导，引导幼儿布局。

**(三)幼儿介绍分享作品**

1. 幼儿用完整连贯的语句大胆地介绍自己的作品。

2. 夸一夸自己和同伴的作品。

活动延伸与环境支持

1. 教师倾听幼儿介绍，记录下作品所表达的内容。

2. 幼儿的作品按照公园的不同分区块展示，方便幼儿相互交流讨论公园的景色。

## 活动10　点赞钱塘公园

### ■ 活动目标

1. 尝试用形容词来描绘公园的特色，用固定句式来进行介绍。

2. 分组进行讲述和表演，学会倾听和夸奖。

### ■ 活动准备

1. 经验准备：对于自己最喜欢的公园或公园的一处场景有所了解并有介绍的经验。

2. 材料准备：公园景点气泡图、图谱。

### ■ 活动过程

**（一）回顾活动，梳理公园景点特色**

1. 根据气泡图上的图片，师幼共同回顾各个公园的特色。

2. 幼儿自由补充在公园里的其他发现。

**（二）出示图谱，分组练习**

1. 教师出示图谱，引导幼儿用“我最喜欢×××公园的×××，因为……”的句式来说一说自己最喜欢的公园景点。

2. 教师交代任务：用固定句式和丰富的形容词来介绍公园。

3. 幼儿根据公园的特色进行分组，小组内自主练习，教师巡回指导，强调用固定句式和相关形容词进行介绍。

图3-2-9　幼儿介绍最喜欢的公园

**（三）小组上台分享介绍**

1. 幼儿结合上一活动的作品分组进行公园介绍。（见图3-2-9）

幼儿①：我最喜欢钱塘生态公园的草坪剧场，它像贝壳一样美丽。

幼儿②：我最喜欢消防公园的机器人，它很高大，看起来很勇敢。

2. 亮点大点赞：幼儿夸一夸自己或同伴介绍得好的地方。

活动延伸与环境支持

1. 活动结束后，幼儿把自己说得好的句子用图符的方式记录下来，呈现在主题墙上。

2. 把几个公园的景色照片、公园的名称和精美的形容词(图文并茂)打印出来投放在语言区,让幼儿自主练习介绍公园的景点。



## 活动11 分享我喜欢的公园

### ■ 活动目标

1. 把自己喜欢的公园景点用丰富的色彩和饱满的画面表现出来。

2. 能有条理地介绍自己喜欢的公园,乐于分享自己的想法。

### ■ 活动准备

1. 经验准备:幼儿对最喜欢的公园的整体样貌或特色点有详细的了解。

2. 材料准备:画纸、彩笔。

### ■ 活动过程

**(一)欣赏感知各公园美景,进一步感受每个公园的独特美**

1. 播放由专业人士拍摄的钱塘新区公园的广告视频或照片,边放视频,边让幼儿说说这是哪里。

2. 通过欣赏视频和照片,再次感知公园美景。

**(二)交流讨论,明确创作任务**

1. 说说自己最喜欢的公园及原因。

师:你最喜欢哪个公园?为什么?

2. 喜欢同个公园的幼儿进行补充。

师:谁也喜欢这个公园?这个公园还有哪些好看、好玩的地方?

3. 讨论怎样画好“我最喜欢的公园”。

师:你是想画这个公园的全景,还是某个地方?

**(三)幼儿自主表达,教师巡回指导**

1. 教师为绘画有困难的孩子提供公园的照片,支持他进行临摹。

2. 教师巡回指导个别幼儿。

**(四)分享展示作品,寻找闪光点**

引导幼儿看画面猜一猜画的是哪个公园,从色彩、线条、布局等方面去评价同伴的作品。

### 活动延伸与环境支持

1. 按公园类型展示幼儿的作品。(见图3-2-10)

2. 解读幼儿作品。

图 3-2-10　幼儿画的自己喜欢的公园景色



## 活动12　与公园管理员对话

### ■ 活动目标

1. 通过与公园管理员面对面的交流，大胆提出自己的问题，对区内公园有更深入的认识。

2. 对参与公园建设和管理的人表示感谢，并提出自己对公园建设的改进建议，培养钱塘小主人的责任感。

### ■ 活动准备

1. 经验准备：幼儿前期梳理出自己想问的问题和想提的建议。

2. 材料准备：感谢信、白纸、签字笔、话筒、音响、场地布置等。

### ■ 活动过程

**（一）认识工作人员，答疑解惑**

1. 教师介绍绿化科工作人员尚阿姨，幼儿打招呼问好。

2. 工作人员介绍钱塘区的“八大公园”，讲解区内公园的建设历史。

3. 幼儿提出自己的问题，请工作人员解答。（见图 3-2-11）

**（二）幼儿用多种形式对工作人员表达感激之情**

1. 表演大家共同创编的儿歌《美丽的钱塘我的家》。

2. 部分幼儿用美好的语言表达对公园建设者和管理者的感激之情。

图 3-2-11　与公园管理处工作人员对话

3. 幼儿代表送上感谢信，并解读感谢信的内容。

**(三)畅想公园的美好未来，提出优化建议**

1. 以个别幼儿为代表说说对公园优化的一些建议。(见图 3-2-12)

2. 畅想未来的公园。

**活动延伸与环境支持**

1. 鼓励幼儿将答疑会上了解到的新信息带回家考考爸爸妈妈，和家人分享新知识。

2. 请家长对幼儿第二阶段的探索学习进行评价，见评价表 3-2-2。

亲爱的公园管理员：

你们好！谢谢你们为大家建了公园，我们玩得很开心。我们有2个建议：1. 钱塘生态公园可以增加儿童厕所吗？2. 消防公园可以增加游乐设施吗？

星河幼儿园幼儿

××××年×月×日

图 3-2-12 给公园管理处的建议信

表 3-2-2 “钱塘公园美如画”家长评价表——深度探游阶段

| 项目 | 评价内容 | 表现水平 | 具体描述 |
|---|---|---|---|
| 制定计划书 | 用图画和符号表达自己的想法，制定出属于自己的计划书 | ☆☆☆☆☆ | |
| | 探究问题清楚，且具有一定的可行性 | ☆☆☆☆☆ | |
| | 探究的准备和计划匹配 | ☆☆☆☆☆ | |
| | 能清楚讲述计划书的内容 | ☆☆☆☆☆ | |
| 实施计划书 | 实施计划前做好探究的准备(计划书、工具) | ☆☆☆☆☆ | |
| | 探究过程中按照计划有目的地探究 | ☆☆☆☆☆ | |
| 整理信息的态度与能力 | 愿意主动记录自己的发现 | ☆☆☆☆☆ | |
| | 能够坚持完成整理记录 | ☆☆☆☆☆ | |
| | 能够用图画和符号表达自己的想法 | ☆☆☆☆☆ | |
| | 能够较完整地记录探索发现的内容 | ☆☆☆☆☆ | |
| | 记录的时候有一定的逻辑顺序 | ☆☆☆☆☆ | |
| 这一次的“公园深度游”与上一次的“公园初次游”相比较，孩子有哪些进步？ | | | |

### 三、宣传美景

通过第二次深度探游后的分享和梳理，以及与公园管理处工作人员的对话，幼儿对于钱塘八大公园的名字寓意、特色之处等信息都有了进一步的了解。他们在日常生活中自然而然产生与公园有关的游戏，于是，教师顺应这样的需求支持幼儿用绘画、手工、建构、儿歌等多种形式表现自己喜欢的公园一角，并且与幼儿、家长一起把钱塘区的公园美景编成儿歌来传诵表达情感，使幼儿逐渐萌发出身为“小小钱塘人”的骄傲。

## 活动13　钱塘公园美如画

### ■ 活动目标

1. 掌握儿歌的韵律，能在图符的帮助下尝试学念儿歌。

2. 体会儿歌中的好词好句，感受钱塘公园的美。

### ■ 活动准备

1. 经验准备：幼儿对于自己喜欢的公园能自编简单的小儿歌，教师和家长对其进行加工和整合。

2. 材料准备：教师、家长和幼儿共同创编并加工过的儿歌、儿歌图符。

### ■ 活动过程

**（一）集体回顾梳理各公园的好词好句和特色点**

1. 教师引导幼儿聊聊和家长一起记录的关于公园的好词好句或小儿歌。

2. 回忆钱塘各公园的特别之处。

**（二）进一步理解儿歌内容**

1. 教师配乐完整念一遍，幼儿感受儿歌的优美。

2. 提问听到了哪几个公园，这些公园是什么样的？

3. 根据幼儿的回答出示相应的图符。

**（三）多种形式学念儿歌**

1. 师幼一起看图符尝试念儿歌。（见图3-2-13）

2. 集体学念儿歌。

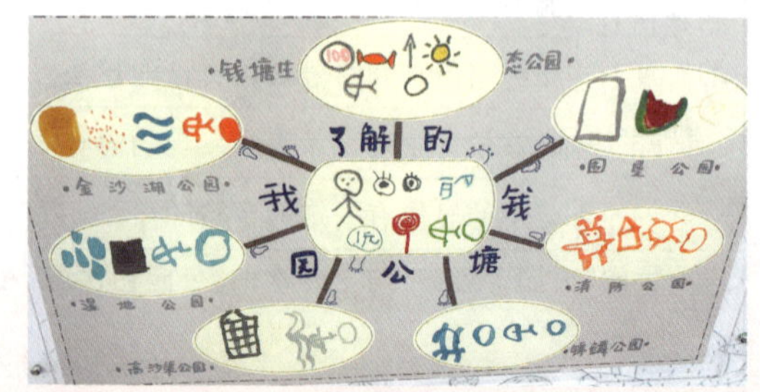


图3-2-13　我眼中的钱塘公园

3. 分组学念(如:一组念有关生态公园的句子,一组念有关消防公园的句子……)。

4. 游戏挑战念儿歌。

**(四)分享交流儿歌中自己最喜欢的句子**

**活动延伸与环境支持**

1. 将共同创作的儿歌成品发布到家长群里,并配上优美的音乐,引导家长利用幼儿在家的空余时间一起练习这首"原创儿歌",感受儿歌的优美韵律,以及创作的自豪感,培养幼儿表演的兴趣。

2. 幼儿在区域游戏或家中用建构、绘画、泥塑等各种方式表征自己最喜欢的公园。(见图 2-3-14、2-3-15)

3. 请家长对幼儿第三阶段的探索学习进行评价,见评价表 3-2-3。

**附儿歌:**

**钱塘公园美如画**

钱塘公园真不少,别具一格风光好。
生态公园你最靓,天蓝水清微风扬。
攀爬墙,运动场,跳跃的身影最闪亮。
消防公园主题棒,小桥凉亭绿草场。
机器人,消防栓,火焰的雕塑真形象。
金沙湖,小三亚,棕榈树多堆沙忙。
高沙渠畔我常去,九曲长桥立河上。
围垦公园意深远,发展历史不能忘。
锦鳞公园没有井,小河弯弯在中央。
湿地公园风光好,芦花白云浪茫茫。
钱塘公园美如画,我爱钱塘我的家!

图 3-2-14 金沙湖公园一角

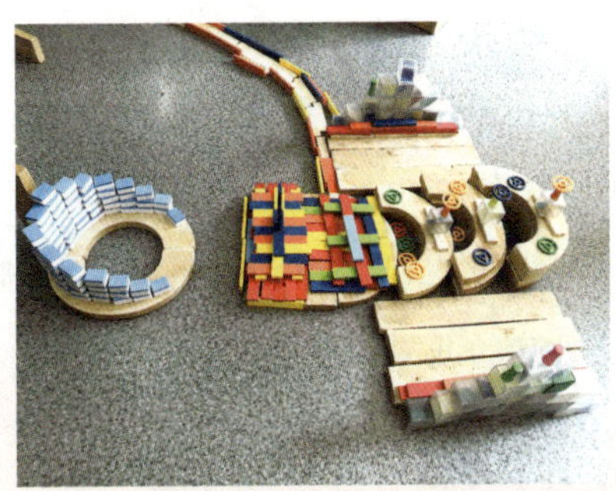

图 3-2-15 钱塘生态公园的草坪剧场

表 3-2-3 “钱塘公园美如画”家长评价表——赞美宣传阶段

| 项目 | 评价指标 | 表现水平 | 具体描述 |
|---|---|---|---|
| 对幼儿宣传公园的评价 | 能用完整、连贯的语言表达自己对景点的了解和感受 | ☆☆☆☆☆ | |
| | 尝试用多样的词汇来描述公园 | ☆☆☆☆☆ | |
| 对幼儿建构、绘画美景水平的评价 | 能选择合适的材料,大胆表现公园的特征 | ☆☆☆☆☆ | |
| | 对造型、色彩、布局等要素有所思考 | ☆☆☆☆☆ | |
| 对亲子合作情况的评价 | 能提出自己的想法 | ☆☆☆☆☆ | |
| | 愿意倾听家人的建议 | ☆☆☆☆☆ | |
| | 以自己动手为主,能接受家人的帮助 | ☆☆☆☆☆ | |
| 1. 您的孩子对哪种艺术表达方式最感兴趣?<br>2. 您觉得可以用什么方式宣传钱塘公园的美景。 | | | |

## 项目成果

### “钱塘公园美如画”的展示宣传会

**(一)展示前期准备**

1. 借助图片、思维导图、主题墙等资料回顾整个主题活动。

2. 师幼共同讨论各种宣传方式,分析其可行性以及列出所需的准备工作。

3. 教师在卡纸上记录幼儿们的想法,总结出可行的宣传计划方案。

4. 幼儿根据自己的组别进行分组并排练;教师在场地巡回观察幼儿宣传任务的进行情况,并给予适当指导。

5. 师幼一起用“一字一音”的方式书写邀请信。(见图 3-2-16)

大家好:

我们是星河幼儿园的小朋友。我们在高沙渠公园有活动,欢迎来哦。

时间:10:00—11:00。

地点:高沙渠大草地。

内容:节目表演、公园介绍、画展。

图 3-2-16 邀请信

6. 孩子们回家把邀请信送给家人或邻居，邀请他们来参加宣传会。

7. 请家长协助孩子在家里练习展示会上要表演的节目。

**（二）社区展示宣传**

1. 分组宣传钱塘公园美景。

2.《钱塘公园美如画》儿歌小组展示。

3. 各公园的大致方位、地址介绍。

4. 画展欣赏。

5. 亲子制作的公园一角小模型展示。

6. 各公园特色点介绍和答疑。

7. 幼儿和社区人员、附近居民一起画出心目中的钱塘公园美景，畅想未来。

**（三）同伴交流反思**

1. 夸一夸。用照片、视频的形式回顾整个宣传展示会现场情况，引导幼儿夸一夸自己或同伴的闪光点。（展示宣传会场景见图3-2-17）

图3-2-17 “钱塘公园美如画”展示宣传会场景

2. 说一说。引导幼儿说一说自己参与宣传活动的感受、表现、收获。

3. 肯定幼儿积极参与和认真完成任务的态度，引导他们进行自评和同伴互评。

4. 将幼儿在展示会上的表现与家长分享。

5. 请家长对整个项目活动中幼儿的表现进行评价，见评价表3-2-4。

**表3-2-4 “钱塘公园美如画”家长评价表——整体评价**

| 项目 | 评价指标 | 表现水平 | 改进建议 |
| --- | --- | --- | --- |
| 对活动内容的评价 | 活动内容贴近幼儿生活，幼儿感兴趣 | ☆☆☆☆☆ | |
| | 活动内容涉及五大领域，促进幼儿全面发展 | ☆☆☆☆☆ | |
| 对活动实施的评价 | 实施方式多样化：实地考察、集体教学、亲子合作…… | ☆☆☆☆☆ | |
| | 实施策略适宜：小步推进、家园联动、以评促学、点面结合 | ☆☆☆☆☆ | |
| 对活动效果的评价 | 幼儿是否达到预期学习目标（对照活动目标） | ☆☆☆☆☆ | |
| | 家长获得支持回应幼儿学习的经验 | ☆☆☆☆☆ | |
| 1. 您的孩子在本项目活动中有哪些方面的提升，可具体列举。<br>2. 您认为本次项目活动最大的亮点是什么。 | | | |

## 项目反思

在“钱塘公园美如画”项目活动中，幼儿深度探游了钱塘区的八大公园，了解到每个公园的名字、来历、方位、特色等信息，感受到各个公园的独特美，知道了有计划、有方法地游览可以玩得更开心更有收获。从“发现美景→深度探游→赞美宣传”探游环节，幼儿对家门口的公园了解得越多，探究兴趣就越浓烈，对其喜爱之情就越深。

1. 会学比学会更有意义。

教师在项目活动的实施中，注重探究方法的渗透和探究能力的培养。幼儿能够根据探究目的制定具体详细的计划书，和同伴、家长一起做好相应的探究准备。他们会用观察、调查、采访、统计等多种方式获取自己需要的信息，并尝试用图符记录获得的信息。他们不仅能积极表达自己的发现和想法，还能用各种材料和方法创造性地表征所见所闻。整个项目活动是幼儿尝试运用多种方式去学习的过程，也是幼儿深度构建自我学习方式的过程。

2. 家园社联动让幼儿学得更好。

探索公园需要获得家长的鼎力支持，也少不了社区的联动协助。因此，在活动开展前，我们用清晰明白的图文帮助家长了解我们整个课程的设置、走向、目标以及各个活动之间的内在关系，让家长知道教育教学的目的，以便更好地提供协助。在活动开展过程中，与家长保持紧密联系。一方面，让家长能通过视频、照片、评价表等多种形式，看到幼儿在此次活动中的发展与进步；另一方面，引导家长更密切地与幼儿一起参与到公园探究活动中，让家园合作的价值真正发挥出来。除家长资源外，也重视社区资源以及政府资源的利用，在幼儿的探究问题得不到解答时，一起想办法联系公园管理人员来参与答疑会，进行专业解答；在高沙渠进行公园宣传展示会时和社区联系，请社区的民警、环卫工人、文化宣传员等人来协助，邀请社区的儿童、老人来参与活动，宣传展示活动获得影响力。

3. 过程评价促项目实施优化。

过程中的评价对改进优化活动有重要作用。探究公园项目中，我们充分利用视频、照片、学习故事、点赞墙等多种方式记录幼儿的各种表现，支持幼儿进行自我评价。同时，在探索的每个阶段，我们通过“家长评价表”让家长对幼儿的探究学习情况进行评价，并用开放性问题引导家长为项目活动的开展提出建议，使幼儿学习过程的评价更加多元客观，为教师支持回应幼儿的学习提供依据。以评促学，以评促教，以评促建，在这个项目活动中得到了体现。

（蒋芳华　徐若楠）

# 项目3

## 美丽的钱塘我的家(大班)



### 项目缘起

在一次餐前谈话中,宁宁问:“老师,我们这里是叫钱塘区吗?”“是的,你是怎么知道的?”宁宁说:“我妈妈告诉我的。”元元疑问道:“我们这里不是杭州吗?”“不对,我妈说是钱塘区!”宁宁否定道。看着两人不同的说法,阳阳问:“我们不是住在铭和苑吗?”这三人都用眼睛看着老师,期待听到标准答案。“我们到底住在哪里呢? 大家可以去研究一下!”老师没有马上给出答案,而是引导大家一起去探究。《指南》中的社会适应目标3要求幼儿“能说出自己家所在地的省、市、县(区)名称,知道当地有代表性的物产或景观”“能感受到家乡的发展变化并为此感到高兴”。因此,我们抓住幼儿当下的兴趣点,支持他们去探索钱塘,在探索中发现钱塘的美,在探索中萌发爱钱塘的情感。

### 项目导图

“美丽的钱塘我的家”项目活动以“我家住在哪里”为探究起点,通过集体的、小组的、个人的探究发现钱塘区的独特美。(见图3-3-1)

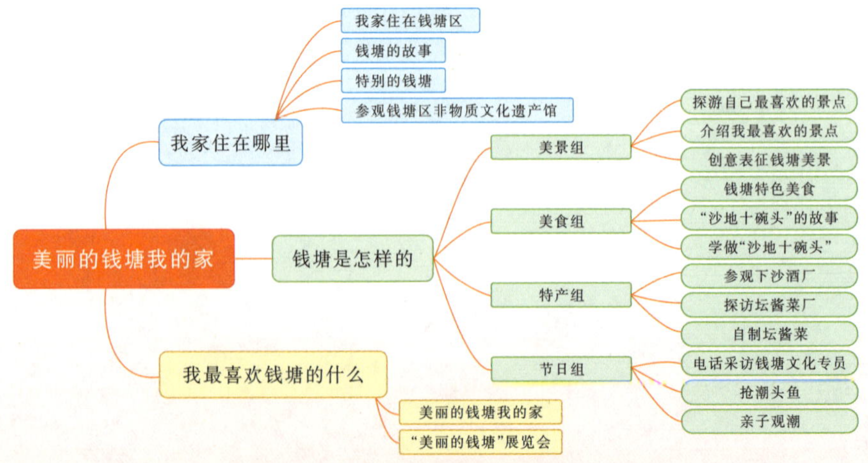


图3-3-1 “美丽的钱塘我的家”活动导图

## 项目目标

1. 通过系列活动知道自己的居住地，初步了解钱塘区的自然人文历史，感知钱塘区的发展变化，发现钱塘区的独特美。

2. 学习用调查、收集、走访、实践等方式去获取自己想了解的信息，能够用多种方式表达自己的所见所闻。

3. 在探究过程中体验钱塘区的幸福生活，萌发身为“小小钱塘人”的归属感和自豪感。

## 项目启动

### 一、谈话聚焦

在项目活动开始前，教师发现幼儿对于自己的居住地非常感兴趣。于是，教师与幼儿开启了一段别开生面的谈话：“你们知道自己的家住在哪里吗？你们居住的小区叫什么名字？”有的说：“我家住在钱塘江边，我经常能看到钱塘江的潮水，特别好看。”有的说：“我家住在钱塘区×××小区，就在幼儿园的对面。”有的说：“我家就住在金沙湖边上，只要你在地图上找到金沙湖就能找到我的家了。”“你们知道现在的钱塘是怎么来的吗？现在的钱塘是怎样的？”这两个问题难住了大家，那我们就去调查探究一下吧！

### 二、亲子调查

顺着幼儿们的兴趣，我们布置了一个家庭小任务，鼓励家长协助幼儿开展关于“我家住哪里”的调查活动（见表3-3-1），让幼儿能有机会主动探索钱塘。通过了解家庭的具体位置与钱塘的关联，让幼儿能够更直观地感受到自己与这片土地之间的紧密联系，发现更多与钱塘相关的有趣事物和现象，从而激发对家乡钱塘的热爱和归属感。

**表3-3-1 “我家住哪里”调查表**

班级： 姓名： 日期：

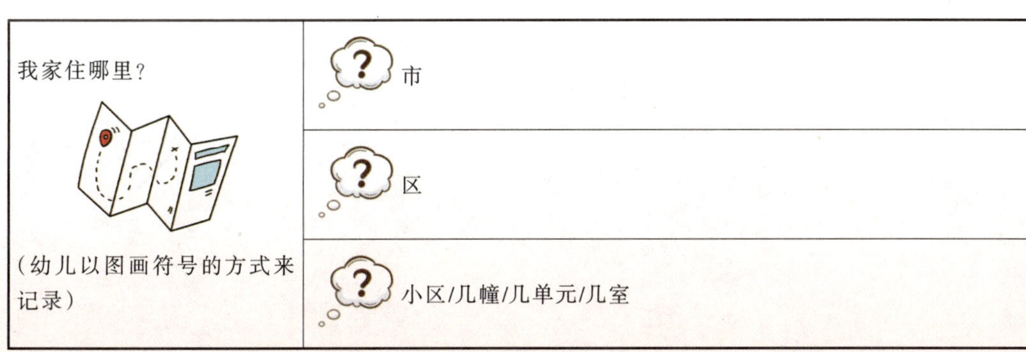

| 我家住哪里？（幼儿以图画符号的方式来记录） | 市 |
|---|---|
| | 区 |
| | 小区/几幢/几单元/几室 |

## 三、环境激发

1. 主题墙：展示幼儿探究钱塘的线索、路径、探究过程等。呈现幼儿收集到的有关钱塘文化和特色的物品，供同伴互相学习。

2. 阅读区：投放钱塘区的地图、书籍等供幼儿阅读和探究。

3. 美工区：投放超轻黏土、纸、纸盒、树木、积木等材料，供幼儿制作钱塘的美景、美食等。

4. 建构区：低结构积木和仿真材料，供幼儿自主搭建"我眼中的钱塘"。

5. 表演区：鼓励幼儿将赞美钱塘的儿歌、歌曲、宣传内容大胆表现出来。



## 四、资源利用

1. 自然资源：利用钱塘区的各个公园和景点，让幼儿感知钱塘的自然环境美。

2. 文化体验：邀请钱塘区的非物质文化遗产传承人或当地艺术家来园，通过讲座、工作坊等形式，让幼儿了解并体验钱塘的传统文化，如编织、剪纸、皮影戏等。

3. 图书资料：利用幼儿园或社区的图书馆资源，为幼儿提供关于钱塘区的书籍、画册和影像资料，让幼儿通过阅读和学习，丰富对家乡的认知。

4. 网络资源：利用互联网资源，如官方网站、社交媒体、教育APP等，收集钱塘区的相关信息和素材，为活动提供丰富的教育资源。

5. 家庭分享：邀请家长在主题活动中分享自己关于钱塘的故事、经历和感受，让幼儿从家长的角度了解家乡，感受家乡的魅力。

## 五、问题驱动

在集体谈话和亲子调查后，幼儿对自己居住的钱塘区更好奇了，于是提出了一系列的问题，想了解钱塘区的方方面面。

1. 钱塘区在杭州的哪里？有多大？

2. 钱塘区是怎么来的？

3. 钱塘区有哪些特别的地方？

# 项目推进

## 一、我家住哪里

经过前期的谈话和调查，幼儿对"我家住在钱塘区"已经有了初步的感知。我们将从"我家住在钱塘区"的温馨起点，通过视频、图片、VR实景等多元形式，深入了解钱塘区的由来、发展、特色等，感受钱塘的魅力，激发幼儿探究钱塘的欲望。

## 活动1　我家住在钱塘区

### ■ 活动目标

1. 通过视频、图片等多种形式了解钱塘所在地域及钱塘区的由来。

2. 大胆谈论自己的家乡，能够在地图上找到钱塘区的地理位置。

3. 初步感受钱塘地区的繁华，激发探索钱塘的兴趣。

### ■ 活动准备

1. 经验准备：幼儿调查过自己的家庭住址。

2. 材料准备：杭州市地图、钱塘区地图、钱塘VR实景、钱塘宣传片。

### ■ 活动过程

**（一）欣赏钱塘区宣传片，说说我的家乡——钱塘区**

1. 播放钱塘新区宣传片，表达自己的感受。

关键提问：你看到了什么，你觉得我们的家乡钱塘区怎么样。

2. 幼儿说一说自己心目中的钱塘区。

关键提问：小朋友们在钱塘区长大，这里有你喜欢的地方吗？

**（二）谈论钱塘区的由来**

1. 幼儿围绕“为什么叫钱塘区？”进行讨论，大胆发表自己的想法。

2. 教师讲解钱塘区的由来。

**（三）寻找地图上的钱塘区，知道钱塘区的地理位置**

1. 出示杭州市地图，初步了解杭州各区域及钱塘区的地理位置。

师：刚刚我们知道了钱塘区的由来，那你们知道钱塘区在哪里吗？

教师结合杭州市地图，介绍杭州的各个区域，让幼儿感知钱塘区的地理位置。

2. 出示钱塘区地图，了解钱塘区地域特点。

关键提问：我们的钱塘区看起来像什么形状？

**（四）VR实景，感受钱塘区地域辽阔繁华**

### 活动延伸与环境支持

1. 在班级内设置一面以“钱塘区”为主题的墙饰，展示钱塘区的地图、著名景点图片、特色文化介绍等内容，营造浓厚的家乡氛围。

2. 在图书区增设关于钱塘区的书籍、画册和绘本，供幼儿自由阅读，加深其对钱塘区的了解和认识。

3. 展示钱塘区的风光照片，记录幼儿对钱塘区的认识和探索过程。

4. 把杭州市和钱塘区的行政区域图张贴在班级里，让幼儿继续观察地图了解钱塘区。

## 活动2　钱塘的故事

### ■ 活动目标



1. 初步了解钱塘区的由来，感受钱塘区从无到有、由穷到富的发展变化。

2. 能够认真观看视频，并能结合视频细节讲述自己的观感体验，心生热爱钱塘之情。

### ■ 活动准备

1. 经验准备：幼儿和家长一起找一个关于钱塘区的故事，知道大致的内容。

2. 材料准备：幼儿找到的"钱塘故事"文本；讲述钱塘改革开放四十多年来发展变化的三段视频。

### ■ 活动过程

**（一）说说我找到的钱塘故事**

1. 提问导入，激发兴趣。

师：昨天回家和爸爸妈妈、爷爷奶奶一起找钱塘区的故事，你们找到了吗？请小朋友说给我们听听。

2. 请个别幼儿分享自己所了解到的钱塘区的故事。

**（二）分段观看教师准备的视频，了解钱塘区的由来和变化**

1. 播放第一段视频，了解改革开放前的钱塘。

关键提问：这时候的钱塘是怎样的？

2. 播放第二段视频，了解改革开放后，成立"杭州经济技术开发区"时的钱塘。

关键提问：这时候的钱塘发生了什么变化？

3. 播放第三段视频，了解成立"杭州市钱塘区政府"时的钱塘。

关键提问：刚才看的视频，就是我们现在生活的钱塘。现在的钱塘和以前的钱塘一样吗？哪些地方发生了变化？

教师记录幼儿表达的关键词。

**（三）绘画表征"钱塘的故事"**

1. 交代活动要求。

师：我们去找了关于钱塘的故事，又看了钱塘区发展历史的视频，你有什么想法呢？请你去画一画，说一说。

2. 幼儿与同伴一起边画边聊自己心中的钱塘。

活动延伸与环境支持

1. 收集钱塘区三个发展阶段的照片，制作"钱塘的前世今生"展板。

2. 每日餐前，设立"钱塘故事分享会"，让幼儿轮流上台分享自己新了解到的钱塘的故事。

3. 双休日请家长带幼儿参观钱塘区文化中心，详细了解钱塘区的发展史。

4. 幼儿通过"特别的钱塘"调查表（见表 3-3-2），向家人、邻居、社区工作人员等调查了解钱塘区的特别之处。





**表 3-3-2 "特别的钱塘"调查表**

班级： 姓名： 日期：

| | |
|---|---|
| | |
| 钱塘区有哪些美景？ | |
| 钱塘区有哪些美食？ | |
| 钱塘区还有什么特别之处？ | |
| 填表说明 | 可以直接将图片打印出来粘贴，或请幼儿以图画的方式表示，爸爸或妈妈用文字在旁边注明。 |

## 活动3 特别的钱塘

### ■ 活动目标

1. 交流调查结果,能够在同伴面前大胆介绍自己调查到的“特别的钱塘”。

2. 通过交流知道钱塘区的美景、美食、特产、节日的特别之处。

### ■ 活动准备

1. 经验准备:幼儿事先去调查钱塘的特别之处。

2. 材料准备:“特别的钱塘”调查表、大卡纸、马克笔。

### ■ 活动过程

**(一)回顾钱塘区有趣的故事,引出特别的钱塘**

师:上周我们一起讲了钱塘区的有趣故事,你们还记得吗?简单地跟我们一起分享一下。

个别幼儿说一说,教师帮助幼儿有逻辑地表述。

**(二)幼儿分组结合调查表,说一说“特别的钱塘”**

1. 交代分组交流的要求。

师:请你把调查表上的内容讲给组里的朋友听,并且听听大家都了解到钱塘区有哪些特别之处。(见图3-3-2、3-3-3)

2. 幼儿分组交流,保教人员在各组里倾听幼儿的讲述,给需要帮助的幼儿以支持。

3. 请每组推选1个幼儿在集体面前进行交流。

师:刚才大家都已经和组里的同伴讲了钱塘的特别之处,接下来请每组派一个小朋友来讲一讲钱塘的特别之处。(见图3-3-4)

教师针对幼儿的表达梳理关键内容,如钱塘的美食、美景、特产、节日等。

**(三)集体梳理表述的方法**

关键提问:刚刚许多小朋友分享了“特别的钱塘”,他们讲得好吗?好在哪里呢?

教师以思维导图的形式梳理幼儿介绍的要点,帮助幼儿学习逻辑清晰地大胆表述。

**(四)活动小结**

师:原来钱塘区的美食、美景、特产、节日都有很多特别之处。除了今天讲的,还有没有其他特别之处呢?我们继续去调查调查。

图3-3-2 幼儿记录美食

图3-3-3 幼儿记录美景

图3-3-4 幼儿分享特别的钱塘

活动延伸与环境支持

1. 幼儿回家继续调查钱塘区的某些特别之处，并做好记录。

2. 把幼儿记录好的“特别的钱塘”调查表展示在教室外的走廊上。把本次活动中梳理出来的4个类别的特别之处做成4块展板，让幼儿绘画表征丰富其中的内容。

3. 引导幼儿设计并制作一张关于钱塘区特色文化的小报，内容可以包括景点介绍、美食制作步骤、特产展示等。

## 活动4 参观钱塘区非物质文化遗产馆

### ■ 活动目标

1. 通过参观钱塘区非物质文化遗产馆，进一步了解钱塘的历史文化和民俗活动。

2. 有计划地进行参观，在参观过程中能够认真观看和听讲，能够想办法获取自己想要的信息。

### ■ 活动准备

1. 经验准备：幼儿对钱塘区的历史文化有一定的了解。

2. 材料准备：事先预约好钱塘区非物质文化遗产馆，联系好讲解人员；参观计划表、参观所需的物品等。

### ■ 活动过程

**（一）交代任务**

师：这几天我们都在调查、了解钱塘区。我们幼儿园附近有一个非物质文化遗产馆，里面也可以让我们了解到很多关于钱塘的事情。

**(二)做参观计划**

关键提问:参观时你想了解什么?要做哪些准备?

幼儿与同伴一起商讨,并在个人的参观计划表中画出相关内容。

**(三)参观钱塘区非物质文化遗产馆**

1. 幼儿在工作人员带领下参观整个场馆,幼儿对自己感兴趣的事物进行拍照记录。(见图3-3-5、3-3-6)

2. 幼儿对自己感兴趣的事物向工作人员提问。

3. 幼儿在场馆内用图符记录自己的发现和收获。

**(四)参观后的回顾交流和梳理**

关键提问:参观了钱塘区非物质文化遗产馆,你有哪些新的收获?你有新的问题吗?

幼儿结合参观记录表讲述自己的所见所闻所思,教师做汇总记录。

**活动延伸与环境支持**

1. 在教室走廊呈现幼儿的参观计划表和参观记录表,供幼儿回忆参观的过程和收获。

2. 参观后梳理出来的“新发现”增添到“特别的钱塘”展示墙上。

3. 把钱塘区非物质文化遗产馆里重要信息的照片呈现在主题墙上。

图3-3-5 参观钱塘非遗馆

图3-3-6 参观钱塘非遗馆

二、钱塘是怎样的

通过集体探索钱塘区,幼儿发现钱塘区的美景、美食、特产、节日文化的特别之处。为了让幼儿能更加专注地研究自己感兴趣的领域,他们根据自己的探究兴趣分成了美景组、美食组、特产组、节日组,进行深入探索。这一阶段的活动以参观、走访、实践为主,幼儿在这些低结构活动中获得的信息通过小组或集体的谈话来互通共享、梳理归纳。

美景组的探究:

## 活动5 探游自己最喜欢的景点

### ■ 活动目标

1. 知道钱塘区有很多美景,能有计划地去深度探游钱塘美景。

2. 能够用一字一音的方式记录,并说一说自己探游中印象最深刻的美景。

### ■ 活动准备

1. 经验准备:提前查阅美景的介绍,以及景点的位置等。

2. 材料准备:景点照片、景点统计表、探游计划书、水彩笔。

### ■ 活动过程

**(一)回顾钱塘的美景**

1. 出示照片,回顾钱塘的美景。

2. 说一说自己最喜欢的钱塘美景。

**(二)制定探游钱塘美景计划**

1. 出示探游计划书,幼儿说一说计划书上有哪几部分。

2. 幼儿讨论:我想探游的美景是……

3. 教师示范用一字一音的方式来制订计划书。

**(三)借助游览后的记录图,分享探游感受**

1. 教师出示幼儿的探游记录(见图3-3-7),幼儿结合自己的记录图分享自己的探游感受。

2. 小组内分享自己的探游趣事。(见图3-3-8)

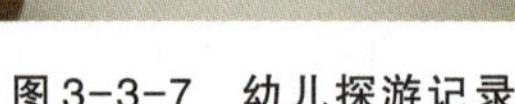
图3-3-7　幼儿探游记录　　图3-3-8　钱塘美景小组统计表

活动延伸与环境支持

1. 组织一场“钱塘美景小导游”活动，让幼儿以导游的身份，向其他同学或家长介绍自己探游过的钱塘美景。

2. 在教室内布置一些与钱塘美景相关的装饰品，激发幼儿对钱塘美景的兴趣和好奇心，为他们的探游活动提供积极的心理支持。

## 活动6　介绍我最喜欢的景点

### ■ 活动目标

1. 在同伴面前大胆介绍自己最喜欢的景点，能用连贯的语言描述自己探游的美景细节。

2. 在交流表达中感受钱塘美景的多姿多彩，激发继续探游钱塘美景的愿望。

### ■ 活动准备

1. 经验准备：幼儿和家长深度游览过钱塘区的某个景点。

2. 材料准备：钱塘区的美景图片、气泡图、马克笔。

### ■ 活动过程

**（一）回顾钱塘区的美景**

师：前几天和爸爸妈妈一起去游览了自己喜欢的钱塘美景，你们都去了哪里呢？

幼儿一边说教师一边出示图片。

**（二）说说美景美在哪里**

1. 请幼儿说说美景美在哪里。

关键提问：你去游览过的地方叫什么？你能不能用好听的话介绍它？

2. 教师以气泡图的形式梳理小结介绍得好的地方。

**(三)学做小导游**

1. 交代任务。

师:很多人都不知道钱塘有很多美景,接下来要请大家做“小小钱塘宣传员”。请你带上最喜欢的景点图片,向隔壁班的小朋友介绍一下这个景点。

2. 教师分组带领幼儿去介绍,教师拍视频记录幼儿的表现。

3. 教师投屏分享幼儿的介绍过程,对幼儿给予正向的鼓励与肯定,并提出针对性的建议。

**活动延伸与环境支持**

1. 在幼儿园公众号中推出“我最喜欢的钱塘美景”幼儿视频专题活动,激发幼儿对家乡美景的自豪感和热爱之情。(见图3-3-9、3-3-10)

2. 邀请家长参与、举办一次“钱塘美景家庭分享会”,增强家园共育的效果。

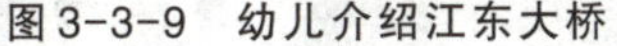
图3-3-9 幼儿介绍江东大桥

图3-3-10 幼儿介绍围垦公园

## 活动7 创意表征钱塘美景

### ■ 活动目标

1. 根据前期探游的经验,有计划地运用多种材料和创作方式,再现自己心中的钱塘美景。

2. 在创作中愿意听取他人的意见和建议,学会与他人合作共同完成任务。

### ■ 活动准备

1. 经验准备:幼儿深度探游过某个景点,对它有深刻的印象。

2. 材料准备:钱塘区景点图片、画册或视频资料;各类美工材料、建构材料和工具。

## 活动过程

**(一)情境导入,明确任务**

1. 播放钱塘美景短视频,唤起幼儿的兴趣。

2. 小组讨论,明确自己下一阶段的任务。

关键提问:昨天我们当小导游给隔壁班的小朋友介绍了钱塘的景点,但他们说没看见景色有点听不懂,怎么办呢?你准备怎么做?

**(二)个人做详细计划**

师:刚才小朋友们提出了不同的想法:有的想用照片制作展板,有的想做模型,还有的想画画。那就请你们仔细计划一下各自的任务吧。

教师一对一地和制作景点模型的小朋友交流制作计划,包括要做哪个景点、模型的尺寸大小、用哪些材料等等,帮助他做好计划。

**(三)个人创意表征**

1. 幼儿按照自己的意愿去表征计划中的钱塘美景,保教人员做观察,视幼儿的需要给予支持。

2. 每个小组成员相互观察作品的进展情况,并提出改进意见。

3. 先完成作品的幼儿帮助还未完成作品的幼儿一起制作。

**(四)展示介绍作品**

1. 设立"美景展示台",展示幼儿的表征作品。(见图3-3-11、3-3-12)

2. 美景组幼儿结合自己的作品,向班级其他幼儿介绍钱塘的美景。

图3-3-11　沿江湿地模型

图3-3-12　金沙湖公园建构作品

## 活动延伸与环境支持

1. 在班级中设立"钱塘美景角",展示幼儿的作品和故事,营造浓厚的艺术氛围。

2. 鼓励家长与幼儿继续探索钱塘的自然美景,共同创作作品并分享,增进亲子关系。

美食组的探究：

## 活动8　钱塘特色美食

### ■ 活动目标

1. 在前期调查的基础上，讨论钱塘传统美食有哪些，能够大胆表达自己的观点，了解“特色”的含义。

2. 能够用电话采访、街头采访、实地采访和文献查阅等方式，调查、了解钱塘特色美食。

### ■ 活动准备

1. 经验准备：幼儿已经调查过钱塘的美食。

2. 材料准备：前期的钱塘美食汇总图，新的调查表，钱塘美食的图片、视频资料。

### ■ 活动过程

**（一）讨论“什么是钱塘的传统美食”**

1. 关键提问：前几天，我们通过调查发现钱塘有很多美食，但这些美食是不是真正属于钱塘的美食？

2. 幼儿结合前期的钱塘美食汇总图进行讨论，一一发表自己的观点。

幼儿①：我觉得糖醋排骨不是，因为我在西湖边也吃过，去上海也吃过。哪儿都能吃到就不算。

幼儿②：我妈妈说蒸双臭是钱塘特色美食，因为臭苋菜秆是这里的农民自己种、自己做的。

幼儿③：我觉得这里的人一直都很喜欢吃的东西就是特色美食。

……

3. 教师小结：什么才能称得上钱塘特色美食呢？食材是钱塘区出产的，制作方法是钱塘区独有的，钱塘区老百姓以前在吃、现在还在吃的食物，才能算钱塘特色美食。

**（二）讨论“怎样调查它是不是钱塘特色美食”**

1. 关键提问：我们怎样才能调查清楚钱塘特色美食到底有哪些呢？

2. 幼儿根据自己的调查经验发表自己的看法。

幼儿①：可以问问一直生活在钱塘的老人。

幼儿②：我们可以去问问马路上的人。

幼儿③：我们可以去问饭店里的厨师，钱塘农家菜馆的厨师。

……

3. 教师小结：刚才大家说了很多方法，我们可以用打电话、面对面的方式去问钱塘的老人、问路人、问专业的厨师、问文化馆专门研究这方面的研究员，也可以去查资料。

**（三）幼儿制定自己的调查计划**

关键提问：刚才我们想了很多调查的方法，你想怎么调查呢？你可以先做一个调查计划。

幼儿先与小组成员讨论自己的调查计划，晚上回家和家长再次讨论调查计划，并在调查表中做好记录。

**（四）幼儿按照调查计划展开调查**

幼儿在家长的协助下，利用放学后的时间展开“钱塘特色美食”的调查。

**（五）汇总调查结果**

关键提问：你用什么方式调查？向谁进行了调查？调查结果是什么？

集体讨论判断调查结果是否符合“钱塘特色美食”的要求。

## 活动9　“沙地十碗头”的故事

### ■ 活动目标

1. 认真倾听故事，了解“沙地十碗头”的由来，对钱塘的人文历史感兴趣。

2. 听后能够提出自己的问题，大胆地与他人对话，获取信息。

### ■ 活动准备

1. 经验准备：幼儿通过调查知道“沙地十碗头”的部分信息。

2. 材料准备：联系好钱塘区非物质文化遗产馆的工作人员；故事PPT；“沙地十碗头”的图片。

### ■ 活动过程

**（一）介绍钱塘区非物质文化遗产馆的工作人员及活动内容**

**（二）结合PPT，听钱塘区非物质文化遗产馆的工作人员讲“沙地十碗头”的故事**

**（三）幼儿与钱塘区非物质文化遗产馆的工作人员对话交流**

幼儿①：为什么是“十碗”？

幼儿②：不是钱塘区的人就不能吃这些东西吗？

幼儿③：除了“沙地十碗头”，钱塘还有没有其他的特色美食？

教师记录幼儿与工作人员的对话内容。

### 活动延伸与环境支持

1. 在班级中开辟“钱塘美食角”，墙面张贴“沙地十碗头”的图片，桌面摆放幼儿制作的模拟菜品，或者幼儿收集的与“沙地十碗头”相关的食材。

2. 鼓励家长带幼儿去饭店品尝“沙地十碗头”。（见图 3-3-13）

图 3-3-13 幼儿到博物馆和本土餐馆了解、品尝“沙地十碗头”



## 活动10 学做“沙地十碗头”

### ■ 活动目标

1. 在家人协助下尝试学做“沙地十碗头”中自己最喜欢的一道菜，感受做菜的乐趣。

2. 在做菜过程中增进对钱塘美食文化的认同感和探索欲。

### ■ 活动准备

1. 经验准备：幼儿了解“沙地十碗头”的来历。

2. 材料准备：制作过程视频、各类食材、烹饪工具。

### ■ 活动过程

**（一）亲子制作前的准备**

1. 亲子讨论选择做“沙地十碗头”里的哪一道菜。

2. 搞清制作所需的食材，制订采购食材计划。

3. 亲子采购食材。

**（二）亲子制作“沙地十碗头”**

幼儿承担力所能及的部分，家长拍摄做菜过程。

**（三）亲子品尝并评价自己烧制的菜品**

家人一起品尝自己烧制的菜品，说说成功的方法或者可以改进的地方。

**（四）小组交流做菜心得**

关键提问：你在家和爸爸妈妈做了

图 3-3-14 亲子制作“本芹三丝”和“钱塘三鲜”

"沙地十碗头"的哪一道菜？做得怎么样？

幼儿结合做菜的视频讲述做菜过程和感受,同伴给予评价。

**(五)邀请做菜有自信的家长来班级做"沙地十碗头"**

家长制作自己拿手的菜,全班幼儿品尝。

**活动延伸与环境支持**

1. 在幼儿园内举办为期一周的"钱塘美食文化周",每天介绍一种钱塘特色美食,通过故事讲述、视频展示、手工制作、亲子共烹等多种形式,全方位展现钱塘美食的魅力。

2. 在"钱塘美食角"里展示幼儿制作美食的照片、视频截图、美食故事、心得体会等,营造浓厚的文化氛围。




特产组的探究:

## 活动11 参观下沙酒厂

### ■ 活动目标

1. 知道大麦烧是钱塘的特产,了解大麦烧的历史、酿造过程及文化意义。

2. 通过实地走访下沙酒厂并与酿酒师互动交流,激发对钱塘传统酿酒文化的兴趣。

### ■ 活动准备

1. 人员准备:与杭州下沙酒厂联系,确定参观时间、流程和讲解人员。

2. 材料准备:采访记录表、笔、录音设备等。

### ■ 活动过程

**(一)做参观前的准备**

1. 讨论走访计划。

关键提问:你们想了解什么事情？问什么问题？要带什么物品？有哪些事情、怎么分工？

2. 交代参观酒厂时的安全注意事项。

**(二)走进酒厂,探秘大麦烧**

1. 实地参观。在酒厂工作人员的带领下,幼儿有序参观酒厂,观察大麦烧的酿造设备、原料储存区、发酵区等。(见图3-3-15)

2. 匠人介绍。邀请酿酒师与幼儿面对面交流,分享大麦烧的酿造故事、技艺传承及文化意义。

3. 问答交流。鼓励幼儿积极提问,酿酒师耐心解答,增进幼儿对大麦烧的了解。(见

图 3-3-16）

4. 动手体验。幼儿在匠人的指导下尝试简单的酿酒工作，如搅拌、闻香等。

**（三）团讨分享，表征记录**

1. 走访后的分享与团讨。

关键提问：昨天我们去参观大麦烧酒厂，你印象最深刻的是什么？

2. 记录酿酒过程。

关键提问：大麦烧是怎么酿制的？你可以把酿酒的材料和过程画出来，我们可以试试酿大麦烧。



活动延伸与环境支持

1. 鼓励幼儿回家后向家长讲述大麦烧的酿酒过程和走访经历，增进家庭成员间的文化交流。

2. 引导幼儿关注家中与酒相关的传统美食或节日习俗，如中秋节的桂花酒等，进一步探索传统文化的多样性。

图 3-3-15　幼儿参观下沙酒厂

图 3-3-16　幼儿采访酒厂酿酒师

## 活动 12　探访坛酱菜厂

### ■ 活动目标

1. 知道坛酱菜是钱塘的特产，了解坛酱菜的历史、种类、酱菜制作工艺等。

2. 通过实地走访坛酱菜厂并与酱菜师傅互动交流，激发制作酱菜的兴趣。

### ■ 活动准备

1. 人员准备：与下沙坛酱菜厂联系，确定参观时间、流程和讲解人员。

2. 材料准备：采访记录表、笔、录音设备等。

## ■ 活动过程

**(一)做探访前的准备**

1. 引出探访活动。

师:钱塘的特产除了大麦烧,坛酱菜也很有名。你们知道什么是坛酱菜吗?想不想到附近的坛酱菜厂里去看看?

2. 讨论走访计划。

关键提问:关于坛酱菜,你想知道些什么?你的参观计划里要有什么内容?

幼儿与同伴一起商议参访计划。

**(二)走进坛酱菜厂,探秘坛酱菜**

1. 进场前交代安全注意事项。

2. 幼儿跟随接待人员参观工厂,听工作人员讲解。

3. 幼儿与坛酱菜师傅对话。

幼儿①:坛酱菜都是装在坛子里的吗?

幼儿②:坛酱菜有哪些品种?

幼儿③:坛酱菜是什么东西做的?(原材料、配方)

幼儿④:我能学会做坛酱菜吗?

……

**(三)回顾梳理参访过程,商议自己做坛酱菜的计划**

1. 回顾梳理。

关键提问:参观坛酱菜厂,你有什么收获?你还有什么问题想了解的?

教师根据幼儿的讲述,从坛酱菜的历史、种类和制作方法等维度对信息进行归纳梳理,并形成思维导图。(见图3-3-17)

2. 商量自己做坛酱菜的计划。

关键提问:坛酱菜师傅说我们自己也是可以做坛酱菜的,你想不想做?想做哪样坛酱菜?

幼儿与同伴一起商议讨论做坛酱菜的计划。

### 活动延伸与环境支持

1. 把幼儿参访坛酱菜厂的照片和收获呈现在主题墙上,引发幼儿持续关注坛酱菜。

2. 幼儿回家和爸爸妈妈商议制作坛酱菜的计划(见图3-3-18),采购相应的食材和罐子。

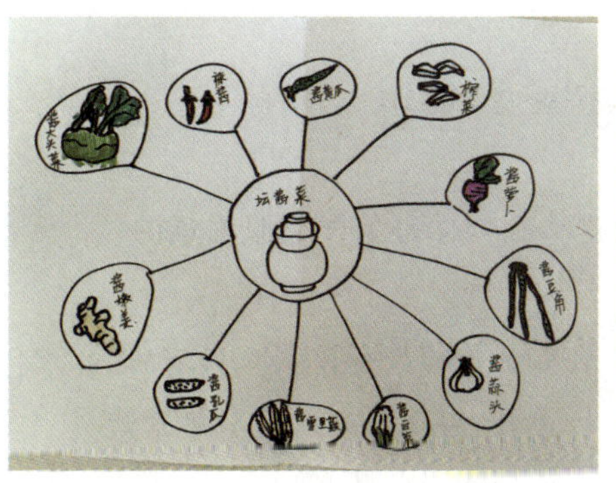

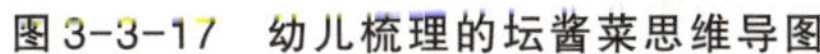
图 3-3-17　幼儿梳理的坛酱菜思维导图

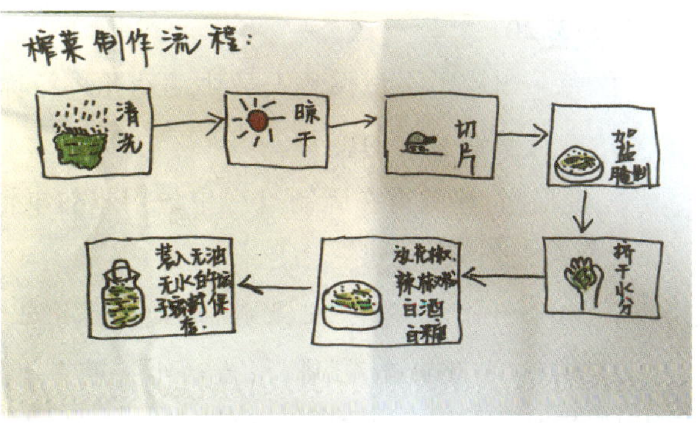

图 3-3-18　制作坛酱菜的流程图

## 活动13　自制坛酱菜

### ■ 活动目标

1. 按照某种坛酱菜的制作配方和流程，尝试制作某种坛酱菜，体验亲手制作坛酱菜的乐趣。

2. 在制作过程中能够认真细致地观察，动脑筋解决遇到的困难。

### ■ 活动准备

1. 经验准备：了解制作坛酱菜的配方和流程。

2. 材料准备：各自准备制作坛酱菜所需的一应物品。

3. 人员准备：事先约好会做多种坛酱菜的幼儿园食堂阿姨。

### ■ 活动过程

**（一）食堂阿姨示范做坛酱菜**

1. 介绍食堂阿姨今天要做的事情。

2. 看食堂阿姨制作酱萝卜。（见图 3-3-19）

（1）食堂阿姨结合图片讲解酱萝卜制作前的处理过程（清洗→腌制出水）。

（2）讲调料和萝卜的配比，并将萝卜在大盆中搅拌均匀。

（3）酱萝卜入缸的方法：将萝卜倒入缸中，用手或木棍将萝卜压实，并将盖子密封。

**（二）幼儿向食堂阿姨提问**

幼儿①：为什么做酱萝卜需要腌制出水？做酱白菜、酱黄瓜需要腌制出水吗？

幼儿②：为什么要将盖子密封？不密封可以吗？

幼儿③：酱白菜的方法和酱萝卜的一样吗？

幼儿④：酱萝卜腌制到什么时候可以吃？

……

**（三）幼儿分组进行腌制坛酱菜**

1. 制作同种坛酱菜的幼儿在一起，再次熟悉配方和腌制流程，检查材料准备情况。

（见图 3-3-20）

2. 每一组跟进一位保教人员协助幼儿进行称重、去皮等工作。

3. 交流腌制过程的感受。

关键提问：你觉得在腌制过程中最困难的事情是什么？你是怎样克服困难的？

活动延伸与环境支持

1. 幼儿制作“坛酱菜”记录册，每天观察并记录自己制作的坛酱菜发生的变化。

2. 开辟“我做坛酱菜”墙面，为幼儿呈现查阅来的资料、制作过程照片和记录册。

3. 等到幼儿腌制的菜到时间后，大家一起品尝并评价是否制作成功。

图 3-3-19 食堂阿姨示范做酱萝卜

图 3-3-20 小组合作制作坛酱菜

节日组的探究：

## 活动 14 电话采访钱塘文化专员

### ■ 活动目标

1. 通过电话采访，了解钱塘地区的传统节日、文化习俗及社区特色文化活动。

2. 有礼貌地采访他人，能清楚表述自己的问题，对方回答时能认真倾听，记录下关键信息。

### ■ 活动准备

1. 经验准备：教师提前向幼儿介绍采访的基本礼仪和技巧，如礼貌地提问、倾听等。

2. 人员准备：联系并邀请钱塘文化宣传员参与活动，确定采访时间、地点。

3. 材料准备：“钱塘特色节日”的图示、采访本、彩笔、录音笔或手机（教师辅助记录）、采访问题卡。

### ■ 活动过程

**（一）交代任务，明确目标**

师：（出示“钱塘特色节日”的图示）前两天我们调查到钱塘区人会过很多节日，这些节日都是钱塘区特有的节日吗？可能有些是，有些不是。所以，老师约了钱塘区文化馆的宣传员，我们可以问问他哪些是钱塘区特有的节日。

**（二）采访前的准备**

1. 讨论采访要问的问题。

关键提问：我们这次采访的目的是什么？我们该向宣传员问什么问题？

把大家讨论出来的问题写出来，形成提问单。

2. 分配任务。

幼儿们自己讨论并分配任务，决定谁负责提问，谁负责记录。

**（三）电话采访文化宣传员**

1. 幼儿按照提问单上的内容进行提问。

教师协助幼儿做好关键信息的记录。

2. 幼儿听了宣传员的回答后，进行问题补充。

**（四）采访后的讨论**

关键提问：我们采访了文化宣传员，现在知道哪个节日是钱塘特有的了吗？这个特有的节日是怎么过的？

活动延伸与环境支持

1. 开辟“钱塘特色节日”展板，把幼儿采访获得的信息呈现出来。

2. 家长与幼儿一起收集观潮节的资料，为后续的活动做准备。

## 活动15 抢潮头鱼

### ■ 活动目标

1. 了解钱塘抢潮头鱼民俗活动，知道民俗活动与地域文化息息相关。

2. 通过模拟游戏，体验抢潮头鱼的紧张与乐趣，感受钱塘江边百姓坚毅勇敢的精神品质，激发对家乡传统民俗文化的热爱。

### ■ 活动准备

1. 经验准备：参与过采访钱塘文化专员的活动，对观潮节有初步的了解。

2. 材料准备：抢潮头鱼相关图片、视频资料；蓝色布料、玩具鱼、网兜、大鼓。

### ■ 活动过程

**（一）回顾导入，激发兴趣**

教师播放抢潮头鱼的相关图片和视频，引导幼儿回顾采访钱塘文化专员时了解到的信息。

关键提问：抢潮头鱼是一项怎样的活动？为什么钱塘区的人们会喜欢这项活动？

**(二)观看视频,感受抢潮头鱼的惊险**

1. 播放抢潮头鱼的相关视频2次。

2. 谈话交流观看感受。

关键提问:你觉得抢潮头鱼是一件怎样的事情?在钱塘江里抢鱼的渔民为什么要不停地跑?他们抢到鱼心情会怎么样?如果是你,你会像他们这么勇敢吗?

**(三)游戏“抢潮头鱼”**

1. 教师向幼儿介绍游戏规则。

教师击鼓喊“潮水来啦”,幼儿跑到“江里”用网兜抢“鱼”,抢到“鱼”的幼儿把“鱼”送回岸上。听到“潮水退啦”鼓声停止,幼儿结束游戏。

2. 幼儿游戏3次。

**(四)分享交流**

关键提问:你抢了几条鱼?你对自己的战绩满意吗?经验是什么?还有哪些地方可以改进?

**活动延伸与环境支持**

1. 鼓励家长带领幼儿去观看抢潮头鱼的场景,让幼儿亲身体验传统文化的魅力。

2. 幼儿自己玩“抢潮头鱼”的游戏,延续民俗活动的乐趣。

## 活动16　亲子观潮

### ■ 活动目标

1. 通过观潮活动,幼儿亲身体验钱塘江大潮的震撼与壮观,增进对家乡自然景观的认识与热爱。

2. 能结合照片,用形象的语言表达自己观看潮水的感受与发现。

图 3-3-21　钱江潮水

### ■ 活动准备

1. 经验准备:幼儿与家长一起制订好详细的观潮计划(时间、地点、注意事项)。

2. 材料准备:望远镜(观察远处潮水细节)、相机或手机(家长用于记录观潮瞬间)。

### ■ 活动过程

**(一)亲子观潮**

家长带幼儿去江边看潮水,拍摄照片或视频记录。

**（二）幼儿回家记录观潮感受**

1. 幼儿与家长交流看潮水的发现与感受。

2. 幼儿用图画描绘自己看到的潮水景象。

**（三）幼儿回园集体交流**

1. 请幼儿结合自己的“观潮记录表”来讲述自己的所见所闻。

关键提问：你看到的潮水是怎样的？你有什么感受？

教师从“潮水的形态”和“感受”两方面去记录幼儿讲述的关键信息。（见图 3-3-22）

2. 教师结合记录梳理幼儿的观潮收获。

3. 集体观看钱塘潮水的视频，再次欣赏潮水之美。

关键提问：你在江边有没有看到一线潮、交叉潮、回头潮？它们看起来像什么？

4. 幼儿提出与观潮或潮水有关的新问题。

活动延伸与环境支持

1. 幼儿回家查阅资料寻求新问题的答案。

2. 幼儿调查钱塘两岸有哪些观潮点，与同伴一起制作“观潮导游图”。（见图 3-3-23）

3. 主题墙展示亲子观潮的照片及观察记录表。

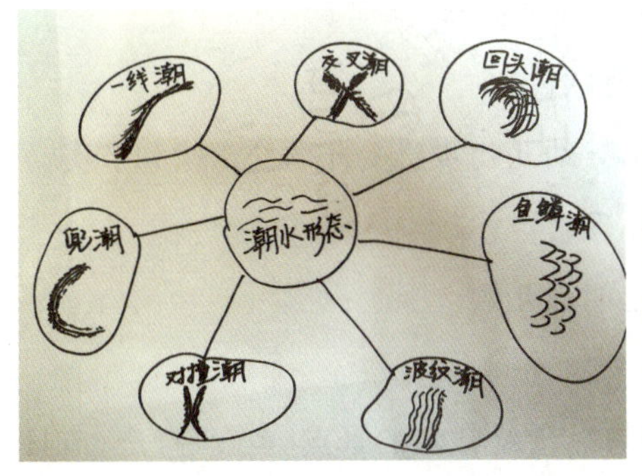


图 3-3-22　各种不同的潮水形态

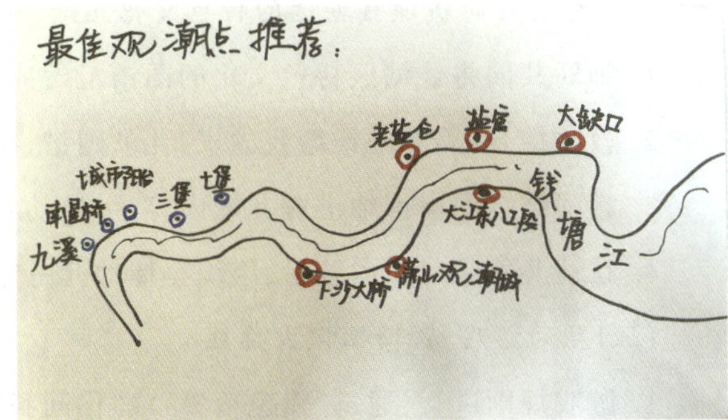


图 3-3-23　观潮导游图

## 三、我最喜欢钱塘的什么

经过分组探索钱塘区的美景、美食、特产、节日后，幼儿对钱塘的特别之处有了更深的了解，内心的情感逐渐被激发出来。当他们都觉得“钱塘是非常好的地方，钱塘老百姓都是非常了不起的人”的时候，我们一起创编赞美钱塘的儿歌，来表达热爱家乡的情感。项目活动随之进入了高潮阶段。

## 活动17　美丽的钱塘我的家

### ■ 活动目标

1. 共同创编赞美钱塘的儿歌，在创编中能够发表自己的意见，也能倾听别人的意见。

2. 学念儿歌，理解儿歌内容，体味诗歌中浓郁的地方特色。

3. 通过儿歌的朗诵来表达自己喜爱钱塘的情感。

### ■ 活动准备

1. 经验准备：幼儿深入探索过钱塘的自然人文，有深刻的认识和体验。

2. 材料准备：前期探索形成的彰显钱塘特色的资料，白纸、笔等。

### ■ 活动过程

**（一）回顾探究历程**

1. 教师引导："小朋友们，你们知道我们钱塘都有哪些特别美丽的地方、好吃的食物、有趣的特产和热闹的节日吗？让我们一起来回忆一下吧！"

2. 利用多媒体，展示钱塘区有名的景点、有特色的美食、特产和节日，激发幼儿兴趣，并请幼儿认一认，说一说。

**（二）师幼共同梳理钱塘区的特色文化儿歌，感受钱塘韵味**

1. 师幼共同将钱塘区特色文化的图谱汇编成儿歌。

2. 教师结合《美丽的钱塘我的家》儿歌图谱，引导幼儿初步感受儿歌的韵律和节奏。

3. 教师结合图谱详细讲解儿歌内容，引导幼儿理解。

4. 在幼儿熟悉每段内容后，组织全体幼儿一起朗诵儿歌。

**（三）互动游戏：钱塘知识大挑战**

1. 游戏规则讲解：通过"快速抢答"或"你问我答"，围绕钱塘的景点、美食、特产、节日等内容提问，鼓励幼儿积极回答，巩固他们在探索中获得的知识。

2. 游戏开始：教师提问，幼儿举手抢答或轮流回答，答对给予小奖励，增加活动趣味性和参与感。

**（四）钱塘赞美会**

1. 在区域中鼓励幼儿通过不同的方式来赞美钱塘，如黏土制作、积木建构、儿歌表演等。

2. 每组轮流上台展示他们的作品，其他幼儿和教师给予掌声和鼓励，共同感受钱塘文化的魅力。

## 活动延伸与环境支持

1. 幼儿继续探索自己感兴趣的地方，每星期一午餐前开展“亮眼看钱塘”活动，为幼儿提供分享交流信息的机会。

2. 拍摄幼儿朗诵儿歌《美丽的钱塘我的家》的视频，在幼儿园微信公众号和其他媒体播放。

3. 幼儿进行回顾式评价。

**附儿歌：**

**美丽的钱塘我的家**

美丽的钱塘我的家，
金沙湖，东沙湖，
学林秋枫，大学城，
蜀山怀古，沿江湿地，
钱塘潮涌震心魂。
围垦几代人，填海造新田。
智涌是钱塘，旧貌换新颜。
医药镇、科技园、强呀强得嘞！
十碗头、大麦烧、香呀香得嘞！
还有那杭绸造、坛酱菜、香粉、竹编和佛雕，
尽呀尽嘎哉，尽呀尽嘎哉！

## 项目成果

### “美丽的钱塘”展览会

**（一）展览会的准备**

1. 收集并梳理探索钱塘的各类资料，包括图片、视频、文字介绍等，特别是关于钱塘美景、美食、特产和节日的素材。

2. 美景组、美食组、特产组和节日组分别策划展览会的具体内容，形成策划书，保教人员视情况给予建议。

美景组：开设“钱塘美景视听区”，准备钱塘区的自然风光和城市景观照片、模型，并配备讲解员进行介绍。

美食组：开设“钱塘美食品尝区”，准备“沙地十碗头”等特色美食的小份样品供参观者品尝。

特产组：开设“钱塘特产观赏区”，展示钱塘草编、坛酱菜、大麦烧等特产实物或模型。

节日组：开设“钱塘节日体验区”，准备“抢潮头鱼”和“钱塘潮水”的视频，制作展示各种潮水形态的展板，呈现“观潮导游图”。

3. 划分布展场地，4组幼儿分头布置场地，准备需要的物品。保教人员制作导览图、指示牌等公共物品。

4. 利用幼儿园微信公众号、社交媒体等多种渠道进行宣传，邀请大家来参观。同时，设计精美邀请函，定向邀请嘉宾和媒体参与。





**（二）展览会的过程**

1. 赏，钱塘美景。“小导游”结合图片或者模型，介绍钱塘各个特色景点的故事和历史，请参展者为自己最喜欢的景点投票。

2. 尝，钱塘美食。“小厨师”介绍“沙地十碗头”，请参展者品尝美食，并给自己最喜欢的菜贴上爱心贴纸。

3. 看，钱塘特产。“推销员”介绍特产，请参展者给特产投票，选出“我最喜欢的钱塘特产”。

4. 玩，钱塘潮水。“喊潮员”组织参展者有序观看视频，介绍钱塘潮水的相关知识，引导参展者参与体验兜鱼活动。

**（三）展览会后的反思评价**

1. 小组内交流展览会中的发现。4个小组分别交流自己负责的展区的活动情况。美景组、美食组、特产组统计出大家最喜欢的美景、美食和特产。

2. 组内成员根据在展览会中承担不同的任务进行自评和他评。

3. 集体反思评价。

关键提问：你们展区的展览受欢迎吗？你们自己觉得成功的地方在哪里？需要改进的是什么？请你夸夸组里的小伙伴。

## 项目反思

“美丽的钱塘我的家”项目是幼儿着眼整个钱塘区的“美”而展开的系列探究活动。在探究活动中，教师退后一步，以激发幼儿探究的主动性；以实践活动为主，强化探究体验；重视集体的谈话，加强学习者之间的互动；鼓励幼儿以多元方式表达爱家乡的情感。

1. 幼儿在前，激发主动性。

兴趣是最好的老师。在探究钱塘的过程中，教师始终以幼儿的兴趣为主导，尊重他们的兴趣和需求。当教师发现幼儿在闲聊中提及家庭住址时，就抓住他们对钱塘感兴趣这一契机，开启了钱塘探究之旅。探究过程中把自主权交给幼儿，能根据幼儿兴趣的不同引导其探究不同的领域，如美景、美食、特产及节日等方面，在此基础上给予幼儿适宜的支持，鼓励幼儿尝试自己解决问题。在课程最后的展示阶段，教师也是支持幼儿用自己感兴趣的方式进行表达和表现，让他们自主选择探究点来展示"钱塘之美"。

2. 实践为主，增强体验性。

幼儿是在体验中学习和成长的，体验是幼儿生活的基本形式，是幼儿内在的知、情、意、行的亲历、体验和验证的过程。在课程活动中，幼儿通过实地参观、记录和了解，直观感受到钱塘的自然风光之美；通过调查、品尝、动手制作直接感知到家乡的多样美食；通过走访特产匠人和制作下沙大麦烧了解了钱塘的特产文化；在采访钱塘文化专员和钱塘节日宣传活动中，幼儿知道了更多关于钱塘特色节日的信息。在实地考察和亲身体验中去实践和探究，幼儿可以获得不同的体验，更满足其个性化认识与求知的过程。

3. 重视团讨，提高互动性。

教师作为课程的支持者，也是引导幼儿去发现问题、解决问题的观察者和支持者。在幼儿通过个人、小组、集体等多形式进行探究后，及时组织幼儿进行团讨，使不同的经验和感受得以碰撞。教师通过提问、讨论、分享等方式引导幼儿深入了解钱塘的景点、美食和人文文化。在探究过程中，鼓励幼儿提出问题、发表见解，与他们进行深入的交流以及引导他们与同伴、家长乃至社会人员深入交流。这种在团讨中碰撞思维、在互动中交流经验的学习方式，不仅促进了幼儿对钱塘文化的理解，还培养了他们的思考能力、倾听能力和表达能力。

4. 多元表达，注重情感性。

在了解钱塘后，幼儿感受到了钱塘风景、文化、特产、节日等多方面的独特美。在探究过程中，教师鼓励幼儿对自己的探究成果用自己喜欢的形式进行表达，有言语讲述、儿歌赞美、绘画表征、手工制作及建构展示等多种形式。师幼共同讨论后，创办了"美丽钱塘"展览会。本次展览会通过儿歌赞美、实物分享、模型介绍等不同形式展示钱塘"美"，赞美钱塘"美"。幼儿在展示的过程中进一步激发了对家乡的热爱和自豪感，情感得到了充分的释放和表达。

（李小宝　徐秀君）

# 大探农索场

板块4

该板块的项目活动来自幼儿探索钱塘的大农场。幼儿走进田间地头，亲历农场一年四季的劳作，探究每天吃的瓜果蔬菜、米面鱼肉的来历，动手参与劳作，体验劳动的艰辛和享用劳动果实的快乐。幼儿在“参观—劳作—分享”的实践活动中主动探索，获得生命科学的经验，激发爱劳动的情感，传承钱塘人民吃苦耐劳的围垦精神。

# 项目1

## 采摘小能手(小班)



### 项目缘起

钱塘区在改革开放前是农垦区,种菜种粮是老百姓的主要工作。改革开放后,钱塘区逐步城市化,但种菜依旧是钱塘区老百姓热爱的事情。不论是大农场,还是小菜园,钱塘的老百姓都不会让它闲置。因此,一年四季中,幼儿都有机会见到家人采摘蔬菜瓜果的情景,有时候家长还会带幼儿去采摘。"昨天妈妈带我去摘草莓了,摘草莓要很小心,要不然就捏坏了,就不能吃了!""爷爷带我摘西瓜,西瓜好大好重,我都抱不动!"……"采摘"成为班级幼儿的热门话题,可见幼儿对采摘充满期待和喜爱。小班幼儿对身边的事物充满好奇,采摘活动能让他们调动多种感官去探索。幼儿还可以在观察、对比、表达中丰富认知,学习思考,获得采摘瓜果蔬菜的经验,体验劳动的乐趣。

### 项目导图

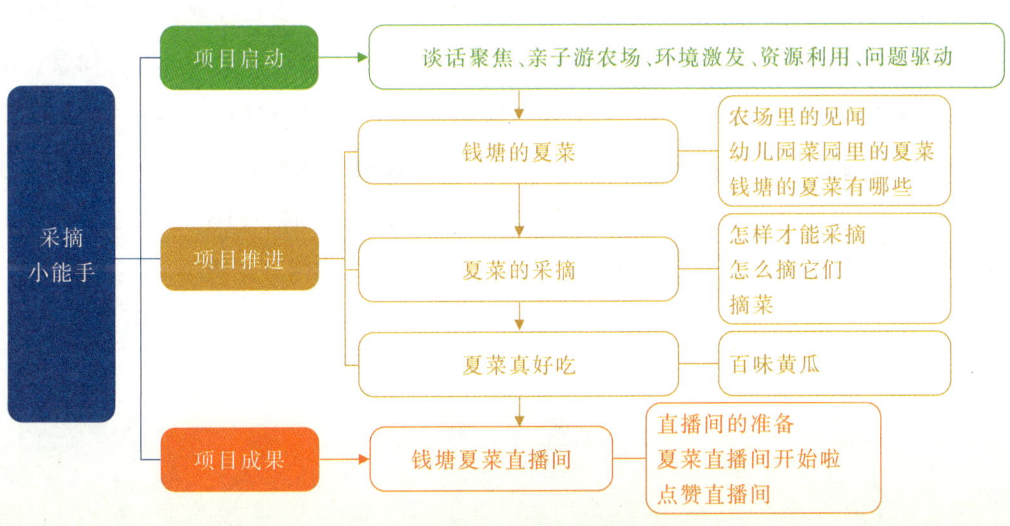


图4-1-1 "采摘小能手"项目流程图

## 项目目标

1. 了解钱塘区本土种植的时令蔬菜瓜果，知道各种蔬菜瓜果的名称，学习简单的采摘方法。

2. 能够用询问、观察、参观、操作等多种方法去探索与采摘相关的事情。

3. 喜欢采摘活动，乐意分享自己的发现和感受，对农作物产生兴趣。




## 项目启动

### 一、谈话聚焦

初夏是钱塘区本土出产的蔬菜瓜果最丰富的时候。某天珂珂带了煮熟的玉米来到幼儿园分享，说这是奶奶种的玉米，很好吃。在幼儿品尝玉米的时候，教师与幼儿展开了谈话："今天我们吃的是珂珂奶奶种的玉米，其他小朋友家有种吗？""这几天我们经常吃的是什么蔬菜？""你们知道附近农场地里种了哪些菜？""你有去摘吗？是怎么摘的？"

幼儿围绕这几个问题热火朝天地讨论起来。六六说："我看见玉米长得好高啊！还有好多的黄瓜挂在藤上，四季豆也是挂在藤上的！"东子说："早上我去给外面的黄瓜浇水，看到我们班种的黄瓜开了3朵花，花的后面有一条小小的黄瓜，还不能摘。"在谈话中，幼儿关注到了蔬菜的种类、植株的外观、生长的过程、采摘的时机等与采摘有关的一系列问题。

### 二、亲子游农场

初夏，钱塘本地出产哪些蔬菜瓜果？它们长什么样子？是否已经成熟？围绕这些问题我们布置了周末亲子游农场的任务，同时还下发了"亲子游农场记录表"，告知家长本次活动的目的，需要记录的内容。让家长引导幼儿关注农场里有哪些蔬菜瓜果，说一说它们的样子，判断它们是否成熟、是否可以采摘等。鼓励并协助幼儿用拍照、图画、符号等个性化方式记录自己的发现，倾听幼儿的表达与感受，和他们一起完成"亲子游农场记录表"，并鼓励幼儿根据记录表大胆讲述亲子游农场的所见所闻。(见图4-1-2、4-1-3)

图 4-1-2 幼儿组团游农场

图 4-1-3 杭杭分享自己游农场收获的黄瓜



## 三、环境激发

1. 探究墙：围绕夏季蔬菜瓜果，我们在探究墙上设计了“我的问题”“我的发现”“我的感受”三大板块内容，鼓励幼儿把自己的问题、发现、感受呈现在相应的板块中。

2. 阅读区：投放农场及瓜果蔬菜类绘本，如《揭秘农场》《忙忙碌碌的农场》《圆鼓鼓的土豆》《油亮亮的茄子》《红彤彤的番茄》等。

3. 美工区：墙面上粘贴夏季蔬菜瓜果图片，布置夏季农场蔬菜瓜果展示区，投放超轻黏土、彩纸、泡沫纸等制作材料，鼓励幼儿发挥想象制作夏季蔬菜瓜果。

4. 自然角：开学后经过师幼讨论，在自然角播种了土豆、四季豆、玉米、丝瓜等农作物，鼓励幼儿对它们进行养护与观察。

## 四、资源利用

1. 教师与家长沟通，策划亲子游农场，请爸爸妈妈带领幼儿去下沙农场游玩，寻找初夏农场里的蔬菜瓜果，引导幼儿关注蔬菜瓜果的外形特征、成熟度、采摘方式等，开启对采摘的探究之旅。

2. 师幼共同收集有关农场及蔬菜瓜果的绘本。

3. 根据幼儿的探究进程，提前联系有丰富采摘经验的下沙本地农民，根据需要邀请其进班给幼儿讲解初夏各种蔬菜瓜果的采摘方法与技巧。

## 五、问题驱动

教师提出驱动性问题，让孩子带着问题进行第一次探究活动——亲子游农场，让探究更具有目的性、针对性。

1. 夏季钱塘的农场产出哪些蔬菜？

2. 它们长到什么样才可以采摘？

3. 它们是怎么采摘的？

4. 它们可以怎么吃？



## 项目推进

### 一、钱塘的夏菜

周末亲子游农场，幼儿在直观感知、亲身经历中，对农场夏季蔬菜的种植和采摘积累了一些经验。从周围的环境出发，在一次次的游玩、参观中走走、看看，不断积累钱塘夏菜的经验。在分享、调查、梳理中，增强幼儿对钱塘夏菜的认识。

### 活动1　农场里的见闻

■ **活动目标**

1. 通过分享与梳理亲子游农场的过程，进一步了解初夏农场里的瓜果蔬菜。

2. 愿意在集体中大胆自信地表述在农场里的见闻，积累简单的形容词汇。

■ **活动准备**

1. 经验准备：亲子游农场，对农场初夏的瓜果蔬菜有一定的了解。

2. 材料准备：亲子游农场照片、记录表、卡纸、初夏蔬菜瓜果图片、记号笔。

■ **活动过程**

**（一）引出游玩结果，整理记录**

师：周末我们跟爸爸妈妈去了下沙农场游玩，你看到了哪些蔬菜瓜果？它们是什么样子的？成熟了吗？我们来分享一下吧。

**（二）以投屏的方式，请幼儿分享记录表的内容**

1. 鼓励幼儿介绍记录表的内容。

2. 引导幼儿仔细倾听，耐心

图4-1-4　梳理后的初夏农场蔬菜瓜果图

等待。

**(三)评价幼儿的介绍,梳理介绍要点**

1. 帮助幼儿梳理介绍的方法、句式;将形容蔬菜瓜果合适的词语,以图符的方式呈现在相应的蔬菜瓜果旁,并引导幼儿说一说。

2. 以思维导图的方式呈现初夏农场的蔬菜瓜果及特点。(见图4-1-4)

活动延伸与环境支持

1. 将整理记录单贴在展示墙上,引导幼儿在自主活动时间向同伴介绍,或者互相浏览。

2. 将初夏农场蔬菜瓜果的思维导图呈现在主题墙上,巩固幼儿对它们的认知,激发其探索农作物的热情。



## 活动2　幼儿园菜园里的夏菜

### ■ 活动目标

1. 细致观察幼儿园菜园里种的夏菜,知道它们的名称,感知植株的特点。

2. 能用简单的语句描述自己观察到的事物,乐意在集体中分享自己的发现。

### ■ 活动准备

1. 经验准备:对当前时令果蔬已有一定的了解。

2. 材料准备:前一次活动梳理的思维导图、相机、卡纸、记号笔、幼儿园夏菜图片。

### ■ 活动过程

**(一)回顾经验,引出参观幼儿园菜园的活动**

1. 教师出示思维导图引导幼儿回顾经验。

2. 师:我们知道了下沙农场有那么多的夏菜,那么你们知道我们幼儿园菜园有哪些夏菜吗? 我们一起去看看吧!

**(二)带领幼儿参观幼儿园菜园**

1. 有序带领幼儿到幼儿园菜园。

2. 参观任务:幼儿园有哪些夏菜,它们是怎么样的,跟农场的夏菜一样吗?

3. 幼儿分成几组,带着问题自由参观。

**(三)幼儿分享参观后的发现,教师梳理总结**

1. 围绕参观任务,鼓励幼儿分享参观后的发现。

2. 评价幼儿的分享,以图符的方式把幼儿的发现呈现在相应的夏菜图旁,并以思维导图的方式帮助幼儿梳理幼儿园菜园里夏菜种类,并与农场里的夏菜进行对比。

**活动延伸与环境支持**

1. 将幼儿参观幼儿园菜园的照片呈现在展示墙上，让他们可以随时回顾之前的经验。（见图 4-1-5～4-1-7）

2. 将“幼儿园菜园里的夏菜”的思维导图呈现在主题墙上，巩固幼儿对幼儿园菜园里夏菜的已有认识，同时引导他们对幼儿园菜园里的夏菜和农场里的夏菜进行对比。

3. 下发“钱塘夏菜调查表”，请家长协助幼儿调查钱塘夏菜有哪些，完成调查表。

图 4-1-5　丝瓜开花了

图 4-1-6　葫芦长在藤蔓上

图 4-1-7　玉米长胡须了

## 活动 3　钱塘的夏菜有哪些

### ■ 活动目标

1. 通过分享“钱塘夏菜调查表”，了解钱塘区本土夏菜的名称及特点。

2. 能运用对比等方法，对钱塘的夏菜进行分类。

3. 体会钱塘区夏菜的丰富、多样，萌发采摘兴趣。

### ■ 活动准备

1. 经验准备：亲子对钱塘的夏菜已进行调查，幼儿对夏菜有了总的了解。

2. 材料准备：钱塘夏菜调查表、钱塘夏菜实物、图片、卡纸、记号笔。

### ■ 活动过程

**（一）引出“钱塘夏菜调查表”**

师：通过对农场和幼儿园菜园的参观，我们发现下沙农场里的夏菜跟幼儿园菜园里的夏菜有些是一样的，有些是不一样的。那钱塘的夏菜又有哪些呢？老师想请小朋友来分享一下。

**（二）以投屏的方式，请幼儿分享调查表的内容**

1. 幼儿介绍自己调查的钱塘夏菜。

2. 根据幼儿的介绍一一出示相应的夏菜图片。

**（三）观察夏菜的特点，尝试分类**

1. 观察夏菜的特点并引导幼儿对它们进行分类。

2. 根据分类以思维导图的方式呈现钱塘区的夏菜。

**（四）出示钱塘区夏菜实物——黄瓜，引发有关采摘的探究**

师：（出示黄瓜实物）你们上次和爸爸妈妈去农场都看到了黄瓜，你们觉得那个时候的黄瓜可以采摘了吗，为什么？

活动延伸与环境支持

1. 将农场夏菜、幼儿园菜园里的夏菜以及钱塘夏菜的思维导图呈现在主题墙上，体会钱塘区夏菜的丰富、多样。

2. 下发“夏菜怎样才能采摘调查表”，让家长协助幼儿完成相关内容的记录。



## 二、夏菜的采摘

经过前一阶段的分享、调查、梳理，幼儿知道了钱塘夏菜的名称，体会到了它的丰富多样性。同时在与实物的观察对比中，我们发现地里的夏菜有些已经成熟但有些还不可以采摘。什么样的才能摘，怎么摘，在摘的过程中要注意什么？围绕这些问题，我们开启了第二阶段的探究内容——夏菜的采摘。

## 活动4　怎样才能采摘

### ■ 活动目标

1. 通过询问、调查、记录、分享，了解夏季蔬菜瓜果成熟的样子。

2. 能在集体中大胆表述自己的调查结果，提升语言表达能力。

3. 对采摘充满期待。

### ■ 活动准备

1. 经验准备：幼儿对钱塘区的夏菜积累了很多相关经验。

2. 材料准备：“怎样才能采摘”调查表、卡纸、记号笔。

### ■ 活动过程

**（一）引出蔬菜瓜果“怎样才能采摘”调查表**

1. 师：通过这几天的探究，我们发现钱塘区有这么多的夏菜，其中很多下沙农场和我们幼儿园的菜园里都有，你们想去摘吗？你们觉得它们可以摘了吗，为什么？

2. 介绍蔬菜瓜果“怎样才能采摘”调查表。

**（二）幼儿回家通过询问、调查、记录等，探究夏季蔬菜瓜果成熟的样子**

1. 幼儿询问家长，和家长一起调查夏季蔬菜瓜果成熟的样子。

2. 幼儿用绘画一一呈现蔬菜瓜果成熟的样子，家长用文字记录。（见图4-1-8）

**（三）幼儿分享自己的探究结果，教师帮助梳理总结**

1. 幼儿根据记录表大胆介绍探究结果。

2. 教师通过图片对比的方式呈现夏季蔬菜瓜果成熟的样子。（见图4-1-9）

3. 引发幼儿思考如何采摘的问题。

**活动延伸与环境支持**

1. 将幼儿蔬菜瓜果“怎样才能采摘”调查表呈现在展示墙上，加深他们对每一种夏季蔬菜瓜果成熟样子的认识，为接下来的采摘做铺垫。

2. 联系有丰富采摘经验的下沙本地农民，邀请其进班跟幼儿讲解采摘方法以及所用到的一些工具等。

蔬菜瓜果怎样才能摘

班级： 姓名： 时间：

选择4种自己喜欢的蔬菜瓜果，画一画，说一说它们成熟的样子。

番茄颜色变红就可以采摘了。

像筷子一样长，而且有一点点突起，就可以采摘了。

像香蕉一样粗，轨道一样 有点点长 就可以采摘了。

长到我膝盖那么高就可以采摘了。

图4-1-8 幼儿记录的调查表

图4-1-9 “怎样才能采摘”调查表

## 活动5 怎么摘它们

### ■ 活动目标

1. 借助家长助教及观看视频等方式，认识常用的采摘工具，学习简单的采摘方法。

2. 能仔细倾听，尝试询问与采摘相关的一些问题。

### ■ 活动准备

1. 经验准备：幼儿认识钱塘区的夏菜，知道这些夏菜成熟的样子。

2. 材料准备：事先与家长沟通好活动内容，采摘视频、夏菜实物、采摘工具、卡纸、记号笔。

## ■ 活动过程

**（一）聚焦采摘，介绍家长**

师：经过前段时间的探索，我们发现农场和幼儿园菜园里已经有很多夏菜成熟啦！怎么把它们采摘下来呢？今天我们邀请了鱼儿奶奶来跟我们分享，她可是采摘高手。

**（二）幼儿与奶奶互动，学习简单的采摘方法**

1. 了解幼儿想采摘的夏菜，以及对于这些夏菜采摘的原有经验。

2. 根据幼儿的讲述，鱼儿奶奶一一讲解每一种夏菜的采摘方法。（见图4-1-10、4-1-11）

3. 鼓励幼儿询问与采摘相关的问题。

4. 通过视频，进一步巩固对采摘方法的认识。

**（三）教师梳理采摘要点，进行采摘方法与采摘工具竞答**

1. 教师以思维导图的方式梳理夏菜采摘方法。

2. 教师逐一出示夏菜实物，让幼儿抢答采摘方法和采摘所需工具。

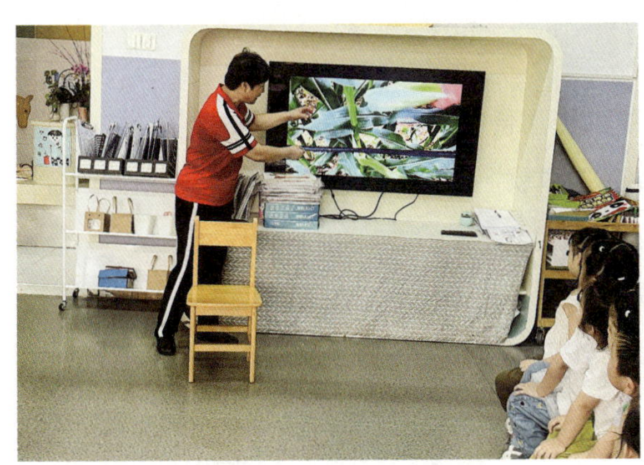

图4-1-10 鱼儿奶奶借助视频让幼儿更清楚地掌握掰玉米的方法

图4-1-11 鱼儿奶奶讲解黄瓜采摘的方法

## 活动延伸与环境支持

1. 准备采摘工具（见图4-1-12）。联系周边农场，沟通确定采摘相关事宜。

2. 将思维导图梳理的采摘方法（见图4-1-13）呈现在环境中，鼓励幼儿根据图表尝试完整、清楚地讲述每一种夏菜采摘的方法。

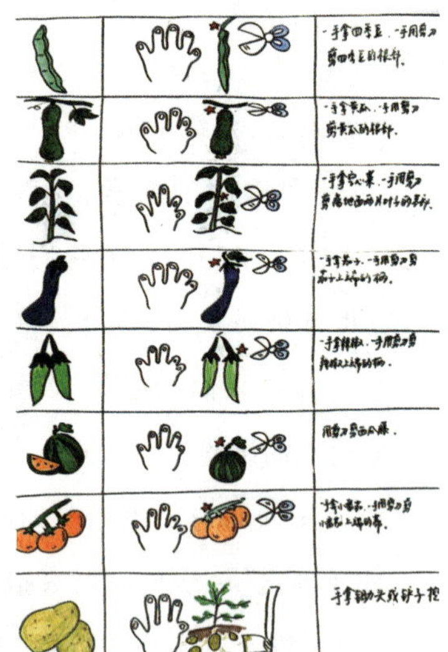

图 4-1-12 采摘需要用到的工具　　图 4-1-13 教师梳理夏菜的采摘方法

## 活动6 摘菜

### ■ 活动目标

1. 在采摘中,能仔细观察夏菜的成熟度,会用恰当的方法采摘成熟的夏菜。

2. 喜欢采摘活动,体验采摘带来的快乐与成就。

### ■ 活动准备

1. 经验准备:幼儿对夏菜的采摘方法已积累了相关经验。

2. 材料准备:采摘工具、相机,与农场工作人员沟通好确保采摘活动顺利开展。

### ■ 活动过程

**(一)出发去农场**

1. 带上事先准备的采摘工具,出发去农场。

2. 抵达农场,回忆采摘注意事项。(观察夏菜是否成熟,用恰当的方式采摘)

**(二)体验采摘**

1. 选择自己喜欢的夏菜大胆进行采摘。

2. 教师用拍照的方式记录幼儿的采摘过程。(见图 4-1-14~4-1-17)

3. 及时肯定幼儿的采摘方法。

**(三)采摘后的分享**

1. 晒一晒采摘成果。

2. 鼓励幼儿说一说采摘的感受。

3. 颁发采摘小能手奖状。

图 4-1-14　幼儿在采摘茄子

图 4-1-15　幼儿合作采摘小番茄

图 4-1-16　幼儿在采摘豆角

图 4-1-17　幼儿在采摘甜瓜

**活动延伸与环境支持**

1. 将幼儿采摘的照片打印出来呈现在教室中，体验采摘带来的成就与快乐。

2. 下发“夏菜吃法调查表”，幼儿选择一种喜欢的夏菜，调查其吃法。

3. 每天去观察幼儿园菜园里的夏菜，把成熟的菜采摘到班里吃。

## 三、夏菜真好吃

采摘来的夏菜如何变成美食？有哪些吃法？这是幼儿非常感兴趣的事情。于是我们开启探究“怎么吃”的问题。我们回家调查各种蔬菜的做法，然后把幼儿园菜园里采摘来的菜做起来吃。下文以“百味黄瓜”为例，呈现我们对夏菜吃法的探究。

## 活动7　百味黄瓜

### ■ 活动目标

1. 通过调查、分享，知道黄瓜的多种吃法，能大胆讲述自己的调查结果。
2. 积极参与制作“黄瓜美食”，承担力所能及的工作。
3. 体验制作美食的乐趣，感受和同伴一起分享劳动成果的快乐。

### ■ 活动准备

1. 经验准备：幼儿事先调查黄瓜的吃法。
2. 材料准备：黄瓜、调味料、刀、砧板。

### ■ 活动过程

**（一）汇报调查结果，黄瓜可以怎么吃**

师：黄瓜有很多种吃法，小朋友们都调查过，谁愿意来分享一下呢？

**（二）讨论“今天的黄瓜怎么吃”**

关键提问①：黄瓜的吃法有很多。今天我们怎么吃刚摘来的黄瓜呢？

幼儿选择了糖拌黄瓜和拍黄瓜。

关键提问②：糖拌黄瓜和拍黄瓜要怎么做呢？

教师用流程图画出制作方法。

**（三）幼儿选择承担的工作，大家一起制作“黄瓜美食”**

1. 幼儿分组，个人选择自己愿意承担的工作（清洗、削皮、切条、配料搅拌）。
2. 幼儿分组进行操作（见图4-1-18），保教人员视情况提供帮助。

**（四）大家分享“黄瓜美食”**

1. 大家品尝自己做的糖拌黄瓜和拍黄瓜。（见图4-1-19）
2. 说说喜欢哪种吃法的黄瓜，还想做哪种黄瓜。

图 4-1-18　切黄瓜

图 4-1-19　一起品尝拌黄瓜

**活动延伸与环境支持**

1. 将夏菜吃法调查记录呈现在环境中，鼓励幼儿在自主活动时间相互讲一讲。

2. 鼓励幼儿在日常生活中找一找其他蔬菜的做法。(见图 4-1-20、4-1-21)

图 4-1-20　幼儿搜集的番茄做法

图 4-1-21　幼儿搜集的茄子做法

## 项目成果

### 钱塘夏菜直播间

小朋友们通过亲子游农场、幼儿园菜园采摘等活动，收获了好多时令的蔬菜，大家可开心了。可是这么多蔬菜怎么吃得完呢？大家开始七嘴八舌地讨论：“送给哥哥姐姐吃！”“可是如果他们不知道怎么做成好吃的怎么办？”“难道我们来教他们？”“我妈妈经常在手机上买东西，屏幕里的人会介绍的！”“我知道，是直播间，我们也给哥哥姐姐直播吧！”经过集体讨论后，小朋友们决定开设“钱塘夏菜直播间”，给哥哥姐姐介绍采摘的夏菜和夏菜的做法。

**(一)直播间的准备**

1. 讨论"直播间里有什么"。

大家以"直播间里有什么"这一话题展开讨论。教师播放直播间的视频片段引导幼儿观察视频内容,一起找一找直播间里有什么。大家发现直播间里有主播、模特,以及后台的工作人员,还有商品、桌子等相关的物品,教师通过思维导图的形式将大家的发现记录下来,帮助幼儿梳理。

2. 讨论"夏菜直播组"。

幼儿根据自己感兴趣的蔬菜分成了"番茄组""黄瓜组""四季豆组"和"玉米组"。在每一个蔬菜组中,小朋友也进行了分工:主播负责介绍蔬菜的特征、采摘方式、相关美食等,模特负责展示蔬菜和展板等,后勤负责给顾客送蔬菜、维护现场秩序等。

3. 大家一起做准备。

教师和家长一起准备直播间需要的材料,幼儿在教师的帮助下根据分工进行练习。通过幼儿园的小广播向全园师生播报"夏菜直播间"的开播时间与地点。

**(二)夏菜直播间开始啦**

1. 围观。顾客观看主播介绍钱塘的夏菜瓜果,模特与顾客进行一对一的互动。

2. 试吃。工作人员请顾客试吃各种做法的黄瓜、番茄、玉米等钱塘的夏菜。

3. 接单。工作人员接收顾客的订单,记录送货清单、送货地址。

**(三)点赞直播间**

1. 顾客点赞。运用"互动式"评价的方式,让不同年龄段的幼儿都参与进来,当主播介绍完蔬菜后,幼儿可以赠送"点赞大拇指"为主播的表现点赞,还可以用积分币购买喜欢的蔬菜。这种参与互动的方式,能让幼儿在游戏中无形地完成同伴互评。

2. 自己点赞。直播结束后,教师与幼儿一起回顾直播间的整个活动,并对自己和同伴的表现进行评价。"你在直播间中承担什么工作?""你觉得自己表现怎么样?""能不能说说自己表现很好的事情?""来买菜的哥哥姐姐有没有送你大拇指?送了几个?""还有谁也要夸夸×××?为什么要夸他?"教师用启发性问题引导幼儿自评和他评。

## 项目反思

蔬菜瓜果是幼儿生活中常见的食物,每个季节都有应季的代表性蔬菜瓜果。"采摘小能手"项目充分利用了家长、下沙农场等周边资源,支持幼儿在亲身实践、集体探究、情境游戏中收获各种经验,激发了幼儿对生活中常见事物的探究兴趣。

1. 采摘中获得多元经验。

“采摘”看似简单的劳作，其实蕴含了各种学习的契机。采摘蔬菜瓜果需要观察、识别、分析以及手眼协调等能力，它就像游戏一样，是一项综合性的实践活动。幼儿在大农场和幼儿园的菜园看到各种各样的蔬菜瓜果，积累了多样性的经验；在辨认各种蔬菜瓜果是否成熟中，学习从颜色、大小、形状、气味、表皮状态等方面去综合分析判断；在采摘中学习使用工具，锻炼手部肌肉；在寻求问题答案的过程中，学习向他人提问，调查收集相关信息。采摘活动不仅带给幼儿快乐的体验，也为他们提供了多元经验的学习机会。

2. 协作中实现同频共育。

采摘活动是幼儿学习的载体，在这个过程中单靠幼儿园的力量是不够的，家长的配合是提升探究质量的关键。我们积极与家长沟通，及时将活动进程和要求告知他们，并将家长引入活动中，一起为幼儿创造良好的学习条件，支持幼儿的学习发展。家长和幼儿一起到农场认识各种各样的夏菜，一起体验采摘的快乐，一起调查各类信息，一起学习用采摘来的蔬菜瓜果制作美食。家长与教师的同频共育，为幼儿提供了深度的体验和学习机会。

（赵文玉　王立锋）

# 项目2

## 桃树的四季故事（中班）



### 项目缘起

国庆假结束，我们在东面山坡散步，米米指着刚栽的一棵树问："老师，这里新栽了一棵树，是什么树呀？""桃树！""那是不是会长桃子？""是！""我们什么时候能吃到桃子？"……新栽的桃树引来了无数的问题。《指南》指出，成人要善于发现和保护幼儿的好奇心，充分利用自然和实际生活中的机会，引导幼儿通过观察、比较、操作、实验等方法，学习发现问题、分析问题和解决问题；帮助幼儿不断积累经验，并运用于新的学习活动，形成受益终身的学习态度和能力。既然幼儿对桃树感兴趣，那我们就以它为载体展开探究吧！

### 项目导图

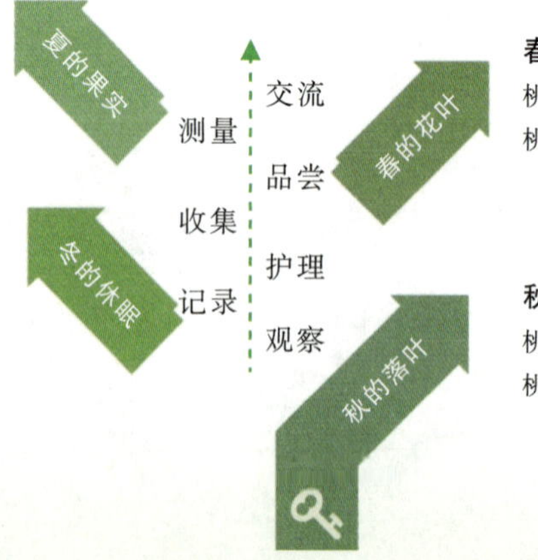


图4-2-1 "桃树的四季故事"项目导图

## 项目目标

1. 长期跟踪桃树，感知桃树的周期性生长变化，了解它的生长条件，以及季节对桃树的影响。

2. 学习运用观察、调查、记录、绘画、照相、测量等方式去探究桃树，在探究中提出自己的问题，并想办法寻求答案。

3. 喜欢探究植物，愿意和他人交流分享自己的发现，能够坚持关注桃树，体验"坚持的意义"，收获成就感。

## 项目启动

### 一、谈话聚焦

新栽的桃树引起了幼儿的好奇。回到教室，我们围绕桃树进行了谈话。"你们以前见过桃树吗？"乐乐说："我在西湖边看到过，它的花开得很好看。但是，妈妈说它不长桃子。我们幼儿园的桃树会长桃子吗？"小凯说："我在老家的山上看到过长满桃子的桃树，爷爷说红色的就可以摘了。"可乐说："爸爸带我到乔司农场摘过桃子。桃树和我差不多高，我自己就能摘桃子。"米勒说："我吃过水蜜桃，又香又甜可好吃了！希望幼儿园的桃树也能长出这样的桃子。"……在你一句我一句的聊天中可以发现，幼儿对"桃树与桃子"并非一无所知。"有些桃树是观赏用的，有些桃树是长桃子的"这个信息，让幼儿更加好奇幼儿园的桃树能否长出桃子。吃到又香又甜的桃子成为班级幼儿共同的期待。

### 二、环境激发

1. 主题墙：创设"桃树的四季故事"主题墙，记录幼儿在探究过程中的问题、发现和结果。

2. 图书区：投放与果树种植有关的图书、图片。

### 三、资源利用

1. 图文资源：收集和准备与果树生长相关的书籍、图片、视频等资源，引导幼儿去寻找与桃树相关的内容，解答自己的疑问。

2. 人力资源：邀请农场的农艺师进园，通过实操和讲解帮助幼儿获得桃树生长和养护的经验。

### 四、问题驱动

1. 桃树什么时候才能长桃子？

2. 怎样才能让桃树长得好呢？

3. 桃子怎样才能长得又多又好？

## 项目推进

### 一、秋的落叶

什么时候能够吃到桃子，这让幼儿产生了探究桃树的好奇心。在亲子调查后，幼儿知道大约要在7个月后才能吃到桃子。在这漫长的7个月中，桃树会发生怎样的变化呢？桃树"流眼泪"、叶子慢慢地掉落，幼儿们担心桃树是不是要死掉了。于是，我们通过邀请农艺师、查资料以及观察园内的其他树木来寻求答案。



### 活动1　桃树"流眼泪"

#### ■ 活动目标

1. 感知并发现桃树"流眼泪"的现象，大胆猜测这一现象的原因。

2. 能通过提问、调查等方式去查找资料，了解桃树的生长变化。

#### ■ 活动准备

1. 经验准备：幼儿知道桃树发生了变化，有大胆猜测的经验。

2. 材料准备：放大镜、笔和记录本等。

#### ■ 活动过程

**（一）现场观察**

1. 幼儿现场观察桃树的变化。

2. 教师引导幼儿看一看、摸一摸、捏一捏，感知"桃胶"的特点。

3. 小组猜测桃树上的这些"黏黏的"东西是什么，为什么会有这些黏黏的东西呢？

**（二）查找资料**

1. 鼓励幼儿回家运用自己喜欢的方式去寻找资料，例如上网查、问家长、寻找相关书籍等。

2. 用照片、图画、符号等方式记录自己查到的结果。

3. 集体梳理相关的问题以及查询到的结果。

**（三）邀请农艺师**

1. 邀请农艺师来园给桃树"看病"。（见图4-2-2）

2. 向农艺师提问：桃树怎么了？需要用什么方法给桃树"治病"？为什么要用这样的

方法？别的树也会生病吗？秋天了，养护桃树需要注意什么？……

3. 针对农艺师的回答及时进行记录。

4. 教师和幼儿共同梳理、小结。

**活动延伸与环境支持**

1. 将查询到的资料分类别张贴到墙面上，将幼儿记录的问题贴到“问题墙”上。

2. 鼓励幼儿持续观察桃树的生长变化，每天都记录自己的发现和问题。

图4-2-2　农艺师来园给桃树“看病”





## 活动2　桃树要死了吗

### ■ 活动目标

1. 观察桃树“落叶”的现象，并寻找幼儿园里其他的落叶树。

2. 能通过观察、询问、查阅资料等方式了解落叶树和常青树，体验探究的乐趣。

### ■ 活动准备

1. 经验准备：幼儿发现桃树的落叶现象，知道有些树在冬天的时候也会落叶。

2. 材料准备：落叶前后桃树的对比照片、笔、记录本等。

### ■ 活动过程

**(一)对比观察**

1. 核心问题：桃树有什么变化？

2. 出示落叶前和落叶后的桃树照片，引导幼儿通过对比观察，发现桃树的落叶现象。

**(二)谈话讨论**

1. 师幼共同讨论，教师记录幼儿的想法。

关键提问①：桃树是怎么了呢？为什么会落叶？

关键提问②：幼儿园里其他树有没有落叶？

2. 一起去找找落叶树，观察落叶树的特点。

幼儿两两结对，一个用记录表记录落叶树的数量，一个拿篮子捡落叶，保教人员为落叶的树拍照。

3. 回班级梳理幼儿园里有哪些落叶树。

**(三)调查"还有哪些是落叶树"**

1. 关键提问:落叶树为什么会落叶？除了幼儿园里的这些落叶树,还有哪些树也是落叶树呢?

2. 鼓励幼儿回家调查并记录结果。

**活动延伸与环境支持**

1. 和家长交代当日小任务:帮助幼儿一起寻找小区里的落叶树,并调查落叶树的相关问题。

2. 对于无法解决的问题,鼓励幼儿去查找资料的同时,引导他们提出新的疑问并进行记录。

3. 一起捡落叶、玩落叶游戏,进一步感知落叶的特点,并用它们来装饰教室。

4. 持续观察桃树的变化。



## 二、冬的休眠

当桃树的叶子都落完的时候,天气已经很冷了！它会不会被冻死？它什么时候才能再长出叶子？新问题的产生,让我们有了继续探究的方向。冬天是漫长的,我们怎么探究"光杆"的桃树呢？我们借助日历发现了桃树休眠的秘密。

## 活动3 桃树怎样过冬

### ■ 活动目标

1. 通过调查了解桃树过冬的方式,动手为桃树和其他落叶树做防冻处理。

2. 在防冻过程中积极动脑筋想办法,与同伴合作完成工作目标。

### ■ 活动准备

1. 经验准备:幼儿通过调查了解树木过冬的方法。

2. 材料准备:剪刀、绳子、布、毯子等。

### ■ 活动过程

**(一)分享桃树过冬的调查信息**

1. 幼儿结合调查表分享桃树过冬的方法。

小豆:我爸爸说了,桃树的树叶掉下来就是为了防止水分流失,是帮助它过冬的。

佑佑:冬天园林叔叔给他们刷上了石灰水,就是在帮助它过冬。

2. 教师根据幼儿的发现,对桃树过冬方法进行梳理:修剪、涂白、给桃树"穿衣"等。

**(二)观摩农艺师对桃树做防冻处理**

1. 农艺师介绍桃树过冬的方法之一——涂白(刷上石灰水)。

2. 农艺师为桃树涂白,幼儿观察过程。

3. 幼儿向农艺师提问,了解更多关于桃树防冻的信息。

辰辰:为什么要刷石灰水?

淇淇:为什么这个石灰水只刷在树的下面呢?

**(三)幼儿为桃树和其他树"穿衣"防冻**

1. 寻找材料。

2. 分成几个穿衣"小组",分头为落叶树的树干包上布,再用绳子固定。(见图4-2-3)

3. 幼儿分享为桃树"穿衣"的方法。

图4-2-3 为桃树穿衣服

**活动延伸与环境支持**

1. 将统计的冬季桃树过冬的方法用图示进行展示,供幼儿梳理经验、交流互动。

2. 了解另一种桃树过冬的方法:修剪。

## 活动4 桃树要休眠多久

### ■ 活动目标

1. 能想办法解决如何进行长期记录的问题,大胆表达自己的意见。

2. 通过长期的观察记录,了解桃树休眠的时间,感受坚持做一件事的乐趣。

### ■ 活动准备

1. 经验准备:幼儿知道休眠的概念、对日历有一定的了解。

2. 材料准备:日历、记录工具。

### ■ 活动过程

**(一)讨论桃树的休眠**

1. 幼儿提出问题。

佑佑:桃树什么时候能再长出叶子呢?

淇淇:明年春天吧!

佑佑:那需要多久呢?

2. 教师总结引思。

桃树从现在到再次长出叶子这段时间叫休眠期。这个休眠期要多久？我们用什么方式来了解呢？

**(二)讨论观察记录桃树休眠的方法**

1. 关键提问：我们可以用什么方法记录桃树的休眠呢？你们有什么好办法吗？

楠楠：我们可以一天天画下来。

佑佑：我们不是刚上了“日历的秘密”么，可以画在日历上，日历上还有日期呢！(见图4-2-4、4-2-5)

图4-2-4　桃树上的最后一片叶子

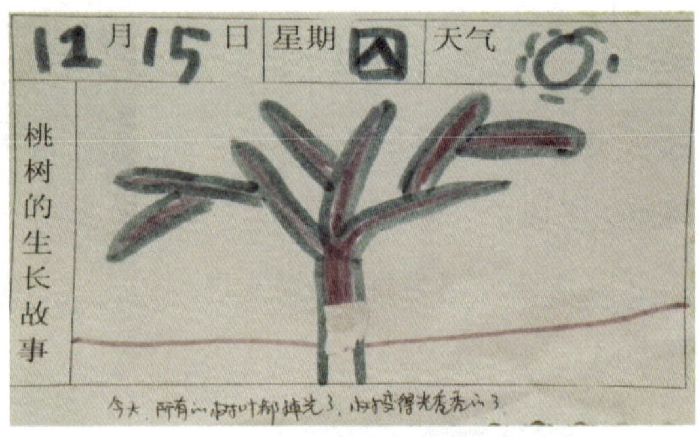


图4-2-5　幼儿的观察表征

2. 教师追问：那怎么记录桃树长没长叶子呢？

楠楠：如果没长出叶子就用○或者×表示，如果长出来了就可以画一片小树叶。(见图4-2-6)

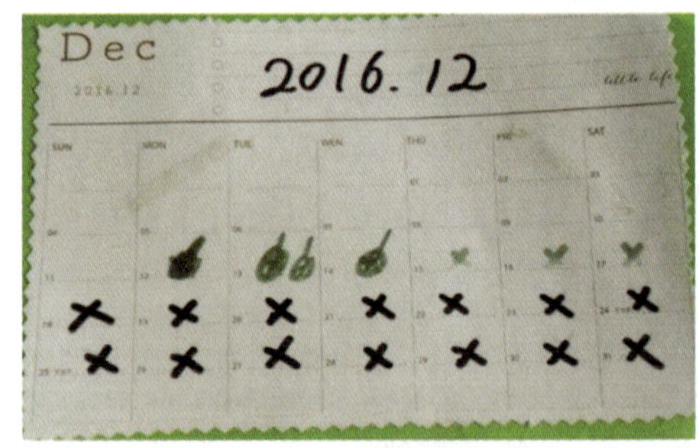


图4-2-6　日历记录表

**(三)商定记录的人员**

1. 商定记录的人员。

教师：由谁来记呢？

小宝：今天是我值日，我去记吧！

佑佑：老师，每天都有值日生的。可以让值日生记录，这样每天都有人记了。

2. 商定记录的时间。

关键提问：那我们每天什么时候去记录呢？

楠楠：可以每天餐前散步的时候去，我们之前观察桃树也是这个时候去得多。

3. 教师根据幼儿探讨的内容记录下关于探究桃树休眠的安排。

**活动延伸与环境支持**

1. 经过持续的观察，幼儿发现桃树的休眠期为78天。(在这个过程中，遇到了放寒假

导致观察中断了，过年开学后大家发现桃树的叶子还没长出来，于是把前面空缺没记录的补上去）

2. 集体分享日历中的记录，分享记录心得。



### 三、春的花叶

经过78天漫长的等待，孩子们终于发现桃树枝上开始有细微的变化。要长桃子了吗？是长叶子，还是开花？细微的变化重新激起我们的探究热情。大家拿上放大镜仔细观察桃树枝上到底会先长出什么。春天来临，桃树快速的生长变化让我们的探究进入了一个小高潮。

## 活动5　桃花朵朵开

#### ■ 活动目标

1. 能用各种方式进行观察记录，了解桃花的生长过程及其外形、结构、花期时长等。
2. 在观察记录的过程中，感知桃花的美丽，体验探索发现的乐趣。

#### ■ 活动准备

1. 经验准备：幼儿78天的观察经验。
2. 材料准备：放大镜、观察记录表、记号笔、桃花结构图、多媒体工具等。

#### ■ 活动过程

**（一）借助放大镜进行现场观察记录**

人手一个放大镜，进行自由观察和记录。（见图4-2-7、4-2-8）

**（二）观察记录后的讨论**

1. 幼儿提出问题。

关键提问①：桃花是什么颜色的？

关键提问②：花瓣的形状是什么样子的？

关键提问③：每朵桃花的花朵一样大吗？花瓣有大小吗？

关键提问④：桃花的花瓣有几片？桃花的花瓣数量都一样吗？

关键提问⑤：花朵中间是什么样子的？

2. 教师记录。

教师将幼儿观察到的关于桃花的信息，用桃花形状的思维导图记录下来。

图 4-2-7　幼儿观察桃花

图 4-2-8　桃花盛开的样子

**（三）观看桃花剖面图，了解桃花各个部位的功能**

1. 出示桃花剖面图，说说它们的名称。

师：大家观察得很仔细，把桃花的颜色、花瓣数量、形状、花蕊的样子都说出来了。还有小朋友不知道桃花里面有些东西叫什么。我们来认识一下它们的标准称呼。

2. 教师按从下到上的顺序介绍桃花各个部位的名称。

3. 猜猜桃花各部位的功能。

师：原来一朵桃花有这么多组成部分，就像我们人类有很多器官一样。人的每个器官都有自己的作用，桃花的各个部分也有各自的功能。你们知道它们的作用是什么吗？

**活动延伸与环境支持**

1. 回家和爸爸妈妈调查讨论桃花各个器官的作用。

2. 后续利用日历式观察记录本跟踪记录桃花的花期，大概多少天。

3. 教室墙面张贴关于桃花结构图的内容和大的桃花记录表，以便幼儿继续观察记录。（见图 4-2-9、4-2-10）

4. 每日引导幼儿观察花和叶子的变化，并鼓励他们进行记录。

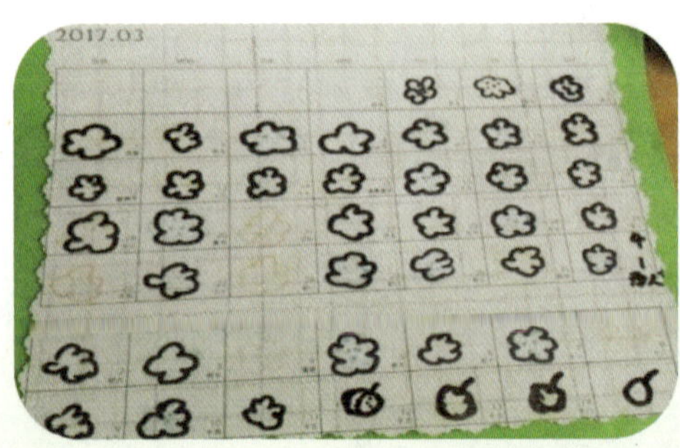


图 4-2-9　桃花花期记录表

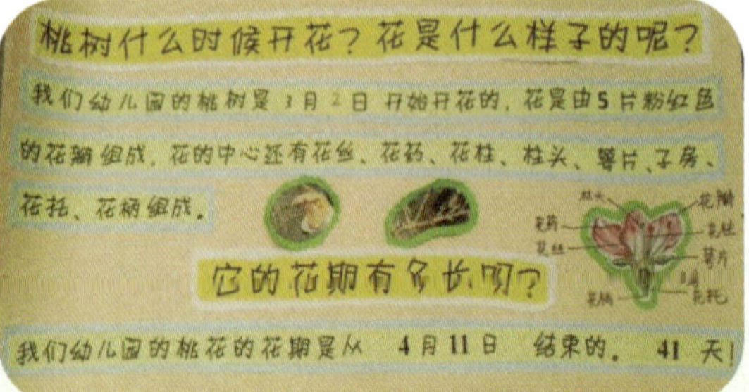


图 4-2-10　桃花花期介绍

## 活动6 桃树的叶子

### ■ 活动目标

1. 通过对比观察，了解桃树叶子的外形特征，如颜色、形状大小、叶脉、叶缘齿等。

2. 能用语言、绘画等方式大胆表达自己的猜测和发现。

### ■ 活动准备

1. 经验准备：幼儿一直跟踪观察桃树，对桃树的生长状态有所了解。

2. 材料准备：放大镜、观察记录表、水彩笔等。

### ■ 活动过程

**（一）谈话聚焦**

师：前几天我们看到桃树枝发芽的时候，都在猜是长花还是长叶。经过这几天的观察，我们已经知道桃树枝上的芽是开花的。有小朋友问，为什么没有看到长叶子的芽呢？难道不长叶子了吗？大家觉得桃树会长叶子吗？

幼儿：肯定会长的，去年我们看到它的时候就是长叶子的。

师：那我们要留意一下桃树的叶子到底是什么时候长出来的，它是怎么长的？长什么样？

**（二）自由观察桃树叶**

1. 幼儿带上放大镜，自由观察桃树叶和其他叶子。

2. 用记录表记录叶子的各种信息。

**（三）观察后的交流**

1. 关键提问：这几天我们一直在观察桃树的叶子，你们有什么发现？

2. 教师根据幼儿回答的点进行拓展性追问。

关于颜色的追问：桃树叶子的颜色是一直不变的吗？

（刚刚发芽的时候，叶子颜色很浅；叶子长大了，颜色就变深了）

关于形状的追问：桃树叶子是什么形状的？像什么？幼儿园里还有没有其他树叶的形状长得像它呢？

（桃树的叶子有点椭圆形，但又比椭圆形长一点，像赛艇，像眉毛）

关于大小的追问：每一片桃树叶子的大小都一样吗？长大的桃树叶子有多长，你量过吗？

关于叶缘齿的追问：有人发现桃树叶子边上有牙齿，叶子边上的牙齿叫叶缘齿。每种树叶都有叶缘齿，它们的形状都不一样。桃树叶的叶缘齿是怎样的？还有哪种树叶的叶缘齿跟它很像?

3. 教师用实物和图片支持幼儿的交流表达。

**活动延伸与环境支持**

1. 后续利用工具进行跟踪观察,记录叶子的生长情况。

2. 回家调查树叶的叶缘齿都有哪些类型,幼儿园里的树叶都属于哪种叶缘齿。

3. 美工区投放各种齿形的剪刀,让幼儿制作不同叶缘齿的叶片,做各种各样的叶子。





## 四、夏的果实

从发现花苞到花瓣凋谢,孩子们日夜盼望的桃子终于长出来了。长了多少桃子?要长多久才能成熟呢?怎样能让它长得又大又甜呢?新问题的出现让我们开始了另一段探究旅程。

## 活动7　谁的桃子长得快

### ■ 活动目标

1. 持续观察桃子的生长,发现桃子生长过程中的细微变化。

2. 动脑筋把身边的物品当作测量工具,测量并记录桃子的变化。

### ■ 活动准备

1. 经验准备:幼儿对桃树的生长过程有了一定的了解,知道桃子是从花苞到花瓣凋谢后逐渐生长出来的。

2. 材料准备:各种测量工具(如尺子、软尺、刻度杯、雪花片)等;记录本和铅笔,用于记录测量结果;标签纸和绳子,用于标记认领的桃子。

### ■ 活动过程

**(一)认领跟踪观察的桃子**

1. 交代认领观察对象的任务。

师:桃子长出来了,珂珂希望有一个桃子是属于她的,她可以每天去看看它。其他小朋友是不是也有这样的想法?

2. 讨论用什么做标记。

关键提问:我们可以用什么做标记呢?

(彩带、吊牌等写上自己的学号)

3. 幼儿去认领自己跟踪观察的桃子。

**（二）每日一观察，每周一测量**

1. 讨论如何测量不伤害桃子。

关键提问：我们测量的时候，怎样做才能不伤害桃子？

（手不能摸桃子，测量工具尽量不要碰到它）

2. 幼儿使用自选的测量工具，对认领的桃子进行初次测量，记录桃子初始大小，如直径、周长等。

3. 幼儿在观察记录本上用图画或文字描述桃子的外观特征，如颜色、形状、表皮光滑度等。（见图 4-2-11）

图 4-2-11　幼儿观察到的桃子生长情况

**（三）对比交流，分析影响桃子生长速度的因素**

1. 定期组织幼儿分享自己的观察结果和测量数据，比较不同桃子的生长速度和变化情况。

2. 幼儿讨论影响桃子生长的因素，如光照、水分、土壤条件、温度等，并尝试提出自己的假设和解释。

活动延伸与环境支持

1. 开辟“桃子成长记录墙”，展示幼儿的测量数据和观察笔记，鼓励他们持续关注和记录。

2. 回家查阅桃树养护小贴士，邀请农技师给桃树施肥。

3. 教师拍摄树枝上某个桃子从小到大的写真照，做“桃子成长册”，为后期幼儿的回顾做准备。（见图 4-2-12～4-2-14）

图 4-2-12　第一次观察桃子

图 4-2-13　第二次观察桃子长势

图 4-2-14　幼儿用工具测量桃子生长情况

# 活动8 一棵桃树长虫子了

## ■ 活动目标

1. 细致观察桃树上出现的虫子，能综合观察到的各种现象来分析推理虫子对桃树生长的影响。

2. 愿意积极主动地查阅资料、请教专家以及自己动手来解决虫害问题。

## ■ 活动准备

1. 经验准备：幼儿一直观察桃树的生长状态。

2. 材料准备：放大镜、记录本、彩色笔、昆虫图鉴，邀请具有丰富经验的农技师作为助教。

## ■ 活动过程

**（一）对比观察发现虫害**

1. 幼儿结伴自由观察。

关键提问：刚才小米跟我说大门口的那棵桃树叶子卷起来了（见图4-2-15），今天比前几天更严重了。山坡上的桃树叶没有卷起来。这是为什么呢？大家都仔细地去观察一下。

图4-2-15　桃树的叶子卷起来了

2. 观察后汇报发现。

关键提问：小米说的事情是真的吗？你观察到了什么？

**（二）讨论虫子对桃树有没有影响**

关键提问：你们觉得桃树上绿绿的虫子是害虫还是益虫？为什么？

**（三）放大镜观察虫子，根据观察到的信息去查阅资料**

1. 幼儿用放大镜仔细观察虫子，在个人记录本上用彩色笔绘制观察到的虫子形态，包括大小、颜色、形状等特征。

2. 幼儿用语言描述虫子的特征，教师上网查阅虫子的名称以及治虫的方法。

3. 分享信息：它叫蚜虫，是一种常见的虫子。它会伤害农作物，所以要把它消灭掉。

**（四）邀请农技师来指导杀虫**

1. 幼儿向农技师询问杀蚜虫的方法。

2. 农技师介绍各种不同的消杀方法，详细讲解桃树常见虫害及其防治方法，强调维护生态平衡的重要性。

蚜虫的消杀方法有物理防治、生物防治和化学防治等。

3. 幼儿讨论选择消杀方法。

幼儿①：生物防治用天敌，需要去捉七星瓢虫。我们不行的，现在蚜虫已经很多了。我们捉不到很多七星瓢虫。

幼儿②：我觉得黄色黏虫板可以试试，它不会伤到桃子。

幼儿③：可是蚜虫已经很多了，再不治，桃子就掉光了。

……

最后，大家决定有很多蚜虫的桃树用"尿洗合剂（尿素、洗衣粉、清水按4∶1∶400）"来治蚜虫，还没发现蚜虫的桃树挂黄色黏虫板来预防。

**（五）治蚜虫实验**

幼儿在教师的协助下尝试调配"尿洗合剂"，并且用喷壶喷洒药水杀虫。

**活动延伸与环境支持**

1. 幼儿每日观察用"尿洗合剂"后的杀虫效果。

2. 设立"桃树小卫士"小组，定期检查桃树健康状况，并记录任何新发现的虫子或问题。

3. 制作"桃树虫害防治手册"，包括虫害图片、防治方法和注意事项，供孩子们和家长参考。

## 活动9　桃子少了怎么办

### ■ 活动目标

1. 通过实地观察和记录，探究桃子数量减少的原因，能较合理地进行分析和推测。

2. 积极主动地提出解决问题的办法，会倾听他人的意见，愿意与同伴合作解决问题。

### ■ 活动准备

经验准备：幼儿了解桃子的生长周期及基本养护知识。

材料准备：调查表、相机、标记牌、桃子护卫队徽章、记录本。

### ■ 活动过程

**（一）自由观察中发现问题**

1. 幼儿仔细观察桃子的数量，并与之前的记录进行对比。

2. 讨论"为什么桃子变少了"。

幼儿①：会不会又有虫害了？

幼儿②：我没看到有虫子，不会是虫，我觉得是小朋友摘了。现在有些桃子开始有点红了，弟弟妹妹以为可以吃了，就偷偷摘走了。

幼儿③：我们幼儿园里鸟很多，会不会是鸟吃掉了呢？我奶奶家枇杷树上的有些枇杷就是被小鸟吃掉的。

……

**（二）探寻桃子失踪的真相**



1. 将幼儿分成若干小组，每组分配一张调查表和相机，鼓励他们围绕桃子减少的原因进行深入讨论和猜测。

2. 每组基于讨论结果，选择一个最有可能的假设，并制定相应的调查计划和问题清单，为实地调查做好准备。

3. 幼儿按照计划使用相机记录现场情况，包括桃树的周围环境、桃子掉落的痕迹等。

4. 在调查表上详细记录观察到的现象，包括时间、地点、现象描述，并粘贴相关照片作为证据，以便后续分析和讨论。

图 4-2-16 守护桃树行动

（通过跟踪调查，发现桃子是在放学时段被园内的幼儿摘走的）

**（三）成立“桃子护卫队”，进行桃子守护行动**

1. 幼儿组成“桃子护卫队”，制订保护桃子的计划，如设置警示牌、定期巡逻等。

2. 每日放学时段“桃子护卫队”在桃树旁守护桃子。

**活动延伸与环境支持**

1. 定期召开“桃子护卫队”会议，评估保护效果，调整策略，并记录在新的调查表上。

2. 制作“桃子保护宣传海报”，张贴在园内，希望大家能够等待桃子成熟。（见图 4-2-16）

## 活动10 桃子成熟了

### ■ 活动目标

1. 亲手采摘桃子，体验采收桃子的喜悦与劳动成果带来的成就感。

2. 运用称重、点数的方式去统计桃树的产量；比较两棵桃树的产量，推测影响产量的原因。

## 活动准备

1. 经验准备：幼儿跟踪观察桃子生长过程，对桃子的生长周期和养护方法有深入了解。

2. 材料准备：采摘篮（分为两组，一组用于采摘被虫子伤害过的桃子，一组用于采摘未被伤害的桃子）、剪刀、电子秤、记录本、笔、标签纸（用于标记桃树编号、采摘日期和桃子状态）、桃子清洗盆、小刀和盘子（用于盛放品尝的桃子）、相机。

## 活动过程

**（一）分组采摘桃子**

1. 交代采摘要求。

师：我们期待的桃子都熟了（见图4-2-17）。有两棵桃树，就分两组去摘，一组负责采摘被虫子伤害过的桃子，另一组负责采摘未被虫子伤害过的桃子，摘好后比比看哪棵树的产量高。在摘的时候如果要用剪刀，一定要小心一点，要保护好自己，也保护好同伴。

2. 幼儿自由摘桃子。

采摘好的桃子放入对应的篮子中。（见图4-2-18）

图4-2-17　桃子成熟了

图4-2-18　采摘桃子

**（二）点数、称重与记录，进行数据的收集与整理**

1. 分组数一数，不同的桃树上结桃子的个数。

第一棵桃树收获了23颗桃子，第二棵桃树收获了80颗桃子。

2. 称一称每棵桃树结的桃子总重量。

第一棵桃树结的桃子总重量是5斤，第二棵桃树结的桃子总重量是18斤。

3. 分别挑出两棵桃树上最大的桃子，称一称，比一比谁是桃王。

4. 幼儿在个人和小组的记录本上，记录每棵桃树产桃的个数和重量。

**（三）推测两棵桃树产量不同的原因**

关键提问：我们已经把两棵桃树上的桃子都摘掉了，一棵有23个桃子，一棵有80个桃子。为什么产量会相差这么大呢？

**（四）享用果实**

1. 将部分桃子洗净后，组织一次全班品尝会，品尝自己照顾和采摘的桃子。

2. 说说桃子的味道、口感、外观以及采摘和品尝过程中的趣事和体验。



**活动延伸与环境支持**

1. 制作“桃子丰收展示板”。展示板上展示每棵桃树的产量、采摘照片、品尝感受。

2. 幼儿将桃子带回家中与家人分享，让家人也品尝自己的劳动成果。这不仅可以增进亲子关系，还能让家庭共同感受丰收的喜悦。

3. 幼儿观察桃核的结构和特点，了解桃核中的秘密，进行用桃核种桃树的实验。

4. 采摘后为桃树施肥，为明年的高产做准备。

## 项目成果

### 桃树科普展

桃树科普展是班级幼儿梳理回顾研究桃树历程，向其他人展示交流探究成果的活动，也是幼儿进行全领域学习的活动。

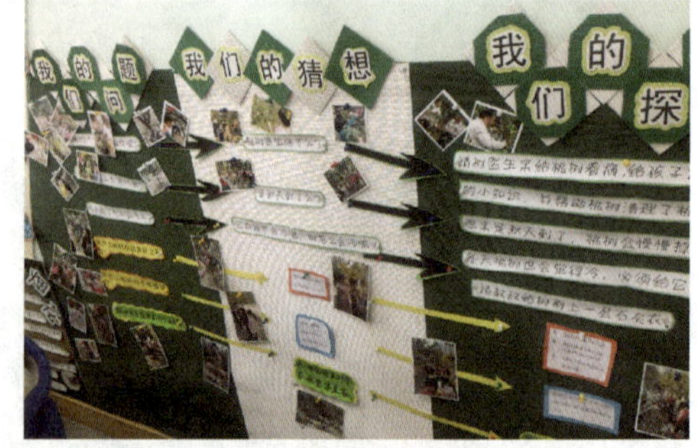


图4-2-19 “桃树的四季故事”墙

**（一）科普展前的准备**

1. 回顾梳理探究发现。

科学思考能力和交流展示能力是科学探究能力的重要组成部分。在跟踪观察桃树的一个生长周期之后，大家一起回顾了前期的探究。我们仔细阅读“桃树的四季故事”墙（见图4-2-19），回顾曾经出现的问题、猜想和答案，翻看自己的观察记录本、日历、问题墙，对桃树的花期、桃子的生长期、桃树休眠期的时间进行了统计（见图4-2-20），学着用数据讲述桃树的生长故事。

2. 根据调查需求结果布展。

科普展上要展什么呢？我们对全园的教师、幼儿、家长进行了需求调查（见图4-2-21、4-2-22），从调查中了解别人想知道的与桃树有关的事情，然后准备布展。我们把这一年来的研究资料，例如日历统计图表、故事册、活动照片、实物等都整理出来，制作成宣传板报，布置在二楼南北走廊上。每个幼儿都认领一项科普会上需要做的工作，例如科普讲解员、迎宾、品尝区的服务员等，分头准备自己的讲稿、工具、材料等。

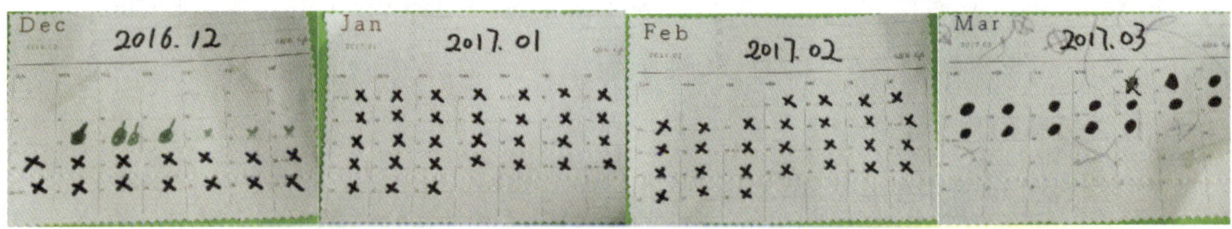


图4-2-20　桃树休眠期的数据记录

图4-2-21　向家长调查

图4-2-22　向同伴调查

3. “桃树科普展”的邀请。

我们的科普展要邀请哪些人来参加呢，该怎么邀请呢？经过一番探讨，我们确定的邀请对象是幼儿园的小朋友、老师还有其他叔叔阿姨。邀请的方式是制作桃树科普展的宣传海报（见图4-2-23），放在幼儿园大厅通知大家来参与。

**（二）桃树科普展进行时**

1. 看，桃树的四季生长过程。

在科普展上，各个班的小朋友都被幼儿园桃树的生长过程（见图4-2-24）吸引住了，

图4-2-23　桃树科普展的宣传海报

图4-2-24　看，桃树的生长过程

他们认真观察展览会上的图画，发现原来秋天的时候桃树掉叶子并不是快要死掉了；冬天的时候，园林叔叔给桃树刷上石灰水是为了帮助他们过冬；春天的时候，桃树的叶子和花几乎是一起长出来的；夏天的时候，桃子会慢慢长大，我们可以看一看、摸一摸、闻一闻、尝一尝美味的桃子。

2. 听，探究桃树的生长故事。

在桃树的四季生长过程中，班级幼儿化身科普员将自己的探究故事自信、大胆、流畅地介绍给小朋友和家长。他们讲述了自己发现桃树“流泪”的事情；讲述了发现蚜虫伤害桃树时，自己是如何救治桃树的；讲述了自己用日历记录的方式，发现了桃树的休眠期是78天，花期是41天，桃子的成熟期是55天。一张展示板就是一个探究的小故事，桃树科普员们认真讲述着自己的见闻……（见图4-2-25～4-2-27）

图4-2-25　与老师分享

图4-2-26　与同龄小朋友分享

图4-2-27　与弟弟妹妹分享

3. 品，香甜可口的劳动果实。

在桃树科普展上，除了可以欣赏桃树的成长历程和聆听桃树的探究故事，当然也少不了品尝桃树结出的香甜果实。负责品桃组的幼儿把桃子洗干净切好摆放在盘子里，贴心地放好叉子，请参展的客人品尝幼儿园自产的第一批桃子。（见图4-2-28）

图4-2-28　品，香甜可口的劳动果实——桃子

### (三)桃树科普展的反思评价

1. 夸一夸。用照片、视频的形式回顾桃树科普展现场情况,引导幼儿夸一夸自己或同伴的闪光点。

2. 说一说。引导幼儿说一说自己参与桃树科普展的感受、表现和收获。

3. 肯定幼儿的积极参与和认真完成任务,鼓励他们进行自评和同伴互评。

4. 集体反思评价。关键提问:你们展区的展览受欢迎吗?你们自己觉得成功的地方在哪里,需要改进的地方是什么?请你夸夸组里的小伙伴。

5. 将幼儿在展示会上的表现与家长分享。请家长对整个项目活动中幼儿的表现进行评价。



## 项目反思

“桃树的四季故事”是一个非常规的项目活动,持续一年的“既聚焦又松散”的“非常规操作”,让师幼双方都获得了“非一般的体验”。

1. 跟踪式观察生命变化的细节。

任何一种生命都在不断地生长变化着,从量变到质变。以往我们总是在质变的刹那给予关注,而量变的过程都被“忽略不计”。怎样让幼儿感知到生命周期漫长而又细微的变化呢?只有持续地跟踪探究才可能实现。从幼儿发现新栽的桃树开始,我们就抓住幼儿想吃桃子的心理,鼓励他们去关注桃树生长的每一天,去发现生命变化的每一个细节。通过一年的跟踪观察,幼儿发现了很多桃树的秘密,如:桃树到了冬天要休眠78天,休眠是为了来年更好地开花结果;桃花从花苞到凋落大约要41天;桃子成熟大约需要55天;等等。一天又一天的观察,获得一个又一个的数据,带来一个又一个的惊喜。长程的探究活动丰富了幼儿对于生命的理解和思考。

2. 多样化的支架支持长程的探究。

长达一年的项目活动能成功吗?经过勇敢的尝试后,我们发现只要支架策略得当,长程的项目活动也能给幼儿带来高质量的学习与发展。例如,在刚开始探究桃树不久就进入了冬季,桃树的叶子落完了,幼儿想知道树叶什么时候再长出来。如何帮助幼儿获得这个问题的答案呢?如果每天用记录本去画光秃秃的树干,幼儿会很快失去兴趣。于是,我们用上了日历来延续幼儿对桃树的关注。每天大家都会去观察,值日生负责在日历上记录观察结果,等到树枝开始发芽再去数数日历上的记录就有答案了。日历的运用让幼儿获得答案,而且学会了“用数据说话”。除了日历,还有“桃树的四季故事墙”“个人记录本”“定期团讨”等多样化的支架支持着幼儿长程的探究。

3. “日复一日”中培养幼儿良好的品质。

科学本身就是一种锲而不舍的精神，是一种积极求索的价值追求。要日复一日去看同一棵树，对于教师和幼儿都是巨大的挑战。然而，正是日复一日的观察、记录、思考和交流，幼儿发现桃树是不断变化的，大大小小、快快慢慢，它和人一样充满生命气息。正是日复一日的关注，幼儿把桃树纳入自己生活的一部分，照顾它、爱护它，对它抱着满心的期待，对桃树的探究热情随着时间的推进与日俱增，也正是专注和坚持的探究积累带给幼儿巨大的成就感。

（李小宝　沈玲嫣）

# 项目3

## 钱塘小农人（大班）

### 项目缘起

新学期开学后第一次午后散步，老师带着孩子们路过菜园。菜园里光秃秃的，小米说："这里的地空着呢！能不能给我们种呀？""我们可以种黄瓜！""我想种西瓜！"孩子们的话语中透露着对种菜的渴望。在小班和中班的时候，我们有过阳台种植的经验，小小的阳台无法满足种植各种各样蔬菜的愿望，看到大菜园空着，大家觉得大展身手的机会来了。于是，孩子们向园长妈妈申请负责菜园的种植工作。经过努力，孩子们如愿获得大菜园种菜的资格，开始小农人种菜的探索。

### 项目导图

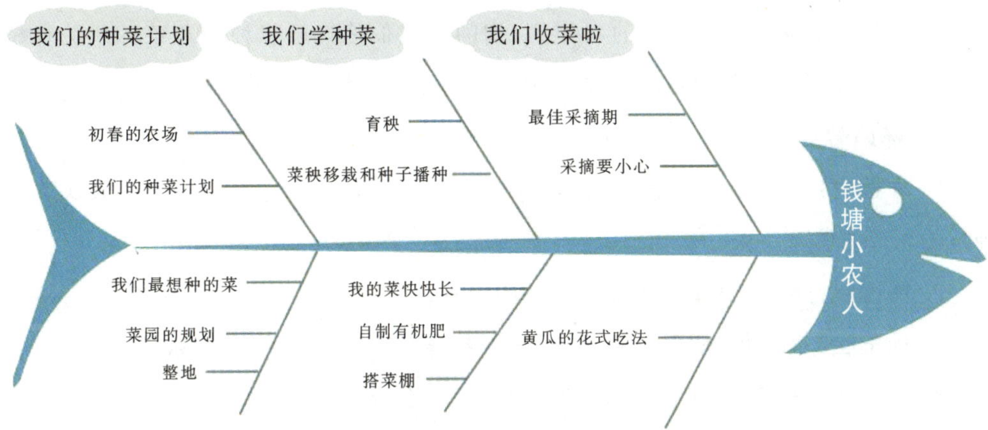


图 4-3-1 "钱塘小农人"项目导图

## 项目目标

1. 知道适合钱塘种植的农作物，在种植过程中了解各种农作物的外形样态、生活习性和生长变化等，积累一些种植农作物的经验。

2. 能够运用调查、收集、模仿、实验、观察、比较等方法探究农作物的种植。

3. 喜欢农事活动，不怕苦不怕累，能细心照顾自己的农作物，体会其中的乐趣与成就。





## 项目启动

### 一、谈话聚焦

幼儿发现大菜园空着后，教师组织幼儿围绕种植地进行了谈话。"大家想在大菜园里种菜要先征求园长妈妈的意见，我们该怎么跟园长妈妈说呢？"淘淘："就说我们会把菜种好的。"宸宸："对，我们要种很多菜。""那我们要想想怎样才能把菜种好。""我们要用锄头把地挖一挖。""我看爷爷把菜种得很整齐，一排一排的。""要是虫子长出来就要把它抓掉。"……大家七嘴八舌把自己的种菜经验都说了出来，种菜的心情更加急迫了。

### 二、亲子探农场

园长妈妈同意把大菜园交给我们种植后，大家就开始为耕种做准备。大菜园种菜和阳台种菜不一样，我们可以先去农场学一学。于是，幼儿在家长陪同下去附近的乔司农场，了解初春可以种什么、农民伯伯是怎样种菜的、要用什么工具等问题。在农场里，幼儿和家长拍照记录下地里栽种的农作物，询问农民伯伯自己想种的蔬菜瓜果的种植方法，在农民伯伯的指导下学习使用农具，体验了播种、浇水、施肥等工作。

### 三、环境激发

1. 种植墙：收集农具、肥料、农民劳作等与种植有关的图片，创设能够引发关于如何种植的思考的墙面。

2. 阅读区：投放与种植瓜果蔬菜相关的绘本。

3. 种子展览墙：幼儿收集各种种子，用透明密封袋包装，贴上名字标签。

4. 阳台种植实验区：开展种植条件实验、发芽实验等，观察豆子、黄瓜、南瓜等不同种子的发芽情况，进行深入的探究。

### 四、资源利用

1. 各种工具：可以配备放大镜、测量工具等设备，以及记录本或电子记录工具。

2. 专业人士：邀请农业专家、会种菜的家长担任助教，为幼儿提供专业的农业知识讲解和技术指导。

3. 乔司农场：充分利用乔司农场，帮助幼儿深入了解下沙本土的相关种植文化。

## 五、问题驱动

与幼儿讨论、记录项目活动中急需要解决的问题，师幼共同梳理、筛选出幼儿最感兴趣的三个问题，开启探究之旅。

1. 春季可以种什么农作物？
2. 怎样才能把它们种好？
3. 我们该怎么种这些农作物呢？





# 项目推进

## 一、我们的种菜计划

在亲子游农场结束后，幼儿对初春农场里有哪些农作物有了大概了解，也对班级种植地种什么有了新思考。在众多适合初春季节种植的农作物中如何选定要种的菜，菜园又该如何规划区块以及土地如何翻整，大一班的老师和孩子们共同规划起种菜蓝图。

### 活动1　初春的农场

■ **活动目标**

1. 借助参观探访农场的记录单交流农场里的见闻，梳理初春农场里栽种的农作物种类，以及栽种方法。

2. 通过亲身体验种植活动，产生对田间劳作活动的兴趣。

■ **活动准备**

1. 经验准备：周末农场亲子游参观了农场的环境，亲身体验了拔草、种菜、采摘等活动，对初春农场里有什么有个大致的了解。

2. 材料准备：亲子探游记录单，农场带回来的农作物（草莓、蚕豆、萝卜、青菜、辣椒等），参观农场的活动照片、视频等影像资料。

■ **活动过程**

**（一）照片视频唤醒回忆**

师：双休日我们去农场了，大家玩得开不开心呢？我们一起回忆一下。

**(二)初春的农场里有什么**

关键提问①:你在农场里看到了哪些农作物呢?哪些是种在大棚里的?哪些是种在外面的?

关键提问②:哪些是已经长大可以采摘收获了的?哪些是刚种下去的?

幼儿结合记录表介绍看到的农作物,教师记录汇总。

**(三)农民是怎么种庄稼的**

关键提问①:你在农场里看到农民伯伯是怎么工作的?

关键提问②:你有没有问他们自己想种的东西该怎么种?

教师根据幼儿的讲述,用思维导图来记录工具的种类和种植的流程。

**(四)教师小结**

师:我们在农场里知道了不少事情。那你想在我们的菜园里种什么呢?你想种的东西该怎么种呢?请你们回家再去调查一下。



**活动延伸与环境支持**

1. 回家调查这个季节适合种什么。
2. 种植墙粘贴农场探游的记录表、照片,以及本次活动梳理出来的思维导图。
3. 幼儿对种农作物提出自己的问题,开辟“我的问题”展板。

## 活动2　我们的种菜计划

### ■ 活动目标

1. 了解种菜的一般流程和种植方法,知道有关种植的管理要点,制订一个班级的种菜计划。
2. 能够大胆地参与集体讨论,为班级即将开展的种植活动建言献策。

### ■ 活动准备

1. 经验准备:幼儿在小中班有阳台种植的经验,知道照顾植物的一般方法。在亲子游农场活动中,幼儿也有参与种植的体验。
2. 材料准备:农民伯伯种菜的视频资料。

### ■ 活动过程

**(一)交代任务,引发幼儿积极参与讨论**

师:大家已经知道种菜要做很多事情,今天我们先要制订一下计划。

**(二)商议“我们需要做什么”**

1. 关键提问:菜园里种菜,我们需要做哪些工作呢?

幼儿①：我们要把土挖松，才能种。

幼儿②：我们要把种什么定下来，然后买菜籽或菜秧。

幼儿③：要把地里的草清理干净。

幼儿④：我们还要准备肥料。

……

2. 教师记录幼儿讲述要做的事情。

(三)商议"怎么安排这些事情"

1. 关键提问：种菜要做的事情不少，哪件事先做，哪件事后做？我们把这些事情安排一下，做一张种菜流程图。

2. 教师根据幼儿意见，将前面记录的关键词按照先后顺序排列，形成流程图(见图4-3-2)。在这个过程中，让幼儿说说"为什么"或者"怎么做"。

图4-3-2 种菜流程图

活动延伸与环境支持

1. 幼儿回家调查这个季节可以种什么菜，和家长讨论自己想种的菜。

2. 收集需要的农具、肥料等与种植有关的材料。

3. 把种菜流程图张贴到种植墙上，提出的新问题增添到"我的问题"展板上。

## 活动3 我们最想种的菜

### ■ 活动目标

1. 了解初春时节钱塘地区适合种植的农作物，知道气温对农作物种植有非常大的影响。

2. 能主动提出自己想要种植的农作物，乐意在同伴面前分享自己选择的理由。

### ■ 活动准备

1. 经验准备：幼儿在家做"初春钱塘地区适合种什么"的调查，想好自己要种什么农作物。

2. 材料准备：事先邀请班级里会种农作物的家长；各种植物图片，五角星贴纸。

## ■ 活动过程

**（一）介绍今天的科普嘉宾璐璐奶奶**

师：我们在菜地上种菜，先要知道这个季节可以种什么。今天我们请来璐璐奶奶来介绍一下这个季节我们这个地区可以种的农作物有哪些。

**（二）璐璐奶奶介绍，幼儿提问**

1. 璐璐奶奶介绍适合这个季节种的农作物以及种植原因。

教师把璐璐奶奶介绍到的农作物图片张贴在黑板上。

2. 幼儿向璐璐奶奶提问。

幼儿①：茄子能种吗？我在家里调查了，说是可以种的。

幼儿②：现在还能种草莓吗？农场里有草莓。

幼儿③：向日葵可以种吗？您刚才没有说到。

……

在幼儿与璐璐奶奶的互动过程中，教师记录关键信息。

**（三）幼儿交流在家调查结果，补充这个季节可种农作物的种类**

师：你们回家做了调查，接下来把你调查到的，刚才又没提到的，适合这个季节种植的农作物说出来。

教师把幼儿调查到的这一季节可种植的农作物，和前面提到的一些种类汇总在一起，并且统计适合这一季节种植的农作物有多少种。

**（四）幼儿投票选择最想种的菜**

1. 交代任务。

师：现在我们知道适合在这个季节种植的农作物大概有11种，如果全部都种，我们的菜园是种不下的，我们就选最想种的吧。

2. 幼儿给自己最想种的农作物投票。

每个幼儿一颗五角星，贴在自己最想种的农作物图片下。

3. 汇总评选结果。

师：我们一起来数一数票数，看看排名，看看哪几种农作物是我们最想种的。

得票前5名的农作物：向日葵、玉米、西瓜、黄瓜和辣椒。它们就是我们要种的农作物。

## 活动延伸与环境支持

1. 把幼儿的调查结果和璐璐奶奶介绍的适合春季种植的农作物名字和照片做成“适合春天种植的农作物”展板呈现在种植墙上。

2. 幼儿调查自己想种的农作物的详细栽种方法。

## 活动4　菜园的规划

### ■ 活动目标

1. 通过集体讨论明确种植地的划分，知道五种菜分别要种在哪块地上。

2. 愿意发表自己的想法，也能倾听别人的意见，对接下来的种植活动充满期待。

### ■ 活动准备

1. 经验准备：幼儿知道种菜要有条理，一种菜一种菜分开种。

2. 材料准备：种植地的草图5张、纸、笔。

### ■ 活动过程

**（一）观察种植地**

教师和幼儿一起到种植地，数数种植地有几行。

**（二）回到班级规划种植地**

1. 规划种植地，提问引发讨论。

关键提问：昨天我们商量了要种5种菜，这个菜地怎么安排呢？

2. 幼儿分组讨论。

师：请每一组讨论一下怎样分配这些地，在草图上画出具体的方案，然后说说为什么要这样规划。

3. 小组汇报规划方案。

图4-3-3　幼儿规划种植地的草图

小组代表讲述规划方案（见图4-3-3），教师重点引导幼儿讲出“为什么要这样安排”。

4.集体举手表决认为最合理的方案。

### 活动延伸与环境支持

1. 把每个小组的规划图呈现在种植墙上。

2. 回家和家长讨论种菜前还需要做什么。

## 活动5　整地

### ■ 活动目标

1. 能够动脑筋、想办法，利用小铲子、小耙子进行松土、铲除杂草。

2. 喜欢参与到劳动中，体验劳动的成就感。

## ■ 活动准备

1. 经验准备：幼儿知道种菜前要翻土整地。

2. 材料准备：劳动手套、小铲子、小耙子。

## ■ 活动过程

**（一）介绍工具，安排任务**

1. 我们的种植地在种植之前需要翻土、拔杂草。先来看看这些工具是什么。

2. 幼儿认识种植用的工具。

**（二）教师示范如何翻土、拔杂草**

教师示范如何使用工具，讲解用工具时可能存在的危险，以及如何避免这些危险。

**（三）幼儿自由翻土**

保教人员观察幼儿，视情况给予指导和提醒。

**（四）劳作后交流感受，夸夸自己和同伴**

关键提问①：你觉得自己学会翻土和除草了吗？有没有好的经验和大家分享一下？

教师把幼儿分享的经验用思维导图的方式记录下来。

关键提问②：今天你想夸夸谁？为什么要夸他？

## 活动延伸与环境支持

1. 幼儿记录翻地和除草的过程和感受，放到自己的“小农人日记”中。

2. 种植墙上呈现幼儿翻土和除草的照片，以及关于翻土和除草小窍门的思维导图。（见图 4-3-4、4-3-5）

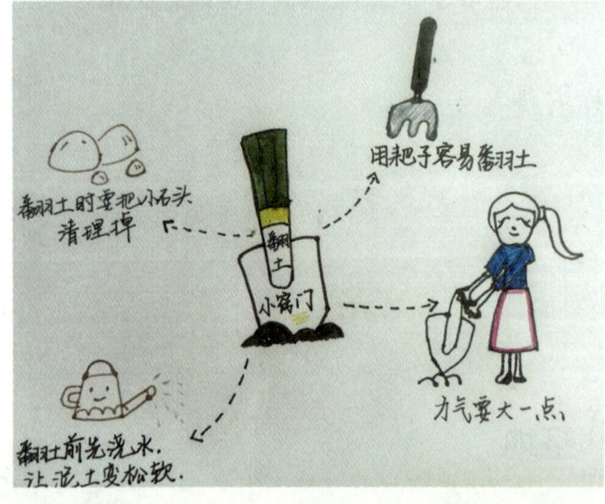


图 4-3-4　翻土小窍门

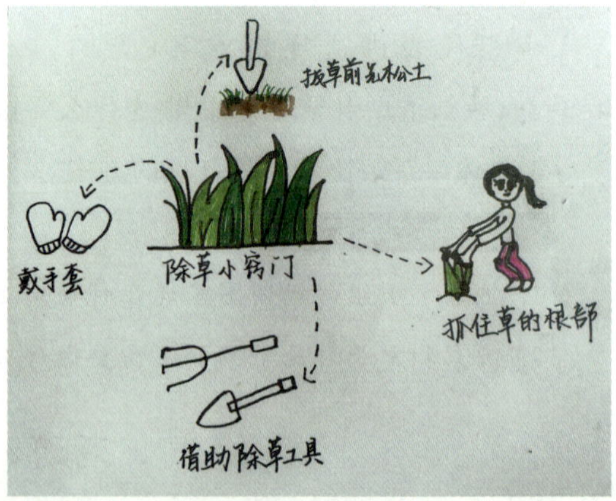


图 4-3-5　除草小窍门

## 二、我们学种菜

有了种菜计划，我们要开始种菜的实践啦。这一过程不仅需要幼儿通过调查访问和观摩模仿来学习种菜的技巧以及养护要点，还需要亲身参与种菜的每一个步骤中。幼儿在边学边干中体会农事活动的乐趣与艰辛。



### 活动6　育秧

#### ■ 活动目标

1. 通过查阅资料，了解育秧的目的以及哪些种子需要育秧，能够按照文本资料的说明去动手实践育秧。

2. 在育秧过程中能够努力创造利于秧苗生长的条件，细致地观察种子的发芽和生长情况。

#### ■ 活动准备

1. 经验准备：幼儿确定自己要种哪种农作物，知道有些农作物是需要育秧的。

2. 材料准备：西瓜、黄瓜、辣椒的种子，营养土，浇水壶，翻土工具，育秧盆，保鲜膜。

#### ■ 活动过程

**（一）亲子合作调查自己想种的农作物的育秧相关事项**

幼儿与家长一起查阅自己要种的农作物的育秧资料，向日葵、玉米、西瓜、黄瓜、辣椒五种农作物中，哪些需要育秧，哪些可以直接用种子播种。

**（二）梳理调查结果**

关键提问①：你的调查结果是怎样的？我们要种的五种农作物，哪些是要育秧的？哪些可以直接播种？

关键提问②：为什么有的农作物需要育秧，有的农作物不需要？育秧有什么好处？

**（三）师幼实验育秧**

1. 结合调查资料，准备育秧材料。

关键提问：育秧需要准备哪些东西？

每一组的幼儿分头准备材料。

2. 幼儿阅读自制的育秧说明书，分组进行育秧实验。

幼儿分西瓜、辣椒、黄瓜三个小组进行育秧实验，班级三位保教人员跟组进行指导。

**(四)育秧的日常观察与养护**

播种后,幼儿进行每日的养护和观察工作。

每日养护工作:育秧盆内的温度调控(塑料薄膜的遮盖与通风);湿度的调控;白天晒太阳,晚上搬回教室。

每日观察记录:借助"育秧记录本"记录种子发芽和生长情况。



活动延伸与环境支持

1. 整个育秧过程大约需要20天。在这期间幼儿每天观察种子的发芽生长状况,按照育秧的方法去照顾它们。

2. 幼儿在家进行种菜育秧行动,和家人尝试简单的育秧劳作,积累育秧经验。

3. 种植墙呈现育秧的准备和幼儿育秧实践的照片。

4. 图书区投放与"种子发芽"有关的图书。

## 活动7 菜秧移栽和种子播种

### ■ 活动目标

1. 通过观摩,学习菜秧移栽和种子播种的方法,在移栽和播种过程中能小心爱护秧苗和种子。

2. 在观摩过程中能够仔细观察移栽和播种的动作,认真倾听具体的方法和要求,感受种植的不易。

### ■ 活动准备

1. 经验准备:幼儿在农场有过种植的体验。

2. 材料准备:联系厨房会种菜的阿姨来示范讲解移栽菜秧;西瓜、黄瓜、辣椒的秧苗;玉米和向日葵的种子;小铲子、地膜、西瓜架,营养土,喷水壶等材料和工具。

### ■ 活动过程

**(一)集体讨论"如何移栽菜秧"**

关键提问①:西瓜、黄瓜、辣椒的秧苗已经长大,可以移栽到菜园里去了。你们知道怎么移栽吗?

关键提问②:玉米和向日葵是直接用种子播种的,播种的时候有什么要求吗?

**(二)种菜阿姨示范讲解移栽和播种**

1. 交代观摩要求。

师:移栽和播种是技术性很强的工作,今天我们邀请厨房的沈阿姨来教我们移栽和播种。大家要仔细看,认真听。

2. 看阿姨示范和讲解。

(1)移栽的要求:挖出一排排浅浅的土坑,轻轻地抓着秧苗的叶子,把秧苗放在土坑的中央,一只手拿秧苗,一只手拨土,把秧苗的根埋上,两只手把秧苗的周围把土摁紧实,摁土的时候不能摁到秧苗的茎。

(2)播种的要求:挖出一排排浅浅的土坑,每个土坑里放3—4颗种子,每颗种子要分开一点距离,用细土盖上,直到看不见种子。

**(三)幼儿尝试种植,保教人员一对一指导**

1. 小组成员商量分工任务合作种菜。(见图4-3-6~4-3-8)

2. 保教人员跟踪观察适时指导。

图4-3-6 种西瓜苗

图4-3-7 放玉米种子

图4-3-8 种好的辣椒苗

**(四)浇水和铺地膜**

1. 幼儿给种好的菜秧和种子浇水。

2. 讲解铺地膜的原因。

因为现在天气还不够暖,温度不稳定,植物不容易存活,所以我们需要在种子或者秧苗上铺上地膜,这样就可以给植物保暖。

3. 教师和保育员在阿姨的指导下铺地膜,幼儿观察学习。

**(五)回到班级填写种植记录**

幼儿利用种植记录本,记录播种的日期和自己劳作的感受。

**活动延伸与环境支持**

1. 进行插牌仪式(见图4-3-9),明确自己的养护任务,帮助幼儿建立主人翁意识。

2. 菜地边上投放人手一份的种植工具,确保每一个幼儿都能参与到种植活动中。

3. 人手一本"种植记录本",悬挂在幼儿方便取放和查看的位置,方便幼儿记录和相互交流查看。

4. 每天餐前去菜园进行观察、记录和养护活动。

图4-3-9　幼儿在自己负责照顾的作物上插学号牌





## 活动8　我的菜快快长

### ■ 活动目标

1. 尝试用写生、记录表的方式，记录农作物的生长变化和自己的种植养护故事。

2. 通过观察记录，发现农作物之间植株样态、生长过程、生长需求等方面的异同，能够细致照顾、耐心等待农作物的生长。

### ■ 活动准备

1. 经验准备：幼儿了解基本的记录方法，如使用图画、简单的文字或符号进行记录。

2. 材料准备：观察记录本、放大镜、尺子、记录笔。

### ■ 活动过程

**（一）每日观察与记录（每日餐前活动时间约15分钟）**

1. 幼儿带上观察记录本和测量工具，到小菜园找到自己负责的区域。

2. 幼儿观察农作物的生长情况，如高度、叶片数量、颜色变化等，并在记录本上记录下来。（见图4-3-10～4-3-12）

核心提问：今天你种的农作物有什么变化？和昨天相比有什么不同？

3. 鼓励幼儿用图画、文字或符号相结合的方式记录，关注细节和变化。

图 4-3-10　给农作物浇水

图 4-3-11　量一量有没有长高

图 4-3-12　在庄稼地里拔杂草



**(二)每周集体交流(每周一次,约 30 分钟)**

1. 组织幼儿围坐在一起,轮流汇报自己的观察发现,分享农作物的生长情况。

2. 鼓励幼儿提出自己在观察过程中遇到的问题和困难,寻求同伴或教师的帮助。

核心提问:你在观察过程中遇到了什么困难?你是怎么解决的?还有没有其他问题要请教大家?

3. 引导幼儿讨论解决问题的方法,分享成功的经验,促进幼儿之间的交流与学习。

## 活动延伸与环境支持

1. 给每一种农作物做一份"成长册",完整记录它们的生长过程,幼儿可以自由翻阅。

2. 把幼儿观察记录(见表 4-3-1)和照顾农作物的场景照呈现在种植墙上。

表 4-3-1　我的观察记录表

| | | | | |
|---|---|---|---|---|
| 天气 | 晴天 | 阴天 | 下雨 | |
| | | | | |
| 我来照顾农作物 | 晒太阳 | 松土 | 剪枯叶 | 浇水 |
| | | | | |
| 农作物生长情况 | 健康 | 长高 | 生病 | |
| | | | | |
| 我的发现 | | | | |

## 活动9　自制有机肥

### ■ 活动目标

1. 通过调查，我们知道可以利用生活垃圾来自制有机肥，尝试自制有机肥。

2. 在自制有机肥的过程中，能认真观察、分析和思考，愿意克服困难、勇于实践。

### ■ 活动准备

1. 经验准备：幼儿知道农作物生长需要营养。

2. 材料准备：堆肥原材料（鸡蛋壳、果皮、蔬菜残渣等有机废弃物）；施肥工具（小铲子、手套、口罩等）；记录本和笔（用于记录制肥材料、堆肥过程、施肥效果）。

### ■ 活动过程

**（一）调查施肥，拓展经验**

核心提问：要把西瓜、黄瓜、辣椒、向日葵、玉米种好，需要施什么肥？

1. 幼儿借助调查表，和家长一起调查自己种的农作物需要施什么肥。

2. 集体分享调查结果。

3. 电话采访农技师，问一问什么是有机肥，什么是化肥。

师：大家调查发现，我们种的庄稼可以用化肥，也可以用有机肥。什么是化肥？什么是有机肥呢？是用化肥好，还是用有机肥好？我们打个电话问问农场的农技师。

4. 幼儿根据采访结果，绘制有机肥和化肥对比的双圈图。（见图4-3-13）

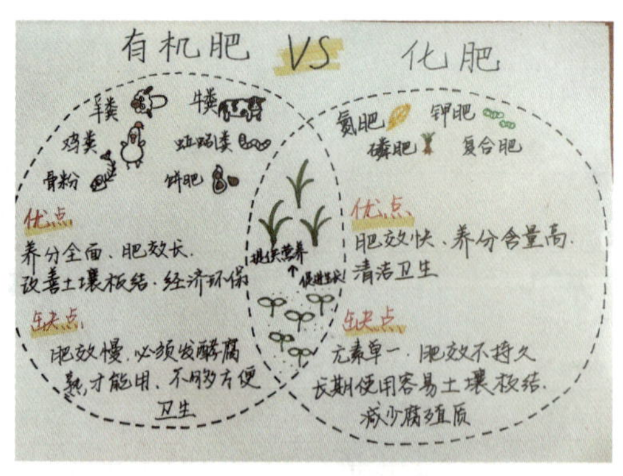


图4-3-13　有机化肥和化肥的对比图

5. 幼儿调查自制有机肥的方法。

**（二）亲历“制”肥，实验探究**

1. 交流调查自制有机肥的结果。

核心提问：如何自制有机肥？制肥的材料哪里来？

2. 集体交流后，幼儿制订个人的制肥计划。

3. 幼儿收集堆肥材料，开始制肥实验。

幼儿利用餐前餐后的时间和晚上在家的时间收集堆肥材料，并装罐。

4. 幼儿每天观察自制的肥料，关注发酵过程，绘画表征记录表，教师拍照记录。

**（三）田间施肥，回归种植**

1. 幼儿根据肥料的不同进行分组施肥。（见图4-3-14、4-3-15）

2. 观察第一次施肥和第二次施肥是否对植物的生长有效。

图4-3-14　幼儿用鸡蛋壳制作的肥料

图4-3-15　幼儿用香蕉皮制作的肥料

**活动延伸与环境支持**

1. 将幼儿参与制肥和施肥全过程的记录表和思维导图呈现在种植墙上。

2. 继续寻找更多能够制作成肥料的原材料。

## 活动10　搭菜棚

### ■ 活动目标

1. 知道有些农作物需要用支架来帮助植株生长，不同农作物的支架搭法也不同。

2. 在保育员指导下学习为黄瓜搭棚，主动参与到活动中，做搭棚小助手。

### ■ 活动准备

1. 经验准备：幼儿知道有些菜需要搭支架。

2. 材料准备：木条、竹竿、绳子、塑料薄膜等搭建材料；剪刀、小锤子、尺子等工具。

### ■ 活动过程

**（一）观察对比五种庄稼的植株样态**

核心提问：我们种的菜在慢慢长高，玉米、辣椒、黄瓜、西瓜、向日葵长得一样吗？

1.幼儿通过实地观察，分享自己的发现。

核心提问：黄瓜已经长出了长长藤蔓，快倒下来了，该怎么办？

2. 师幼通过讨论认识到搭菜棚的必要性，通过比较分析又发现并不是每种菜都需要菜棚的保护。

**（二）寻找搭建菜棚的材料**

核心提问：搭建菜棚需要哪些材料呢？

1. 亲子利用周末时间一起去实地考察。

2. 幼儿结合照片将自己的发现与同伴进行分享。

核心提问：我们可以用什么材料搭建菜棚？

3. 幼儿在园内进行收集。

**（三）尝试搭建菜棚**

1. 分组讨论搭菜棚计划。

关键提问：你想和谁一组？用什么材料？怎么为黄瓜搭棚？

2. 幼儿在保育员的指导下动手搭菜棚。（见图4-3-16）

图4-3-16 大家一起搭人字架

3. 针对菜棚搭建的过程和结果，幼儿进行回顾并展开讨论。

活动延伸与环境支持

1. 每日观察黄瓜长势，帮助黄瓜藤爬架，及时发现搭建的菜棚是否合适并进行调整。

2. 给辣椒搭支架。

## 三、我们收菜啦

菜园里的农作物在幼儿的照料下茁壮成长，黄瓜、辣椒、玉米、西瓜、向日葵陆陆续续开花结果。长到什么程度能采收呢？怎样采收不会伤到植株？采摘来的蔬果怎么吃呢？收获劳动成果的阶段也有不少的问题等着我们去探索。

## 活动11 最佳采摘期

### ■ 活动目标

1. 调查了解各种蔬菜瓜果的最佳采摘期，想办法在最佳采摘期收获蔬果。

2. 能够细致观察、对比蔬果的生长状态，学习分辨它们的成熟度，判断是否可以采摘。

## ■ 活动准备

1. 经验准备：幼儿知道蔬果有最佳采摘期。

2. 材料准备："最佳采摘期"的调查表。

## ■ 活动过程

### （一）谈论蔬果的最佳采摘期

师：我们的黄瓜、辣椒已经长出来了，有人问它们要长多大才可以摘。有人知道吗？

1. 黄瓜长到怎样可以摘？

幼儿①：我们家吃的黄瓜都是这么长这么粗的。

幼儿②：我们用尺子量一下家里买来的黄瓜就知道自己种的黄瓜长到多大可以摘了。

幼儿③：我奶奶说黄瓜要是变黄了就太老了不能吃了。

2. 辣椒长到怎样可以摘？

幼儿①：我家买来的辣椒有我的手掌这么长，手指这么粗。

幼儿②：我妈妈说绿色的辣椒是嫩的，不会太辣，变成红色的时候就老了，会很辣。

幼儿③：小朋友不能吃太辣的，在它们嫩的时候就摘吧。

3. 教师小结，交代调查任务。

师：刚才有几个小朋友说了自己的观点，那是不是这样的呢？我们回家去调查一下黄瓜、辣椒、玉米、西瓜和向日葵什么时候采收是最好的。

### （二）交流调查结果

师：昨天我们回家调查了黄瓜、辣椒、玉米、西瓜和向日葵什么时候采收是最好的，请大家来说一说。

1. 幼儿汇报自己的调查结果。

黄瓜：长出来10天左右，长度10—25厘米，粗细2—3厘米，刚长黄瓜时要摘少一点，会让植株长更多的黄瓜。早上摘的黄瓜口感最好。

辣椒：要吃嫩一些的，长出来15—20天左右就可以摘；要吃老一些的在30—45天左右摘，辣椒会变成红色。雨天、有露水的时候不适合采摘辣椒。

玉米：如果吃玉米棒，等玉米须变棕黄色就可以。如果要吃老玉米粒，就要等到玉米须消失，果穗苞叶枯黄。

向日葵：花蕊脱落，周边叶片开始变黄，花盘变硬，里面的葵花籽变黑，壳变硬。

西瓜：长出来30—40天左右，颜色由绿转深，瓜蒂变黄色或黑色。西瓜摘得太早太晚都不好吃。

2. 教师小结。

师：原来每一种蔬菜瓜果都有自己的最佳采摘期。采摘也可以看自己的需要，你想要老的还是嫩的，可以自己决定。

**（三）讨论把握西瓜最佳采摘期的方法**

师：刚才大家说西瓜的采摘是最讲究的，那我们怎么做才能解决这个问题呢？

幼儿①：我们看到有小西瓜结出来就在它们旁边插个牌子，写上日期。

幼儿②：如果西瓜长得多，我们就一人管一个。



活动延伸与环境支持

1. 西瓜组制作西瓜生长日期牌。（见图 4-3-17）

2. 幼儿每日观察果蔬长势，进行测量和记录，判断是否可以采摘。

3. 晚上回家调查采摘果蔬的方法和注意事项。

图 4-3-17　幼儿标注西瓜的出生日期

## 活动 12　采摘要小心

### ■ 活动目标

1. 知道采摘的基本方法和注意事项，在采摘过程中能爱护植株。

2. 体验采摘蔬菜瓜果的快乐，珍惜自己的劳动成果。

### ■ 活动准备

1. 经验准备：幼儿了解自己种的蔬果的最佳采摘期；调查采收果蔬的方法和注意事项。

2. 材料准备：剪刀、篮子、手套等采摘工具。

### ■ 活动过程

**（一）汇报自己的调查结果**

师：昨天小雨摘辣椒的时候，太用力把辣椒整根枝条拉断了。所以，我们要想一想采摘蔬菜的时候怎样保护好植株。昨天晚上回家调查了采摘的方法和注意事项，大家来汇报一下。

摘黄瓜的方法：最好用剪刀剪在黄瓜柄上；找黄瓜的时候要轻轻地拨开叶子，尽量不要把藤拉断。

摘辣椒的方法：可以用剪刀剪，如果没有剪刀就拿住辣椒头上的柄轻轻拗一下，把它从主干上摘下来，不能用力拉，用力拉会把枝条拉断。

摘玉米的方法：一只手握住主干，一只手拿住玉米往下拗，如果拗不断就拧一下。要很小心，不能把主干弄断。

摘向日葵的方法：等瓜子老了，把整个花盘拗下来晒干就可以了。

摘西瓜的方法：用剪刀把西瓜的柄剪断就可以啦。摘西瓜的时候不要踩到其他的西瓜藤，西瓜很重，拿的时候要小心，不要摔破了。

**（二）采摘体验**

1. 每小组负责采摘自己照顾的植物（见图4-3-18～4-3-21），在采摘的过程中相互提醒保护好植株。

2. 记录自己组采收的数量。

3. 展示自己组的采摘成果，分享采摘过程中的经验。

幼儿的经验：采摘时最好戴手套，因为黄瓜带刺容易弄伤小手，采过辣椒的手是辣的，如果去揉眼睛，眼睛就会被辣到。

图4-3-18
逐渐成熟的向日葵

图4-3-19
幼儿摘西瓜

图4-3-20
幼儿摘黄瓜

图4-3-21
幼儿一起搬运玉米

## 活动延伸与环境支持

1. 幼儿商量如何将采摘后的蔬菜用于后续的烹饪或制作活动。

2. 黄瓜的产量很高，黄瓜组的幼儿将黄瓜带回家，分头制作成美食。

3. 把采收果蔬的方法和注意事项用图示表征出来张贴到墙上。

## 活动13　黄瓜的花式吃法

### ■ 活动目标

1. 通过多种渠道了解黄瓜的多种吃法，并能向同伴推荐自己的做法。

2. 品尝不同的黄瓜美食，愿意与同伴进行分享。





### ■ 活动准备

1. 经验准备：亲子利用黄瓜制作成不同的美食，提前探究吃法。

2. 材料准备：自制黄瓜美食，用于投票的大拇指贴纸。

### ■ 活动过程

**（一）说一说黄瓜吃法**

核心提问：黄瓜有哪些吃法呢？

1. 幼儿根据自己带来的黄瓜美食进行分享，介绍美食名称、食材、制作过程。（见图4-3-22）

2. 教师将黄瓜的花式吃法以气泡图的方式帮助幼儿进行汇总。

图4-3-22　黄瓜制作的不同美食

**（二）品一品同伴做的美食**

品尝自己和同伴制作的黄瓜美食，感受不同口味的黄瓜带来的味觉享受。

**（三）夸一夸美食滋味**

1. 品尝完多种黄瓜美食后，幼儿说一说哪一种做法是自己最喜欢吃的。

2. 将大拇指贴纸赠送给最喜欢吃的那道黄瓜美食。

3. 根据贴纸数量评选出最受欢迎的黄瓜菜谱。

### 活动延伸与环境支持

1. 和幼儿园里的弟弟妹妹分享黄瓜，探索辣椒、玉米的各种吃法。

2. 各组把黄瓜、辣椒、玉米、西瓜、向日葵的各种吃法画成气泡图，做成展板。

3. 幼儿对自己在种植活动中的表现进行评价。

## 项目成果

### 星河农博会

**（一）筹备农博会**

幼儿在采摘完西瓜、玉米、辣椒后，想要以农博会的方式分享自己的丰收成果。

1. 分类整理农产品。将西瓜、玉米、辣椒、黄瓜、向日葵进行分类整理，分摊位进行摆放，让前来参加农博会的小朋友们可以清楚地看到每种农产品的数量和品质。

2. 制作农产品展示牌。为了让大家更清楚地了解这些农产品，幼儿制作农产品展示牌，把这五种果蔬的生长过程、养护要点、采摘时机、食用方法等探索所获信息进行简单的装裱。

3. 设计农产品互动游戏。各组幼儿设计与自己种的农产品相关的互动游戏，比如“摸一摸、猜一猜”“瓜果植株对对碰”等。

4. 分配农博会服务工作。根据整个活动的安排，大家认领自己的服务工作内容。

**（二）一起来逛农博会**

在“星河农博会”一切准备就绪后，通过小广播邀请全园小朋友来参加活动。

1. 看一看农产品，增长见识。在农产品展示区，小朋友们被琳琅满目的农产品深深吸引。他们指着西瓜、玉米和辣椒，兴奋地讨论着它们的形状、颜色和大小。负责介绍的幼儿在一旁耐心讲解，帮助大家了解这些农产品的生长过程、营养价值以及在日常生活中的用途。

2. 尝一尝农产品，共享喜悦。在农产品品尝区，小朋友们排起了小队，期待着品尝不同的农产品。当他们咬下第一口西瓜时，忍不住露出了满意的笑容。玉米的香甜、微辣的辣椒，也让小朋友们感受到了农产品的多样风味。（见图4-3-23～4-3-25）

图4-3-23　成熟的西瓜

图4-3-24　幼儿剥玉米

图4-3-25　品尝玉米

3. 玩一玩互动游戏，增进友谊。在农产品互动游戏区，小朋友们积极参与各种有趣的游戏。他们或猜农产品名称，或进行农产品接力，不仅锻炼了身体，还增进了彼此间的友谊，懂得了团结合作的重要性。

**（三）农博会的反思评价**

1. 分享感受。

关键提问：你觉得今天的农博会办得怎么样，你喜欢农博会上的什么？

2. 提出问题。

关键提问：你在服务农博会的时候有没有遇到什么困难和问题，你是怎么解决的？

3. 表征记录。

幼儿用图画的方式记录自己在农博会上的经历，可以是某个展品、一个活动场景，或是与朋友互动的瞬间。

教师利用表4-3-2进行活动后阶段的幼儿评价。



**表4-3-2 “钱塘小农人”教师评价表**

| | | |
|---|---|---|
| 爱探究 | 能说出几种适合在春天种植的农作物 | ☆☆☆☆☆ |
| | 主动参与育秧移栽、自制有机肥、搭菜棚等活动 | ☆☆☆☆☆ |
| | 了解至少一种农作物的生长周期，提出自己的发现或问题 | ☆☆☆☆☆ |
| 善表达 | 能大胆表达自己最想种的农作物是什么 | ☆☆☆☆☆ |
| | 能以图画、文字等方式表达自己在种植过程中的各种发现，并提出自己的计划 | ☆☆☆☆☆ |
| | 能清晰地向同伴或老师分享自己的农耕体验和学习收获 | ☆☆☆☆☆ |
| 亲社会 | 在小组活动中，与同伴合作种植农作物，互相帮助完成任务 | ☆☆☆☆☆ |
| | 与同伴分享自己的农作物、农耕工具或知识 | ☆☆☆☆☆ |
| | 对自己的农作物负责，按时浇水、施肥等 | ☆☆☆☆☆ |
| 精彩瞬间 | | |
| 用照片和文字相结合的方式记录幼儿探索的“哇”时刻： | | |

## 项目反思

从初春到仲夏，“钱塘小农人”的用心劳作让菜园变得生机勃勃，五种蔬果长势良好，收获颇丰。持续几个月的种植经历，让“钱塘小农人”获得了全方位的成长。

1. 劳作与启智并行。

从班级幼儿想承担菜园的种植任务开始，他们就踏上了一段独特的学习旅程。可以种什么？想种什么？该怎么种？怎样养护？怎么采摘？等等，种植的每一个细节都需要幼儿主动去学习，认真动脑，勤于动手。例如，每天要去观察并且用自己的方式记录农作物的植株高度、叶片数量等生长状态；每周要交流汇报自己的观察发现，和同伴一起商议解决问题的方法；还要自学制作有机肥，学习用无毒方式除虫害。这一段种植之旅不只是“劳其筋骨”，更是“苦其心智”。

2. 责任与情感共生。

在“钱塘小农人”项目中，每个幼儿都有自己负责管理的蔬果。在育苗阶段，迟迟不出芽曾让幼儿失去动力。等到秧苗移栽后，幼儿每日到菜园里观察和劳作，看着自己的“宝贝”慢慢地长大、开花、结果，心中的成就感与责任感与日俱增。在这个项目中，幼儿体会到了“有付出才有回报”的道理，知道学习做事的方法有很多，查资料、询问有经验的人、模仿别人做、做实验等等，体会到学会做事是一件非常有趣的事情。

（陈云雅　许梦瑜）

# 致谢与展望

《跨越围墙的学习》一书的出版，要感谢许多一直关心支持星河幼儿园发展的领导、专家和同行。首先，感谢杭州市钱塘区教育局和钱塘区教师教育学院的领导们，认可星河幼儿园的课程建设成果，并让"小小钱塘探索者"课程案例有机会得以出版。特别感谢浙江师范大学幼教集团的原总园长、特级教师王芳老师，感谢她一路的陪伴、鼓励和指导。王园长手把手地指导我们做出一个又一个鲜活精彩的课程案例。这些案例是"小小钱塘探索者"课程的灵魂血肉，有了它们，课程才真起来、活起来、亮起来。编撰这本书的想法也是在王园长的鼓励下产生的。感谢浙江师范大学儿童学习与发展学院教授王春燕、副教授秦元东和刘宇在课程建设过程中多次指导课程文本的撰写，不断帮助我们厘清课程建构的思路。感谢浙江师范大学幼教集团第一幼儿园原园长、特级教师朱瑶老师，给我们如何开展评价指点迷津，为我们提供了课程实施评价思路。感谢钱塘区的各个企业、大学、农场和行政管理部门为星河幼儿园开展课程活动提供的帮助，有了你们的支持，星河的孩子们才能跨出幼儿园的围墙去探索大钱塘。感谢星河幼儿园的现任园长周玲美老师大力支持本书的出版。本书的出版还要感谢很多人，在此一并表示感谢，感谢大家热心的支持和帮助！

编著本书是为了梳理过去几年星河团队在课程建设方面所做的努力。书中的内容呈现的是过去几年的思考与行动，可能还存在诸多不足与缺憾。接下来，我们会继续完善和优化，不断挖掘钱塘区的优质资源，拓展"小小钱塘探索者"课程的内容，让幼儿获得更多的学习机会。"凡心所向，素履以往；生如逆旅，一苇以航！"星河团队将继续努力，用高质量的课程带动幼儿园高质量的发展。

王超遥

2024年8月